工业互联网

魏毅寅 柴旭东 ◎ 著

技术与实践

第2版

电子工业出版社·
Publishing House of Electronics Industry
北京·BEIJING

李伯虎

中国工程院　院士

美国通用电气公司（General Electric Company，GE 公司）在 2012 年最早提出了工业互联网的理念。目前，它已成为许多国家制造业向智能制造转型升级的一种重要的制造模式、手段与业态。针对由制造大国向制造强国发展的战略需求，我国也提出了类似的理念，如制造云和工业云等。从宏观上讲，这些理念均以互联网为基础，将人、产品、制造装备、数据、智能分析系统等智能地连接在一起，构成一个赛博空间与物理空间融合的智能制造系统，从而大大提高制造业的创新能力、制造能力和服务能力，实现工业的再次革命。当进一步深入分析各种工业互联网的模式、手段和业态时，我们将发现其各自提出并实现的系统具有各自不同的背景与特色。本书中重点论述的是由中国航天科工集团有限公司（简称"中国航天科工集团"）研制开发的制造云，它就是一种以我国学者提出的智慧云制造的模式、手段和业态为基础而构成的智能制造系统。智慧云制造的内涵是，基于泛在网络，借助新兴的制造科学技术、信息通信科学技术、智能科学技术及制造应用领域技术等四类技术深度融合的数字化、网络化、智能化技术手段，构成以用户为中心、统一经营的智慧制造资源与能力的服务云（网），使用户通过智慧终端及智慧云制造服务平台随时随地按需获取智慧制造资源与能力，对制造全系统、全生命周期活动（产业链）中的人、机、物、环境、信息进行自主智慧地感知、互联、协同、学习、分析、认知、决策、控制与执行，促进制造全系统与全生命周期活动中的人/组织、经营管理、技术/设备（三要素），以及信息流、物流、资金流、知识流、服务流（五流）的集成优化，最终形成互联化、服务化、协同化、个性化（定制化）、柔性化、社会化的智慧制造新模式和"泛在互联、数据驱动、共享服务、跨界融合、自主智慧、万众创新"的新业态，进而高效、优质、节省、绿色、柔性地制造产品和服务用户，提高企业（或集团）的市场竞争能力。

中国航天科工集团开发的制造云——航天云网，是一种具有中国特色的工业互联网。它围绕提高制造企业市场竞争力的目标，以工业化与信息化融合为主线，基于中国制造业信息化工作，突出了以大国向强国迈进转型升级的需求牵引制造系统的建设，以建立智慧云制造新模式、新手段、新生态为核心，以工业2.0/3.0/4.0同步发展为途径，发挥"政、产、学、研、金、用"的团队力量，构建了"众智、众包、众扶、众筹"的"大众创业，万众创新"新局面，进而实现了高效、优质、节省、绿色、柔性地制造产品和服务用户的目的。实践表明，航天云网是实施我国"互联网+"行动计划的一个典型范例。

航天云网中的INDICS平台是我国自主研发打造的中国首个、世界首批工业互联网平台。它集产业互联网、开放创业和生产性服务业于一体，以云制造为核心业务模式，通过国内外产业要素与优质资源的高效横向整合和共享，支持构建"线上与线下相结合、制造与服务相结合、创新与创业相结合"的新业态，适应互联网经济新业态的云端生态；它通过打造面向企业的创新平台，支持构建数字化工厂和智能制造系统。

本书作者基于他们及其团队的探索与实践，较完整地论述了工业互联网的总体技术、基础技术及应用技术，研究了工业互联网、信息物理系统、智能制造的概念及三者间的关系，介绍了相关产业、应用生态、行业的成功案例，阐明了工业互联网在推动企业转型、行业变革与生态提升方面的重要意义。本书对深入揭示工业互联网的技术本质具有重要的意义和参考价值，将为全球制造业转型升级和产业变革做出积极的贡献。

　　我与本书的作者及他们的团队相熟多年，并一直保持密切合作。魏毅寅教授多年从事复杂大系统工程研制工作，他作为国际宇航科学院院士，拥有深厚的理论基础和独到的观点。柴旭东教授长期从事复杂产品多学科虚拟样机工程、智慧云制造等领域的技术研究，有着丰富的行业工作经验。我见证和亲历了中国航天科工集团在工业互联网领域的开创性实践，并深为他们严谨治学的态度和只争朝夕的拼搏精神所感动。

　　我很高兴，也很激动地看到作者就工业互联网最新理论和实践以成书形式与大家分享，我期待并相信本书能够为读者更全面地了解工业互联网及为促进工业互联网更深入的研究、应用与发展提供重要的参考和全新的体验。

李伯虎

2017 年 3 月

序 ➤

互联网的发展深刻地改变了人类的生活方式，提高了人们沟通、交流的效率。我们通过各种连接在互联网上的终端，迅速便捷地沟通着与生活、工作、商务、科技相关的纷繁信息，发送和接收各种与我们日常活动相关联的数据，并从中获得所期望的极大便利。在人类不断追求技术进步和经济增长的进程中，互联网正在全面覆盖经济金融、社会管理的方方面面。特别是，互联网的应用正在不断地渗透到更为复杂的工业领域，进入到产业运行过程中，成为提高生产效率、产品质量、服务品质，降低成本和改变商业模式的引擎，逐步上升为提高产业竞争力的重要手段和发展方向。因此，工业互联网（或者产业互联网）应运而生，并正在以其强大的生命力迅速发展。

工业互联网还处于发展的早期阶段，主要的技术基础来源于互联网和正在蓬勃发展的工业物联网。随着通信技术的快速发展和日趋成熟，新型高速网络也在移动通信技术的带动下快速更新，更好地适应着新兴的复杂需求，大量的基础设施将随着通信技术、云计算、大数据的发展而逐步建立；基于物联网的技术基础正处在建立过程中，工业物联网是物联网技术发展的主要推动力之一。围绕工业技术进步而产生的专用数据中心、无线通信网络、嵌入式智能装置等在线设施将满足工业过程的实时性需求，为工业互联网的发展构筑基础层面的技术架构，形成围绕制造过程而建立的核心技术体系。

发展工业互联网的必要性是显而易见的。

由于工业互联网的技术必须适应并符合工业、产业的发展规律，因此工业企业的技术特点、管理偏好和工业产品（包括服务产品）的应用特性将直接影响工业互联网的技术特点，甚至工业企业的活动方式（如商业模式）对工业互联网技术亦将产生重大影响。这种影响反映在工业互联网的每个环节，尤其在系统架构上更加突出。工业互联网的架构从各种不同类型的应用视角反映了具体的技术类型和差异，从实践的角度看有必要根据行业和企业的应用特点加以区别选择，从商业模式的角度看这种区别尤为重要。

发展工业互联网是一种全球性的产业竞争，是新一轮产业革命的战略。美国 GE 公司在中国正式发布了 Predix 工业互联网平台，同时对工业互联网的战略目的做出了全面的阐述。

德国西门子公司正在推出 Mindsphere 工业互联网云平台，以其在工业自动化领域的基础和优势，为制造企业提供基于制造过程和全生命周期管理的云服务，把数字化工厂和智能制造的理念融入工业互联网，充分体现了德国"工业 4.0"的战略内涵。

2015 年 6 月，中国航天科工集团宣布 INDICS 航天云网上线运行，时任董事长高红卫提出把"信息互通，资源共享，能力协同，开放合作，互利共赢"作为中国工业互联网的发展理念，并致力创造一个"创新与创业相结合、线上与线下相结合、制造与服务相结合"的新业态。航天云网以服务于企业的经营管理活动为主线，致力企业的自动化、信息化、智能化改造升级，创造跨企业的互联互通、资源共享条件，为各类企业提供在工业云协议中构建柔性的制造排产、物流分配、设计研发、委托验证的智慧制造服务，形成在技术、装备、网络基础、云计算服务等方面的共享环境。航天云网植根于企业内部的制造系统，在现场网络构建、工艺流程优化、数据采集分析、设备状态监控、终端执行控制、人机交互管理、企业资源管理等环节和层次中，提供基于智能制造理念的解决方案和硬件软件支持；在系统架构上，发展企业专有云内部控制和互联网公共云外部互联的网络结构，通过航天云网的云服务提供 IaaS、PaaS、SaaS 的工业网络云服务；在采取充分可靠的网络安全措施的前提下，构建完整、稳定、可定制服务的工业互联网环境。

2016 年 2 月 1 日，工业互联网产业联盟在北京举行成立大会。在工业和信息化部的指导下，由 145 家单位联合发起的工业互联网产业联盟，立足于推动"互联网+"行动计划等国家振兴制造业的重大战略的实施，在工业互联网架构、应用场景下的技术标准、推广行业/企业应用等方面共同协商，发挥引导、组织、协调作用。中国的工业互联网发展已经进入形成业界共识、促进产业进步、研究应用结合、构建技术体系的重要阶段。中国航天科工集团作为我国工业互联网的先期探索实践者，已经在 INDICS 的研发中积累了技术和应用的宝贵经验，在产业联盟中作为副理事长单位发挥了十分重要的作用，参与了工业互联网体系架构的制定，并承担了系统技术标准的制定工作。先期的研究和实践正在转化成具有系统意义的共性成果。

在此之前，一些学者和业界人士对发展工业互联网的重要性、主要技术特征和趋势、产业应用的主要形式开展过大量研究工作，著有多种著作。这些著作多数以宏观分析和概要介绍为主，对产业作用分析、企业应用场景、商业模式构想、产业生态关系等进行了宏观分析，较少对如何构建工业互联网的技术架构、系统实施方案、关键技术解析等进行深入的技术探讨，提供的企业实践案例多数引自国外专家学者的介绍，对于国内企业和科研机构成功案例的评述较少，系统性的研究更是难得见到。

然而，工业互联网时代才刚刚开启，无论技术还是产业应用，都有巨大的发展空间，研究和应用工业互联网的企业或机构可以在现有的网络、计算、通信、制造信息化等方面发挥创造力，丰富其中的技术内涵和应用模式，为新的互联网时代的工业进步探索更有效率的发展途径。当然，工业互联网不仅仅是简单的对互联网的应用，工业技术与产业在互联网的环境中还可以建立更加具有革命性的体系，借助为发展互联网、移动通信、云计算而建立的全社会的基础设施资源，把工业体系与相关联的渠道和系统联系起来，构建一个可以相互融合、相互作用、相互服务的高效网络，为工业产品制造、应用运行、全生命周期状态等过程提供更加丰富的数据，为全方位的系统优化提供依据，并为在线服务创造技术条件。工业互联网对工业领域自身的革命性影响也必将是深远的，以制造业为例，正在酝酿和发展的基于网络和数据的智能制造正在深刻地影响着制造技术和制造过程的组织模式，正在从解放生产力中获得更加高效和低成本的制造能力。

因此，对工业互联网开展持续的深入研究是十分必要的，需要企业界、科研机构和相关领域的有识之士积极参与。为了能够与致力工业互联网发展的各界人士分享我们在研究和应用中的体会，提供技术交流和发展模式探讨的渠道，我们就工业互联网的发展方向、系统架构、关键技术、典型案例等内容进行整理、研究，并试图编成以技术应用为特色的文件资料。

由于我们的研究实践受应用领域的局限，因此本书在研究的水平、广度和深度上还很不够，其中的错误和不足之处在所难免，欢迎读者批评指正。

作者

2017 年 3 月

再版前言 ➤

工业互联网的发展和我国的供给侧结构性改革、产业转型升级的进程几乎是一致的，正在有力地推动中国的产业变革，为企业带来难以估量的价值。仅仅不到十年的时间，参与工业互联网开发、应用的企业已经推出了大量的成功案例，丰富了工业互联网的核心技术、发展模式、应用领域和产业形态等重要的要素内涵，为工业互联网的进一步发展打下了坚实的基础。

美国、德国、中国、日本等主要工业国家依据各自的产业基础、技术优势，促使工业互联网沿着不同的演进路径迅速扩散，在发展重点、应用方向、产业价值等方面形成了各具特色的范式。但是在数字化、网络化、智能化、云化的时代背景下，工业互联网对产业发展作用为整体趋势向智慧互联、价值共享、开放协作的数字时代互联网经济方向发展。供给侧给企业提供了智能制造和智慧服务的丰富选择，能显著提高企业生产效率、产品质量、管理效益等内部管理价值和市场竞争力；需求侧能够直接为用户提供个性化定制和产品增值服务，符合节约资源、分享价值的绿色发展理念，有较好的经济效益和社会效益。

特别是在我国，国家各部委、各级政府密集出台加快产业数字化转型、"上云用数赋智"的政策措施，数字产业化、产业数字化发展迅猛。工业互联网作为支撑制造资源泛在连接、弹性供给、高效配置的关键载体，成为推动制造业转型、提质、升级和实体经济高质量发展的新引擎。"云经济""线上经济"发展迅猛，企业智能化、共享经济需求开始爆发式增长。2020年中央经济工作会议指出，要大力发展数字经济，加快5G、工业互联网、数据中心、人工智能等新型基础设施建设。2021年1月13日工业和信息化部发布《工业互联网创新发展行动计划（2021—2023年）》，明确指出未来三年将深入实施工业互联网创新发展战略，推动工业化和信息化在更广范围、更深程度、更高水平上融合发展。工业互联网已成为推动我国实体经济与数字经济融合发展的重要新型基础设施，已成为政府数字化治理和企业数字化转型的重要支撑。

工业互联网作为一种全新的产业模式与产业形态，以互联网为基础融合新一代信息技术和工业系统，包含信息技术领域及工业的全系统、全要素和全过程，是一项具有前瞻性及全局性的复杂系统工程。这种实践性的理论体系在形成和发展过程中融入了鲜明的中国特色。工业互联网发展理念的丰富内涵和落地实践的理论及技术创新，不仅植根于中国完整的工业体系和制造业丰富业态，更为重要的是源自系统工程的全局观和对产业链的整体优化认知，来源于新时代中国特色的社会制度优势和工业化道路特点。

工业互联网技术从诞生之初，就是一类多学科交叉与综合集成技术，是一个国家基础设施重大系统工程实践的抓手。近几年，随着新一代人工智能、边缘计算、5G、区块链、数字孪生、新一代模型工程等新兴科学技术的快速发展与融合应用，以航天云网 INDICS 平台为代表的工业互联网平台及技术体系得到了不断完善，呈现出了更为多样的工业系统智能化特征，更大范围、更高效率、更加精准地实现了各种制造资源的优化配置，"企业有组织，资源无边界"的云制造生态正在形成。数据驱动的"智能制造、协同制造、云制造"，已成为制造业数字化转型升级的重要路径。

这本书的第一版是在工业互联网开发实践的起步时期写成的，那时技术还不够成熟，应用的支撑案例相对较少，因此对一些发展问题的看法和技术思路的把握有一定的片面性。出版后，经过大量的实践检验，一些同行专家和很多读者提出了大量宝贵意见。基于此，我们结合近年来国际、国内工业互联网发展应用中涌现出的新技术、新实践和新趋势，从技术与实践两个方面，对本书全篇的安排进行调整，对各章内容进行全面的补充、校核、修订、完善，以期给关注工业互联网新进展的读者提供更加科学、翔实的参考。

同时，工业互联网作为一项快速发展与推广中的综合性工程技术，由于我们的研究实践受应用领域和应用阶段的局限，本书内容在研究的水平、广度和深度上还很不够，其中的错误和不足之处在所难免，欢迎读者批评指正。

作者

2021 年 1 月

目 录
CONTENTS

第三章 ➤ 工业互联网基础技术

第四章 ➤ 工业互联网应用技术

第八章 ➤ 国内外主流工业互联网平台分析

第九章 ➤ 航天云网

第一章

概述

工业互联网兴起

工业互联网概念

工业互联网现状

　　工业互联网是新一代信息技术与制造业深度融合的产物，是当前全球范围内正在进行的人与机器、机器与机器、机器实体与数字虚体全面连接的新一轮技术革命。工业互联网通过人、机、物的全面互联，构建起连接全要素、全产业链、全价值链的新型工业生产制造和服务体系，成为支撑第四次工业革命的基础设施。美国、德国、中国、日本等主要工业国家依据各自的产业基础、技术优势，推动工业互联网沿着不同的演进路径迅速发展，并促进全球工业互联网应用市场快速扩散，逐步呈现出高速增长的态势。同时，随着物联网与综合集成、海量工业大数据挖掘分析等技术在工业系统中的应用，特别是 5G、新一代人工智能、数字孪生等数字化技术的深度应用呈现出更为多样的工业系统智能化特征，工业互联网技术与实践正日渐丰富。此外，基于工业互联网的商业模式与管理创新而形成的产业生态正在促进构建新型生产组织方式，也在不断提升产品的技术品质、生产效率，改变服务模式，并将加速改变制造业的发展模式和进程。

1.1　工业互联网兴起

1.1.1　工业互联网的诞生

2012 年以来,美国政府将重塑先进制造业核心竞争力上升为国家战略。美国政府、企业及相关组织发布了《先进制造业国家战略计划》《高端制造业合作伙伴计划》（Advanced Manufacturing Partnership，AMP）等一系列纲领性政策文件,旨在推动建立美国本土创新机构网络,借助新型信息技术和自动化技术,增强美国企业在研发活动中的创新能力,进一步升级制造技术并保持其领先优势。在此背景下,美国通用电气公司首先提出了"工业互联网"的概念,打造了全球第一个工业互联网平台 Predix,构建了包括智能设备、智能分析和智能决策在内的数字化世界。GE 公司将工业互联网视为物联网之上的全球性行业开放式应用系统,这一系统是实现工业设施与设备运行维护优化、运营绩效提升、成本降低的重要资产[1]。

透过技术看本质,工业互联网不仅连接人、设备、智能资产、数据,而且融合了远程控制和大数据分析等模型算法,同时建立了针对传统制造业提供增值服务的完整体系,有着应用工业大数据以降低运营成本、改善运营回报等清晰的业务逻辑。纵观装备制造业的信息化进程,建立工业知识储备和提高软件分析能力,为企业提供分析、优化和预测服务,进而获得新业务市场,已经成为装备制造业战略转型的新路径。应用工业互联网的企业,正在通过对产品生产过程的数字化和以工业大数据为基础的全生命周期的服务,开启新一轮的工业革命[2,3]。

1.1.2 工业互联网的发展

近年来，在各国实施国家制造业发展战略和开展骨干企业应用实践两方面的推动下，工业互联网得以迅速发展。同时由于各个国家产业基础、技术优势、战略重点不同，工业互联网的发展路径也有所不同。

在美国政府及骨干企业的推动下，美国在工业互联网的发展中发挥了主导作用。GE 公司为航空、医疗、能源电力、生物制药、半导体芯片、新型材料等先进制造领域提供了提高制造业效率、优化资产和运营的大量典型范例。2014 年 3 月，GE 公司联合 AT&T、思科、IBM、英特尔等信息龙头企业，组建了带有鲜明"跨界融合"特色的"工业互联网联盟"（Industrial Internet Consortium，IIC）。截至 2020 年 6 月，该组织已经吸引了全球 160 多家骨干企业和组织加入，覆盖了电信服务、通信设备、工业制造、数据分析和芯片等与工业互联网技术及应用密切相关的行业和技术领域，在工业互联网标准制定、测试验证、国际合作及推广应用方面起到重要作用。

工业互联网利用新一代信息通信技术激活传统工业过程，突破了 GE 一家公司的业务局限，内涵拓宽至整个工业领域。作为全球第一个工业互联网平台，GE 公司的 Predix 平台在工业互联网发展中具有里程碑意义。借助该平台，GE 公司的业务也从设备的生产和运营拓展到工业互联网平台服务和运营。2015 年，GE 公司整合软件和 IT 职能创立了 GE Digital，将 Predix 平台向全球制造业开放，开启了"GE For World"的工业互联网新阶段。此外，微软借助其信息技术优势，推出了 Azure IoT 平台，为多行业提供远程设备监控、预测性维护、工厂联网与可视化服务；英特尔则将云计算、大数据、人工智能技术优势与其芯片技术优势相结合，推出了与设备终端边缘计算相关的芯片和处理器；思科则利用其通信行业技术优势，支持企业从各种工业以太网和现场总线中获取实时生产数据，为企业的产品制造过程提供管理支持和运行服务。

2013 年 4 月，德国在汉诺威工业博览会上发布了《实施"工业 4.0"战略建议书》，正式将"工业 4.0"作为强化国家产业发展优势的战略选择。作为支撑《德国 2020 高科技战略》实施的组织保障，在德国政府的支持下，由西门子牵头，联合德国信息技术、电信和新媒体协会（BITKOM）、德国机械及制造商协会（VDMA）、德国电气和电子制造商协会（ZVEI）等行业组织设立了"工业4.0平台"，建立了企业协同创新体系，并由德国电气电子和信息技术协会发布了"工业4.0"标准化路线图。"工业4.0平台"成为推动德国工业数字化转型的核心网络。《实施"工业4.0"战略建议书》指出，"前三次工业革命源于机械化、电力和信息技术。现在，将物联网和服务应用到制造业正在引发第四次工业革命（工业4.0）[4]。"可见德国的"工业4.0"所指的第四次工业革命与GE公司提出的工业互联网革命异曲同工，核心都是新一代信息技术与工业应用的结合。

德国在传统制造业方面优势明显，包括汽车、机电产品、先进工业装备、电子电器产品、工业控制系统、计算机及嵌入式控制设备等领域。许多德国企业在全球享有较高的知名度，例如，西门子、奔驰、宝马及博世等大型企业，因具有领先的技术和较强的研发能力而广为人知；此外每个行业中都存在一大批优秀的中小型企业，拥有独特的技术和优秀人才，成为行业中的"隐形冠军"。

在德国"工业4.0"战略的指引下，德国工业领域各行业骨干企业纷纷开始"工业4.0"实践。2016年西门子在汉诺威工业展上正式推出了MindSphere工业互联网平台，与GE公司并驾齐驱，成为全球工业互联网领域的标杆企业。西门子的安贝格（Amberg）电子制造工厂成为实施"工业4.0"智能制造的数字工厂典范。在西门子发布的"公司愿景2020+"战略中，"数字化工业"是其未来三大运营方向之一。同时以奔驰、宝马为代表的汽车行业、以博世为代表的电子元器件行业等都出现了许多"工业4.0"的典型范例。一些著名的工业软件服务商，如SAP，也看好工业互联网的发展前景，大力开发以工业互联网为应用场景的数字工厂和数据增值服务的系统集成技术，成为工业互联网技术和市场强有力的竞争者。

21世纪以来，中国致力于"信息化与工业化融合发展"的产业升级战略，工业生产能力和产品质量不断提升，逐步成为全球制造业大国。但我国产业基础相对薄弱，大多数企业仍处于产业链低端，产品附加值不高，竞争力不强，高端工业装备、精密仪器和加工设备依赖进口的局面还没有从根本上改变，大规模复杂工业产品制造、先进产品技术和系统集成与发达国家仍有不小差距。2015 年，中国政府明确，要促进工业互联网、云计算、大数据在企业研发设计、生产制造、经营管理、销售服务等全流程和全产业链的综合集成应用，加快开展物联网技术研发和应用示范，培育智能监测、远程诊断管理、全产业链追溯等工业互联网新应用，将工业互联网技术和应用上升到国家战略高度。工业和信息化部（简称工信部）指出，工业互联网是新一轮工业革命和产业变革的重点发展行业，其应用及发展可以从智能制造和将互联网引入企业、行业这两个方面切入，最终达到融合发展的目标。

2017 年 11 月，国务院发布了《关于深化"互联网+先进制造业"发展工业互联网的指导意见》（以下简称《意见》），作为我国工业互联网发展目标最为具体、综合性最强的纲领性文件，《意见》明确了包括网络基础、平台体系、产业支撑、融合应用等在内的主要任务，以及包括工业互联网基础设施升级改造、工业互联网平台建设及推广在内的重点工程。工业和信息化部联合相关部门发布《工业互联网发展行动计划（2018—2020 年）》，明确工业互联网三年起步阶段的重点任务，工业互联网正式开启从概念创立、探索实践、普及推广到行业深耕的道路。随后工业和信息化部围绕工业互联网网络、平台、安全三大体系，发布了一系列建设推广指南和工作指导意见，进一步明确发展目标、细化重点任务。自 2018 年至 2020 年，工业互联网三次被写进政府工作报告，国家对工业互联网的重视程度逐步升级。当前，工业互联网已成为国家"新基建"的重要组成部分。

在工业互联网实践方面，国内一批在各自行业领域中具有领先优势的企业进行了积极的探索和尝试。中国航天科工集团基于李伯虎院士的"云制造"理念最先开始了工业互联网平台实践，在集团专有云平台的基础上于 2015 年在国内推出了第一个工业互联网平台 INDICS；随后三一重工基于其在装备制造及远程运维领域的经验，推出了重点面向设备健康管理的ROOTCLOUD 根云平台，为设备提供 360 度全生命周期管理，经过几年的积累，其服务范围已逐步由工程机械行业向农业机械、保险、租赁、纺织、新能源、食品加工等多行业延伸；海尔推出的 COSMOPlat 引入了用户全流程参与体验，发展了用户参与产品设计的客户定制商业模式，开展了以互联工厂为载体、以互联网为媒介的大规模客户定制活动，并建设了开放互联的平台生态，建立了包括农业、纺织服装、能源、模具等多个行业子平台，为企业提供了商务和信息服务；东方国信发挥自身在大数据领域深耕优势，运营钢铁大数据实现了高炉数字化改造，成为工业互联网促进传统工业转型升级的典型案例。

为应对全球工业互联网大潮可能带来的竞争格局的改变，除了美国、德国、中国，英国、日本等以制造业为主导产业的国家也纷纷推出各自的制造业发展国家战略，许多著名的跨国公司和骨干企业也积极参与探索实践。2013 年 10 月，英国政府推出"英国工业 2050 战略"，关注在再工业化过程中，通过新技术应用推动其企业突破制造业已有的观念局限，特别是应用信息通信网络改变企业的管理方式，快速响应市场需求。同时英国政府投资7.25 亿英镑支持工业战略挑战基金项目，一些企业也在积极推动航空、汽车、生物医药等高端制造领域的信息技术应用，意在提高其产品的国际市场竞争力。日本的企业的行动先于国家战略，2015 年，三菱电机、富士通、日产汽车等企业组建了"产业价值链主导权联盟"（Industrial Value Chain Initiative，IVI），推动了工业互联网通信技术和安全技术的标准化。日本经济产业省于2017 年提出了"互联工业"（Connected Industries）战略，希望集中先进企业的领先优势，在各自的物联网平台间建立数据互换机制，以期在以工业互联网为支撑的智能制造领域获得国际竞争优势。

美国、德国、中国等国先后提出"工业互联网""工业 4.0""互联网+"等概念和相关战略，无论在具体做法和关注点上有何区别，其整体目标是一致的，都是基于互联网和信息平台将人、设备、数据进行有效的结合，并且通过工业生产力和信息生产力的融合，创造出具有更高效率的新的生产力，从而促进新工业革命的发展进程。

深入研究工业互联网和"工业 4.0"就会发现，两者互联互补、相互增强。"工业 4.0"重在构造面向下一代制造价值链的详细模型，工业互联网重在人、机、物的全面连接和产业链集成与互操作性。它们的共同作用和目标都是要增强互联网经济时代企业、行业乃至国家的竞争力。

中国的工业互联网与中国经济社会发展现状结合，呈现出自身特有的发展特色和战略重点。中国工业门类齐全，制造业总量大，产业链体系相对完整，但工业企业信息化水平参差不齐，难以同时实现更高水平的数字化、网络化、智能化。但中国互联网应用基础好，平台经济几乎与美国平分秋色，所以我国的"工业互联网"走的是"两化深度融合"的从改造型向自主型发展的道路，其内涵不仅包含利用工业设施物联网和大数据实现生产环节的数字化、网络化和智能化（德国"工业4.0"描述的智能工厂），实现制造效率和产品质量的提高，面向客户实现产品的个性化定制，还包括利用互联网信息技术与工业融合创新，搭建网络云平台，跨企业整合产业资源，构筑产业生态圈，实现"云制造"。与其他国家相比，中国具有跨企业整合各类产业资源的组织优势，容易形成工业互联网的共享环境和生态体系，特别是可以针对处于不同信息化阶段的企业的特点提供不同层级的工业互联网服务。因此，我国工业互联网的内涵更为丰富，不但能够通过重塑生产过程和价值体系，推动制造业的产业升级，还能为产品制造的服务化发展创造网络环境。同时，借助云平台，中小制造企业能够分享工业互联网政策和技术红利，丰富产业资源信息，参与到核心企业产业链协同和价值链重塑过程中。

但与任何新生事物的发展一样，工业互联网的发展不会一帆风顺，其创新与探索的过程必然充满风险和波折。2018年8月，GE公司准备出售包括Predix平台在内的数字资产的消息引起业界震动，到同年12月出售事项尘埃落定，部分通用数字（GE Digital）业务被出售，使GE公司更加专注于行业数字化解决方案和用轻量化工业应用为客户创造价值。而GE公司同时宣布新建12亿美元的工业互联网软件公司来巩固其数字化领导地位，进一步推进工业互联网战略的实施。新的独立工业互联网软件公司业务包括Predix、APM（Asset Performance Management）、Historian、HMI/SCADSA、MES、OPM，以及GE电力数字化板块和电网软件解决方案等，将业务聚焦在资产密集型行业，比如电力、新能源、航空、油气、化工和矿业等。对此事件无论有多少种不同解读,都有两点共识,一是无论 GE Digital 还是 Predix 平台,在工业互联网领域都尚未找到成功的商业模式,投入产出落差大,销售业绩面临巨大的考核压力;二是在数字化转型的现阶段,相比在工业领域打造一个大而全的平台,深耕行业、为行业客户提供数字化解决方案显得更加务实。

尽管 GE 公司此番在工业互联网领域探索的波折引起对工业互联网的许多质疑,业界也普遍意识到工业互联网真正实现其商业价值尚需更长的时间,但各国政府、行业组织和骨干企业对于工业互联网的推进并未因此停止。例如,工业互联网的另一标杆企业西门子,选择了与 GE 公司不尽相同的发展路径。西门子以市场收购方式快速提高支撑工业互联网的开发能力,以智能工厂项目与解决方案生态建设的形式推动工业互联网应用落地。2018 年 8 月西门子收购了低代码编程平台 Mendix。经过一年的打磨,在 2019 年 9 月面向分析师的年会上,西门子推出了 Xcelerator,将 Mendix 低代码编程平台与 MindSphere 原有软件产品打通,尝试降低开发者的门槛并构建开发者生态,从而能针对制造业复杂场景下的需求做出快速响应,以此激发工业互联网快速发展的活力。可以看出,围绕"云基础设施+终端连接+边缘处理+工业知识建模+应用服务"的工业互联网产业生态,每一个工业互联网平台都需要聚合各类创新主体,特别是各类行业数字化解决方案的提供者,以共同构筑开放、共建、共享的产业生态。

2019 年 11 月,德国发布《国家工业战略 2030》,其中,工业互联网是关键能力,目的是打造工业生产全要素、全价值链、全产业链全面连接的制造服务体系,以巩固其在智能制造方面的相对优势[5]。

1.1.3 新技术加速工业互联网发展

主要工业国家从战略层面、骨干企业在开发和应用层面共同推动工业互联网发展,产生了良好效果。与此同时,信息通信新技术的出现和应用也极大地推动了工业互联网的落地。随着 5G、边缘计算、人工智能等技术与工业互联网同时应用在工业企业的生产服务场景中,工业互联网在数据采集和传输、海量数据计算处理速度、行业知识模型化等方面的技术瓶颈被打破，应用范围不断拓展，极大地加速了工业互联网的技术发展和落地应用。

（1）"5G+工业互联网"促进新模式与新业态。

工业互联网与数字化技术的融合催生了各行业的不断创新，而实现企业要素及其产业链和生态体系互联互通的关键是通信网络。5G由于具有高带宽、低时延、广覆盖等特点，与工业互联网的结合将使得工业场景突破原有局限，催生诸多产业发展的新模式与新业态[6]。例如，利用基于 5G 的 VR/AR 远程协助，可以实现现场人员和远程专家的"零距离"沟通，提高工业生产、设备维修、专业培训等价值链的效率；基于 5G 的远程控制技术可以使工厂大件货物或港口集装箱装卸作业等工作实现机器替代；5G 与无人机的结合，可以扩大资产巡检范围，提高资产巡检效率。在 5G 应用的大量场景下，可以显著提升工业互联网的运行品质，扩大应用领域。

（2）人工智能技术全面提升工业互联网智能化水平。

人工智能技术正在以前所未有的发展速度展示其巨大的潜力，在涉及人类活动和机器操作的诸多方面，大有代替人工和自动控制的趋势。工业系统中的人工智能技术受到企业和创新机构的高度关注，从智能机器到智能系统都有开发应用的成功案例，已经被冠以普遍认可的"智能制造"的标签，其和互（物）联网、云计算、大数据、移动通信等新兴信息通信技术相互融合，成为产品增值、产业赋能的最重要手段。人工智能技术对工业互联网发展同样具有难以估量的促进作用，能够有效提升工业互联网在实时感知、动态分析、科学决策、精准执行和优化迭代等方面的能力，更好地服务于企业数字化转型与政府数字化治理[7]。通过搭建基于工业互联网的知识图谱、专家系统等认知算法体系，可以提升设备故障预测准确率、优化工艺参数、对产业链进行分析优化等。如应用语音识别、机器视觉等技术，可以提升控制装备在复杂工作环境下的感知和反馈能力；应用协作机器人、仿生工位等技术，可以拓展工业互联网的生产协同能力。

（3）边缘计算技术促进工业互联网的边缘服务能力。

针对工业应用在控制和执行时对计算处理有实时性、可靠性和安全性等苛刻要求的工业场景，传统的云计算技术已经无法满足终端现场实时与安全方面的需求，工业互联网在生产装备实时控制、流程检测、自动化流程生产控制等现场执行操作应用场景下受到很大限制。边缘计算技术通过协同终端设备与边缘服务器，发挥本地计算的优势，实现生产装备自动控制、检测，可让系统呈现分散、递阶结构，完成分级分配数据处理和控制操作任务，减少非必要的数据传输，有效减小计算系统的延迟与数据传输带宽，及时响应生产控制与服务的实时要求，同时保护数据安全与隐私。

（4）数字孪生技术提升工业互联网的价值创造能力。

在工业互联网应用的场景下，数字孪生技术支持在信息与物理融合空间进行产品全生命周期建模仿真与分析、预测和优化。企业通过数字孪生技术的应用，在设计阶段便可以对产品的功能、性能、行为和可制造性、可使用性进行全面的仿真、分析、预测与优化；在生产制造阶段可以根据数字孪生技术及时调整生产工艺、优化生产参数，提高产品质量和生产效率；在设备运行维护阶段可以通过与大数据和机器学习技术的结合，进行产品的预测性维护和运营优化[8]。

1.1.4 工业互联网的影响

工业互联网作为新型基础设施，利用新一代信息技术，满足了制造业亟须提升效率、优化资产和运营的迫切发展需求，促进了全产业链、全价值链的资源整合与优化，形成了新型业务模式，改变了工业的生产模式，在产品设计、制造、管理等方面提供了关键的数据支持和伴随服务，对于社会经济的影响已经越来越深入。

工业互联网的影响将渗透制造业的各个维度，概括起来有交互智能化、产品个性化、制造服务化、组织分散化、网络生态化五个方面[9]。

（1）交互智能化。

信息智能化交互技术，将成为未来工业互联网发展的重要模式。智能交互为产品和其制造过程带来了智能化变革。智能平台以数据为核心，采用数据流、软件、硬件等不同层级的智能交互技术。在设备层，应用智能设备和网络采集数据，对设备和系统运行状态进行分析，并将分析后的结果按需要用于执行或将反馈数据存储于设备中以备比较。在软件层，采用大数据分析技术开展海量数据挖掘，将生产过程数据进行可视化处理和决策判断。企业可通过建设专用数据中心，形成对生产过程管理软件的数据支持，达到对底层设备资源的优化使用；产业体系可基于数据分析与趋势预测，为产业发展规划提供实时的决策依据。采用智能协同技术，跨时空整合不同专业背景的人员，让更多利益相关和责任相关的人员参与到生产与管理过程中。智能化交互产品基于软件控制、嵌入式硬件技术，可实现对产品功能开启、关闭、操作过程的智能化、远程化管控，在企业生产层面可支持制造生产全过程的智能化。

（2）产品个性化。

在工业互联网时代，客户对产品的需求呈现出多样化特征，并且不断发展变化，这使得产品创新过程表现出客户直接参与的特点，而形式上体现在客户直接参与下的"共创"和新产品开发的快速迭代两个方面。

通过对产品和工业系统的设备、装备信息进行采集，企业可以分析产品的运行状况、客户的使用习惯及故障出现的频次和地点等，并通过深入的数据分析，了解和掌握客户的潜在需求，从而对产品的设计进行改进。在互联网时代，与客户共创的重点环节是客户消费习惯大数据挖掘、商品销售和服务中的客户意见反馈、产品的定制化过程的互动和定制产品设计与生产系统的智能控制。客户共创和客户使用的结果是智能设备本身升级和产品进一步改进的依据，定制产品开发需要把与客户共创转化成重点环节的相互作用的快速迭代过程，成功与否取决于企业对整个过程理解的深度、生产制造系统柔性化可重构的程度和互联网络的便捷性。

在工业互联网时代，初创企业更看重快速迭代，然而，大企业却要避免自身创新力不足的问题。例如，大企业在看准一个市场机会后，经过一段调研、论证、研发和推出的漫长周期，最后却可能与市场机会失之交臂。

快速迭代的概念可见于美国作家埃里克·莱斯所著的《精益创业》。精益创业是在美国硅谷很受推崇的一种创业理念和方法论。这种理念的关键体现在新产品开发和改进的快速性上，具体操作是：先在市场投放功能特点鲜明的概念产品（原型），通过市场反馈信息和开发者在创新上的思考，对产品进行快速改进升级，实现产品功能和性能上的快速迭代优化，以此来提升用户的满意度并扩大用户群，从而不断地获得竞争优势。其实，此理念与软件企业开发产品的方式大同小异，都是将一个基本的功能推向市场，然后基于用户的使用反馈不断对产品进行更新迭代。

过去，成熟的家电企业制造一台冰箱的周期长达 3～5 年，前期要先经过用户需求的调研、需求报告的编写，研发部门开发产品，最后推向市场。通过精益创业的方法快速迭代，可以将整个周期缩短至 6 个月。一些家电企业通过工业互联网与客户开展"众创"和"共创"，可以把客户定制产品的周期缩短更多，而且在快速迭代过程中更能精确找准客户的定位，掌握客户的需求。

（3）制造服务化。

由于市场上竞争的愈发激烈和同质化的出现，产品本身已经不能够完全满足客户的需求，更重要的是通过产品的最终价值来吸引客户。在工业互联网和软件技术的介入过程中，可以形成原有产品的增值服务价值，在工业产品制造过程的全生命周期中，帮助客户在他们创造价值的全过程中进行优化，并创造新的商业价值。因此，企业创造竞争优势和差异化的价值主张具有多重选择，主要是由于交付结果具有复杂性和多样性。最终，企业的盈利模式将不再依靠设备和产品，而是依靠服务，企业出售的产品和设备也将被服务所替代。

所有工业互联网产品的设计，开始可能是软件加设备和硬件的组合，而最终都会以服务的方式交付出去。产品和软件的服务交付，是未来的大势所趋，任何一个企业在设计和思考工业互联网新型商业模式的时候，必须将服务创新纳入其中。

（4）组织分散化。

在工业互联网时代，带有强烈的分散化和个体化行动特征的创客方式兴起，使传统工作和协同的方式发生了革命性变化。生产方式由大规模集中式转向分布式，中小企业获得广阔的发展空间，个体制造正在借助互联网崛起。工业互联网积累了以往无法匹敌的产业供应链，在付费合理的商务协议下，可以为个体和资源短缺的中小企业提供丰富的网络在线生产供应链物资和共享设备硬件资源，通过购买服务的方式组建新的网络组织，形成虚拟企业集群。中小微实体企业分散在工业互联网络可及的地方，虚拟企业集群可以按照行业、区域、产品类别等聚集成产业群，能够逐步发展成新的虚拟企业运行模式。在资源整合过程中，企业和个人都可以通过建立分类标准，逐步积累质量控制和成本管控经验，不断提升协同创新能力和自主发展能力。

（5）网络生态化。

工业互联网通过系统结构的搭建和资源的汇聚，形成面向不同行业的产业整合、面向不同企业的产业链整合、跨越时空地域的产业布局、跨越行业的融合创新，最终实现社会资源的高效利用。网络生态系统的发展更依赖雄厚的设计和开发资源，这些资源以合适的生态结构，分布在互联网上。未来这些资源分布在行业云端，就可以被其他设计者共享，设计者可以根据不同的产品、开源的模型对其进行改造，然后创造新的产品。

在工业互联网构筑的生态圈中，客户可以利用平台网络与工厂直接相连，生产拥有个性化色彩的产品。定制产品的小型客户可以带来更高的利润，而产品竞争程度也随之减弱，这个市场就是长尾市场。创客式的生产方式，正在解构原有的生产体系，客户的需求可以得到高效的匹配。

工业互联网在制造业的渗透不仅直接催生了智能制造、个性化定制、网络协同、服务型制造等制造新模式，而且为交通、能源、医疗、农业等各个行业的数字化转型升级提供了网络连接和计算处理平台。同时，包括金融、教育、物流在内的服务业都在探索利用工业互联网平台进行服务模式创新，如基于数据的信贷服务、押品管理、保险定价、设备增信等产融结合模式，以及基于工业互联网平台、实训基地、真实与虚拟结合场景和新教具开展的产教融合模式等。工业互联网正在推动数字经济加速发展，对经济和社会产生方方面面的影响。

1.2 工业互联网概念

1.2.1 工业互联网的内涵

对工业互联网的定义，众说纷纭，学术界和产业界还没有形成权威而准确的论述。本书试图从多个层面剖析和探讨工业互联网的内涵。正如从字面来理解一样，工业互联网的核心在于"工业"和"互联网"。"工业"是基本对象，是指在工业全生命周期活动中所涉及的各类人/机/物/信息/数据资源，以及由此形成的工业能力通过工业信息网络和互联网实现互联互通与共享协同的一种社会形态；"互联网"是关键手段，是综合利用物联网、信息通信、云计算、大数据等互联网相关技术推动各类工业资源与能力的开放接入，进而支撑由此衍生的新型制造模式与产业生态。

更进一步地，正如笔者主要参与并发布的《工业互联网体系架构（版本 1.0）》[10]《工业互联网体系架构（版本 2.0）》[11]中所描述的一样，可以从构成要素、核心技术和产业应用三个层面去认识它的内涵。

第一，从构成要素角度看，工业互联网基于信息通信网络实现机器、数据和人的融合。在工业生产中，各种机器、设备组和设施通过传感器、嵌入式控制器和应用系统与网络连接，构建形成基于"云—网—端"的新型复杂体系架构。随着生产历程的推进，数据在体系架构内源源不断地产生和流动，通过对数据采集、传输、分析处理和运用，逐步实现数据的商业化应用、数据价值创造与向数据资产的转换。在中国信息通信研究院 2018 年发布的《数据资产管理实践白皮书（3.0 版）》中，数据资产被定义为"由企业拥有或者控制的，能够为企业带来未来经济利益的，以物理或电子的方式记录的数据资源"。人既包括企业内部的技术工人、领导者和远程协同的研究人员等，也包括企业之外的消费者，人员彼此间建立网络连接并频繁交互，完成设计、操作、维护及高质量的服务。

第二，从核心技术角度看，除了必要的信息通信网络、云计算等基础设施，贯穿工业互联网始终的是工业大数据的综合运用。从原始的杂乱无章到最有价值的决策、操作控制信息，经历了产生、收集、传输、分析、融合、管理、决策、执行等阶段，需要集成应用各类相关的技术和软硬件，完成感知识别、远近距离通信、数据挖掘、分布式处理、智能算法、系统集成、平台应用等一系列任务。简而言之，工业互联网技术是获得、处理、应用企业、组织、系统中的工业过程数据，并实现数据价值的系统集成技术。

第三，从产业应用角度看，工业互联网构建了庞大复杂的产品生产制造和服务生态系统，为企业提供了全面的感知、移动的应用、云端的资源和大数据分析，实现各类制造要素和资源的信息交互及数据集成，释放数据价值。这有效驱动了企业在技术研发、开发制造、组织管理、生产经营等方面开展全向度创新，实现产业间的融合与产业生态的协同发展。这个生态系统为企业发展智能制造构筑了先进的组织形态，为社会化大协作生产搭建了深度互联的信息网络，为其他行业智慧应用提供了可以支撑多类信息服务的基础平台。

1.2.2　工业互联网的特征

《工业互联网体系架构（版本 2.0）》将工业互联网特征归纳为"泛在互联、全面感知、智能优化、安全稳固"，本书从其技术特性及由其技术特性衍生而来的创新应用来描述工业互联网的典型特征。

1.2.2.1　基于互联互通的综合集成

工业互联网的**第一个特征**是基于互联互通的综合集成。

互联互通包括人与人（比如消费者与设计师）、人与设备（比如移动互联操控）、设备与设备（资源共享）、设备与产品（智能制造）、产品与用户（动态跟踪需求）、用户与厂家（定制服务）、用户与用户（信息共享）、厂家与厂家（制造能力协同），以及虚拟与现实（线上线下）的互联等，简单说就是把传统资源变成"数字化"资源。在此基础上通过传统的纵向集成、现代的横向集成，以及互联网特色的端到端的集成等方式实现综合集成，打破资源壁垒，使这些"数字化"的资源高效地流动起来[12]。

对于制造业而言，上述过程的实现需要基于"数字化"资源构建复杂的研发链、生产链、供应链、服务链，以及保证这些链条顺畅运转的社会化网络大平台[13]。

波音 787 飞机有 600 多万个零部件，由几百个一级供应商负责研发和制造，一级供应商又按照统一规则分别管理各自的供应商，涉及全球逾千万个供应商。这些供应商旗下的 6000 多名物流管理工程师 24 小时不间断地管理着整个供应链，若干个类似的专业性工程师队伍在一个统一的信息平台上协同工作，最终成就了波音 787 飞机[14]。

1.2.2.2 海量工业数据的挖掘与运用

工业互联网的**第二个特征**是海量工业数据的挖掘与运用。

工业互联网时代的企业竞争力已经不再是单纯的设备与技术了。通过传感器采集数据，经网络信息平台处理，进而将经过分析的数据反馈到原有的设备并进行更好的管理，甚至创造新的商业模式，这将成为企业新的核心能力。例如，特斯拉公司就是基于软件和传感器，利用数据分析技术改造原有电池技术，实现电池温度控制更加精准节能，从而确保其在电池技术领域的领先地位的；东方国信利用大数据处理技术、工艺机理模型等技术手段，通过海量数据分析处理，从传热学、炼铁学等机理层面建立合理的预警标准，实现对高炉设备实时监控、智能运营和预警，平均降低冶炼产线能耗 3%～10%，减少安全事故 60% 以上，单座高炉创效收益可达每年 2400 万元[15]。

目前，传统企业不但要从原有的运营效率中挖掘潜力，更重要的是要站在数据分析和整合的更高层面去创造新的商业模式。跨界的竞争对手有可能携数据分析和大数据应用的利器颠覆原有的产业格局。数据资产的重要程度不仅不亚于以原有的设备和生产资料为基础的资产，其作用和意义更具有战略性，以数据资产和大数据为基础的业务会成为每一个工业互联网企业的核心[16]。

1.2.2.3　跨行业通用基础设施

工业互联网的**第三个特征**是跨行业通用基础设施。

工业互联网可以作为新型工业"操作系统"，支撑跨行业、跨领域、以信息物理融合为主要特征的各类数字化应用。对企业来说，数据在未能与特定场景的应用结合之前，并不能给企业带来任何新价值，基于海量数据的工业应用创新与深度业务协同才是企业最看重的工业互联网价值。就像微软Windows之于PC时代，谷歌Android系统之于移动互联一样，工业互联网通过实现海量数据、工业智能与复杂工业场景的结合与价值创造，从而成为支撑新一轮工业革命的重要基础设施。例如，海尔的COSMOPlat应用解决方案已突破其核心的家电制造和服务，覆盖了包括建陶、房车、农业在内的15个行业生态，将助力这些行业内的企业用户转型升级[17]。

1.2.2.4　商业模式和管理的创新

工业互联网的**第四个特征**是广义的创新，即商业模式和管理的创新。

传统企业的企业家最关注的是财务绩效或投资收益率，怎样使得工业互联网技术在短期内为企业产生直接可量化的效益，是他们采用这种新技术的主要动力，也是让更多人接受工业互联网的关键步骤。在此基础上，企业会逐步考虑用工业互联网技术来重塑原有的商业模式，甚至进一步创造新的商业模式，并创新与之相适应的管理模式，来颠覆原有的市场格局[18]。这种情况使更多通过跨界的方式进入原有行业的颠覆者出现，是中国特色的工业化与信息化深度融合的"互联网+"的发展模式。举例来说，无人驾驶汽车的出现，以及和电动车结合出现的新的商业模式创新，有可能会使汽车行业最终演变成一个彻底的服务行业，而非如今的以产品销售和服务为主的传统制造业。商业模式的创新有其自身的演进路径，除了赋予产品新的功能、创造新的模式，在整个价值链上也会产生巨大的裂变，甚至产生平台级、系统级的颠覆。

1.2.2.5　制造业态更新和新生态形成

工业互联网的**第五个特征**是支撑制造业态更新和新生态形成。

当前，互联网已经不仅是一种技术和基础设施，更是一个时代特征，"互联网+一切"（All in Internet）或者"一切+互联网"（All on Internet）是时代大潮，谁也逃不掉。各种因素的综合作用，使业态的更新成为必然，使新生态的形成成为可能。互联网技术能够破除资源"数字藩篱"，使得共享经济新生态逐渐形成。对于制造企业而言，以生产性服务业、科技服务业等为典型的服务化制造业已经成为业态更新的重要方向。越来越多的制造企业已经从传统的制造"产品"转型为提供"产品+服务"。例如，沈阳机床的 i5 云制造系统，将传统机床产品销售转型为基于工业互联网的按时租用加工服务的全新业态，并进一步吸引生产线物流服务商、机床维修服务提供商等生态伙伴，形成了更有活力的生产性服务生态。

1.3 工业互联网现状

1.3.1 工业互联网发展现状

当前，工业互联网已经引起了美国、德国、中国等制造业大国在国家战略层面的高度重视。各国普遍以产业联盟方式快速推动本国工业互联网技术、标准的建立和示范的推广，以骨干企业应用推动产业生态的发展。国际上颇具代表性的产业联盟有美国工业互联网联盟、德国"工业 4.0 平台"、中国工业互联网产业联盟等。

1.3.1.1 美国工业互联网联盟（IIC）

GE 公司联合 AT&T、思科、IBM 和英特尔四家 IT 公司组建的工业互联网联盟（Industrial Internet Consortium，IIC），将工业互联网这一概念大力推广开来。IIC 成立于 2014 年 3 月，致力于构建涵盖工业界、信息与通信技术（Information and Communications Technology，ICT）领域和其他相关方的产业生态，推动传感、连接、大数据分析等在工业领域的深度应用，协助其他机构尤其是国际标准组织解决标准规范等问题。根据 IIC 官网截至 2020 年 6 月底的数据，IIC 已经发展了 160 多名成员，成员分布于全球 29 个国家和地区。

美国 IIC 以参考架构、测试床、应用案例为抓手，从企业案例阶段向产业推广阶段快速推进，强化工业互联网在大型工业企业中开展广泛应用，同时建立面向行业的测试床，以此为基础在全球范围开展产业辐射与标准推广。

（1）整体实施方面。

在国家工业制造战略框架下，由美国国家标准与技术研究院（NIST）牵头，产业界参与，共同制定以数据共通为核心的标准，构建包括机器、产品、系统与人在内的工业互联网标准体系，建立美国工业互联网的先发优势。

（2）资金支持方面。

美国在工业互联网和智能制造领域持续投入。2013 年开展"先进制造技术支撑专项"（AMTech）计划，先后投入 900 万美元支撑了 19 个标准化项目的研发推进。以 2014 年至 2015 年 3 月支撑美国国家国防制造与加工中心（NCDMM）的项目为例，其内容是建立开放式的机器互操作标准，简化机器、装置和软件应用的接口。NSF 在 2006 年成立信息物理系统（CPS）相关研发项目，从 2000 年到 2020 年，对新一代信息通信技术研发支持增长近 3 倍。2018 财年联邦政府为 NSF 提供的直接资金支持近 10 亿美元[19]。

2016 年 6 月，由美国能源部和加州大学洛杉矶分校共同牵头成立的制造业创新中心"智能制造创新中心"在洛杉矶成立，联邦机构和非联邦机构各投资 7000 万美元用于重点推动智能传感器、数据分析和系统控制的研发、部署和应用。

（3）组织推进方面。

IIC 整合主要企业的需求，围绕工业互联网产业发展展开一系列研究。参考架构、测试床、应用案例是 IIC 的关键工作抓手。IIC 正以参考架构为牵引，通过企业自主设立的应用案例为试点组织垂直领域的应用研究及测试床的设立提供检验支撑，并借力其他标准组织的力量，加快推进工业互联网的落地进程。

1）牵头搭建并完善参考架构，指引企业进行工业互联网应用实践。2015年，IIC 发布了《参考架构 V1.0 版》，其功能架构涉及商业、运营、信息、应用和控制五大功能范畴，以及系统安全、信息安全、弹性、互操作性、连接性、数据管理、高级数据分析、智能控制、动态组合九大系统特征。IIC 在功能架构的基础上，进一步建立了由边缘层、平台层和企业层组成的系统架构，确定了各层涵盖的软硬件系统和网络。随后几年，IIC 不断更新工业互联网参考架构。2019 年 6 月，其发布了《工业互联网参考体系架构 V1.9 版》（*Industrial Internet Reference Architecture* V 1.9，IIRA V1.9），分为商业视角、使用视角、功能视角和实现视角，强调了跨行业的通用性和互操作性，以业务价值驱动功能设计，从原有九大方面的系统特征进一步论述了系统的特性。IIC 强调，其会随着工业物联网（IIOT）的部署实践和新技术的发展不断更新工业互联网参考架构。

2）广泛收集应用案例，着重关注工业互联网的需求和存在的问题。截至 2021 年 4 月，IIC 搜集了涵盖先进制造业、能源、健康、交通等多个产业领域的近 70 个典型应用案例，各案例的牵头负责单位有 GE 公司、英特尔和富士通这样的国际巨头，也有一些行业专业性企业。IIC 已经构建了垂直领域的应用案例分类分析表，以便体系化地在参考架构下进一步推进应用。

3）支持设立测试床，提供参考架构、技术标准和安全方案的验证支撑。目前 IIC 官网已经公开了 26 个测试床项目，涵盖高速网络、半自动货车运输和自动驾驶、厂房设备和工具跟踪、预测性维护、生产质量管理及针对柔性制造的时间敏感网络（TSN）等；IIC 同时启动了智能电网、智慧医疗等领域的测试床项目。IIC 正积极推进测试床项目在其他国家落地实施，以此来扩展联盟的影响力。IIC 非常关注测试床安全，要求测试床根据网络安全能力和成熟度（C2M2）模型进行安全性评估，评估结果和改进效果将向安全工作组进行汇报。

4）积极推进与国际标准化组织的协作。IIC 侧重分析工业互联网的标准化需求，并将这些需求通过联络函方式告知相关的标准化组织开展相关标准制定。IIC 设有联络函工作组，目前梳理了 20 多个关联标准化组织并逐步建立了联系，且已向电信、电工、互联网、物联网等领域的多个标准化组织发出联络函（如 IEEE、W3C、IPSO、3GPP、ISO/IEC JTC1、OSG、ITU、DIN等），通告工作进展，交换标准化信息。为推进工业互联网研制标准以及全球化标准协作，IIC 将直接向相关标准化组织反馈标准化需求。在新技术应用方面，IIC 特别关注数字孪生技术在工业互联网中的应用。2020 年 2 月 18日，IIC 正式发布《工业应用中的数字孪生：定义，行业价值、设计、标准及应用案例》白皮书，通过不同行业实际应用案例描述了工业互联网与数字孪生的关系，未来 IIC 还将考虑在其工业互联网参考架构中融入数字孪生要素。

1.3.1.2　德国"工业 4.0 平台"（Platform Industrie 4.0）

"工业 4.0"在德国政府发布的《高技术战略 2020》中被列为十大未来项目之一。2013 年 4 月，德国在汉诺威工业博览会上正式提出了"工业 4.0"计划，并且获得了德国科研机构、行业协会及企业的积极响应，德国工业 4.0标准化委员会（SCI 4.0）、德国标准化协会（DIN）与德国电气电子和信息技术工作委员会（VDE/DKE）均参与其中。弗劳恩霍夫协会及西门子率先将这一概念应用于其产业研发领域。为了推动"工业 4.0"战略并协调跨部门的实施，专业协会 BITKOM、VDMA 和 ZVEI 共同建立了"工业 4.0 平台"组织，同时，一些企业也参与到了"工业 4.0 平台"中。推出发展路线图之后，"工业 4.0 平台"进一步发展，目前由德国经济和能源部、德国教育和研究部共同主导。德国"工业 4.0 平台"的产业发展模式重点以西门子、博世、SAP等著名骨干企业的"工业 4.0"关键部件产品与工业软件系统为抓手，在全球大量输出"工业 4.0"核心产品与整体解决方案，同时高度重视技术标准推广与合作，广泛开展与美国、中国等国家的工业互联网标准对接与整合。

（1）整体实施方面。

《保障德国制造业的未来：关于实施"工业 4.0"战略的建议》提出了八个领域的重点任务，包括：①建立标准化的技术体系；②掌握复杂系统的管理技术；③建设工业宽带网络基础设施；④确保生产安全与信息安全；⑤重新设计工作岗位与内容；⑥持续进行专业技能培训；⑦建立相应的法规和监管机制；⑧提高各类资源的运用效率。其中建设工业宽带网络基础设施是八个领域重点任务的核心，是工业互联网发展的支撑。

标准化被德国政府在"工业 4.0"战略的八个任务中排在第一位，主要支撑实现不同企业间的网络连接和集成，从而促进标准化和参考架构的统一。2013 年 12 月，"工业 4.0"标准化路线图列出了 12 个需要制定标准的产业，其中包括体系架构、用例、安全等交叉领域、技术和组织流程、产品研发、通信平台等。2015 年 4 月，"工业 4.0"实施战略明确将标准化工作聚焦价值链标准、网络通信标准、企业分层标准等。2018 年 4 月，德国发布"工业 4.0"标准化路线图第三版。为了更好地在全球范围内推广和实施"工业 4.0"的最佳解决方案和概念，其主题和标准化需求除了涉及语义、标准化术语、参考模型，还包括了"工业 4.0"里的参考模型和数据模型、智能制造组件间的协调及人在自动化环境中的角色，以及通信技术、服务机器人技术和法律等相关内容；针对"工业 4.0"环境下的任务，对活动及工作环境的人性化设计给出了具体建议，进一步深化了工业互联网标准的实用性。

（2）资金支持方面。

德国政府投资 10 亿欧元以推进"工业 4.0"的发展，促进工业领域新一代技术的研发与创新。教育与研究部累计拨付上亿欧元经费支持"工业 4.0"技术研发项目[20]。

（3）组织推进方面。

为推进"工业 4.0"的发展，以及推动"工业 4.0"参考体系和标准化的制定，2015 年 3 月，德国经济和能源部、德国教育和研究部联手启动了升级版"工业 4.0 平台"建设，并且设立了平台指导委员会和六大工作组，为重点问题提供咨询服务。该平台组织目前结合工业视角及现有标准，基于"信息—物理系统"（或称虚拟网络—实体系统，Cyber-Physical System，CPS），分别从功能、价值链及工业系统三个角度建立参考体系模型，重点打造以数据为导向的工业智能化蓝图。

"工业 4.0 平台"为德国的企业特别是中小企业提供解决方案，目前已经发布 84 项研究报告、80 个测试床项目、195 个应用案例。在国际合作方面，德国与多个国家和国际联盟建立伙伴关系，并计划与法国、意大利、中国、日本、美国等国家合作，利用其技术和专业知识库解决标准化、IT安全和法律框架领域的跨国问题[21]。

1.3.1.3　中国工业互联网产业联盟（AII）

为了实现从制造业大国到制造业强国的转变，中国对制造业发展做出战略安排，明确指出，将工业互联网作为实现智能制造变革的关键共性基础。为落实相关战略，在工业和信息化部的大力支持和指导下，中国信息通信研究院联合制造业、通信业、互联网等企业于2016年2月1日共同发起成立中国工业互联网产业联盟（Alliance of Industrial Internet，AII），在工业互联网顶层设计、技术研发、标准研制、测试床、产业实践、国际合作等多方面开展工作，加快推进工业互联网发展。

（1）整体实施方面。

2016年1月，工业和信息化部、国际标准化管理委员会共同发布了《国家智能制造标准体系建设指南（2015年版）》，从智能制造标准体系的总体要求、建设思路、建设内容和组织实施方式等方面提出了构建智能制造标准体系的参考模型，同时阐述了智能制造标准体系框架及主要建设内容。2017年11月，国务院发布《关于深化"互联网+先进制造业"发展工业互联网的指导意见》，描述了在网络基础、平台体系、产业支撑、融合应用、生态体系、安全保障、开放合作等方面的主要任务。2018年，工信部正式启动工业互联网发展"323"行动，分三个方面推进工业互联网的建设和应用，包括工业互联网三大体系（网络体系、平台体系、安全体系）、两大应用（大型企业集成创新、中小企业应用普及）、三大支撑（产业支撑、生态支撑、国际化支撑）。

（2）资金支持方面。

国家投资上百亿元支持工业互联网和智能制造的发展，不仅启动了工业互联网创新发展工程和智能制造专项项目，同时通过93个重点项目的立项，大力支持综合标准化试验验证和智能制造新模式的应用，其中智能制造专项综合标准化试验验证项目43项，政府对标准化支持力度显著。

（3）组织推进方面。

自 AII 成立至 2020 年 7 月，联盟成员已经发展到 1460 家。为推动工业互联网热点问题研究、标准制定、技术试验验证、产业推广等方面的工作，联盟下设总体组、需求组、安全组、技术与标准组、试验平台组、产业发展组、国际合作组共 7 个工作组，以及工业大数据、边缘计算、知识产权 3 个特设组。2017 年 2 月，在 AII 主办的全球工业互联网峰会上，《中国工业互联网年度技术白皮书（2016）》《工业互联网标准体系（版本 1.0）》正式发布。此外，为推动我国工业互联网标准化工作，我国正筹建美国工业互联网联盟 IIC 中国分部，并探索与工业互联网产业联盟形成对接关系。2019 年 2 月，AII 发布《工业互联网标准体系（版本 2.0）》，对工业互联网标准体系框架及重点标准化方向进行了修订，形成了统一、综合、开放的工业互联网标准体系。2019 年 5 月，AII 发布《工业互联网平台白皮书（2019 年）》，分别从应用路径、技术进展、产业体系和商业模式等方面研究和分析了工业互联网平台的发展脉络和最新状况，并展望了下一阶段工业互联网平台的发展方向。2019 年 8 月，AII 发布《工业互联网体系架构（版本 2.0）》，形成了指导国家、社会、产业、企业等多层面推进工业互联网建设和应用的一整套综合性体系框架。

1.3.1.4 其他国家、组织工业互联网现状

与美国、德国、中国类似，以日本、英国、欧盟为代表的制造业大国和地区组织也在动员各方力量推动本国、本地区工业互联网技术的发展和应用。

2015 年 5 月，由日本政府支持的日本机器人革命促进会正式成立，该促进会下设"物联网升级制造模式工作组"，搜集研究物联网升级新制造模式的示范案例，调研 CPS 系统在制造工厂中的应用潜力等。随后 2000 多家企业参与组建物联网推进联盟，并于 2016 年 10 月与美国工业互联网联盟（IIC）、德国"工业 4.0 平台"签署合作备忘录，希望联合推进物联网标准合作。2015 年 6 月，日本成立工业价值链促进会（Industrial Value Chain Initiative，IVI），从应用程序到设备、基础架构、平台及工具等各个平台之间实现互操作性，为终端用户提供价值。

2016 年，英国建立新物联网研究中心，该中心是英国政府物联网计划（IoTUK）的项目之一。英国政府物联网计划为期三年，总投资 4000 万英镑，旨在增加高质量物联网技术和服务在商业及公共部门的应用，加强英国在全球物联网领域的领先地位。

欧盟在 2015 年成立了横跨欧盟及产业界的物联网创新联盟（Alliance for Internet of Things Innovation，AIOTI），旨在构建政府与企业的对话平台，以物联网研究集群为基础，扩大产业内和跨产业的创新活动，推进物联网标准之间的互操作和衔接等。欧盟还通过"地平线 2020"研发计划在物联网领域投入近 2 亿欧元，推动物联网集成和平台研究创新，构建大规模开放物联网生态体系，示范应用领域包括自动网联汽车、智慧城市、智能可穿戴设备、智能农业和食品安全、智能养老等[22]。

1.3.2　工业互联网产业生态现状

目前，全球工业互联网产业生态雏形刚刚开始显现，随着跨系统、跨企业互联需求的增加，对工业互联网的标准化需求也在不断提升。工业互联网产业生态系统主要指制造体系中与数据采集、传送、处理、反馈等相关的产业环节，涉及制造环节中的信息系统集成、工业网络互联、工业云和服务、工业互联网安全、工业应用与数字化解决方案等方面。

（1）信息系统集成。

国内的信息系统集成集中了全球所有重要的集成厂商，高端市场几乎被国外企业垄断，国内集成企业的产业发展环境相对恶劣，中低端市场竞争激烈。同时，由于系统集成业务大多数为非标准化项目，可复制性较低，国内企业大多面临核心技术薄弱、应用领域单一等问题，因此现阶段国内集成商数量众多但规模不大，一些关键芯片和核心软件环节仍依赖国外产品。

（2）工业网络互联。

网络互联包含工厂内部网络和工厂外部网络。在我国，工厂外部网络方面，主要是指互联网，相关产业方面已经有较好的基础，相对比较成熟。在工厂内部网络方面，主要作用是支持企业信息化，EPA、WIA-PA 等自主知识产权技术被纳入网络互联国际标准，形成较好的技术基础。随着工业互联网中无线技术的应用拓展，未来面向无线化、IP 化的网络互联技术和产品标准将成为重点。此外，资源标识和寻址技术是实现资源管理、信息互通、设备设施互联的基础，需加强统筹考虑。

（3）工业云和服务。

我国云计算和数据服务领域已经形成一定的基础，出现了一批高水平的服务企业及一系列自主研发的云平台解决方案，在大数据平台服务器、NoSQL 数据库和数据仓库等产品方面有所积累。工业云服务、工业领域算法和模型、基于多种云架构的 PaaS 平台、以大数据分析功能为核心的开放云平台等在爆发式需求牵引下也处于高速发展中，因此在数据规范、云平台、云服务方面亟须标准化。

（4）工业互联网安全。

目前业界对工业互联网安全的研究及产业支持还处于起步阶段。工业互联网的应用促进了工业生产过程不断提升柔性化能力，企业、用户、产品之间将高度协同、开放、共享，工业互联网安全边界越发模糊、攻击面不断扩大。未来安全将向设备、数据、服务全方面渗透，成为影响工业互联网发展的关键要素之一，因此亟须从技术、管理、服务等多角度协同构建工业互联网安全发展环境。

（5）工业应用与数字化解决方案。

随着数字经济和实体经济的融合发展，工业互联网的价值逐步显现。一方面，在风险监测、供需对接、资源调配、供应链协同、柔性化生产、金融服务及智能工厂与云制造等方面提出了一系列工业互联网解决方案，并已发挥积极作用，展现出突出优势；另一方面，当前我国企业设备数字化率和数字化设备联网率不足 50%，且工业互联网主要以"设备物联+分析"或"业务系统互联+分析"的简单场景优化应用为主，行业知识和领域模型积累与提炼不够，面向行业与应用场景的工业 App 数量与数字化解决方案尚难以全面支撑企业产业数字化治理与企业数字化转型需求。

参考文献

[1][16][18]　许正. 工业互联网——互联网+时代的产业转型[M]. 北京：机械工业出版社，2015.

[2]　肖俊芳，李俊，郭娴. 我国工业互联网发展浅析[J]. 保密科学技术，2014(4).

[3]　安晖，安琳. 我国工业互联网的发展路径[J]. 中国工业评论，2015 (6)：54-58.

[4]　刘晓龙，郗振宇，等. 把握德国制造业的未来：实施"工业 4.0"攻略的建议[R]. 北京：中国工程院咨询服务中心，2013.

[5]　（德）彼得·阿尔特迈尔. 国家工业战略 2030[EB/OL]. 工业 4.0 研究院译. https://openii.cn/dimern/translation，2019.

[6]　吴冬升. 5G 如何由浅入深赋能工业互联网[EB/OL]. https://blog.csdn.net/weixin_45475747/article/details/9961943，2019.

[7]　宋颖昌. 人工智能在工业互联网平台的四大应用场景[J]. 网络安全和信息化，2020(8).

[8]　数字孪生白皮书（2019）[R].北京：中国电信息产业发展研究院，2020.

[9]　汤浩，谢添. 浅谈工业互联网[J]. 才智，2013(3).

[10]　工业互联网体系架构（版本 1.0）[R]. 北京：工业互联网产业联盟，2016.

[11]　工业互联网体系架构（版本 2.0）[R]. 北京：工业互联网产业联盟，2019.

[12]　苏德悦.互联网与工业融合引发新一轮产业变革[N]. 人民邮电，2014-8-27(4).

[13]　刘贺贺，刘棣斐，刘钊. 工业互联网带来的产业变革[J]. 电信网技术，2016 (8)：27-33.

[14]　王世伟. 社会信息化发展的新趋势与产业变革[J]. 情报资料工作，2013(5).

[15]　工业互联网平台白皮书（2017）[R]. 北京：工业互联网产业联盟，2017.

[17]　"推动工业互联网加快发展——AII 成员在行动"案例集[R]. 北京：
　　　工业互联网产业联盟，2020.

[19][20][21][22]　主要国家推动制造业数字化转型的政策研究报告[R]. 北
　　　京：工业互联网产业联盟，2020.

工业互联网总体技术

　　工业互联网作为一种全新的产业模式与产业业态，以互联网为基础融合了新一代信息技术和工业系统，包含了信息技术领域及工业领域的各个过程和要素，是一项具有前瞻性及全局性的复杂大系统工程。

　　在信息技术与工业技术的双重推动下，工业互联网已基本形成包括总体技术（体系架构、模式体系、标准体系等）、基础技术（物联网、网络通信、云计算、工业控制、工业大数据、建模仿真、信息安全等）及应用技术（网络化协同制造、智能制造、云制造等）等在内的系统化工程技术体系。

　　从本章开始，本书将着手从技术维度阐述工业互联网的体系架构，并将工业互联网的基础技术、应用技术及相关产业和应用生态为读者渐次展开。

　　本章内容参考引用了中国工业互联网产业联盟（AII）发布的《工业互联网体系架构（版本 1.0）》[23]《工业互联网体系架构（版本 2.0）》[24]《工业互联网标准体系（版本 2.0）》[25]的相关内容。作者作为联盟理事单位中国航天科工集团的代表，参与了相关报告内容的编写工作。

2.1 工业互联网技术体系

工业互联网是融合信息技术与工业技术的系统工程。随着近几年的快速发展，工业互联网已逐步形成包括总体技术、基础技术与应用技术等在内的技术体系，如图 2-1 所示。

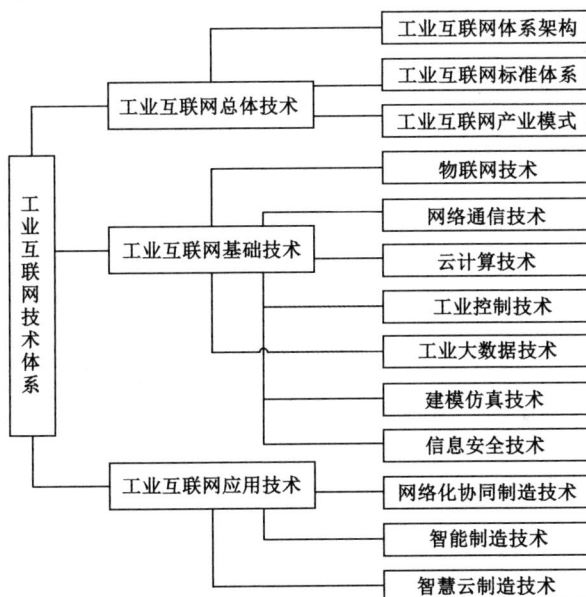

图 2-1 工业互联网技术体系

工业互联网的总体技术主要是指在工业互联网作为系统工程的研发与实施过程中涉及的整体性技术，包括工业互联网的体系架构、各类标准规范构成的标准体系、产业应用模式等。

工业互联网的基础技术包括从工业技术与互联网技术层面支撑工业互联网系统搭建与应用实施的各类相关技术，包括物联网技术、网络通信技术、云计算技术、工业控制技术、工业大数据技术、建模仿真技术及信息安全技术，基本可从网络、数据、安全三个维度划分。

工业互联网的应用技术包括基于工业互联网开展智能化制造的各类模式及应用，从层次上包括智能制造技术、网络化协同制造技术及智慧云制造技术等。

2.2 工业互联网体系架构

工业互联网的核心是基于全面互联而形成数据驱动的智能化技术，网络、数据、安全是工业和互联网两个视角的共性基础和支撑。

从工业智能化发展的角度出发，工业互联网将构建基于网络、数据、安全的三大优化闭环。一是面向机器设备运行优化的闭环，其核心是基于对机器操作数据、生产环境数据的实时感知和边缘计算，实现机器设备的动态优化调整，构建智能机器和柔性生产线；二是面向生产运营优化的闭环，其核心是基于信息系统数据、制造执行系统数据、控制系统数据的集成处理和大数据建模分析，实现生产运营管理的动态优化调整，形成各种场景下的智能生产模式；三是面向企业协同、用户交互与产品服务优化的闭环，其核心是基于供应链数据、用户需求数据、产品服务数据的综合集成与分析，实现企业资源组织和商业活动的创新，形成网络化协同、个性化定制、服务化延伸等新模式。

2.2.1 体系架构演进分析

AII 在 2017 年发布《工业互联网体系架构（版本 1.0）》（体系架构 1.0），推动了工业互联网的建设与应用；2019 年，AII 在体系架构 1.0 的基础上深入开展研究，结合新技术的演进和产业发展，编制了《工业互联网体系架构（版本 2.0）》（体系架构 2.0），面向数字化转型时代需求，融合了工业互联网最新理念、价值、技术、功能、范式和流程，形成了指导产业、企业等多层面推进工作的一套综合性体系框架。

相较于体系架构 1.0 而言，体系架构 2.0 具有如下特点：

（1）聚焦工业场景，结合规模化工业需求对功能架构进行升级和完善。

通过典型工业场景开展网络、平台、安全等方面的应用试点，以标杆示范强化应用推广，推进体系化应用探索与落地。

（2）突出工业应用，结合企业个性化需求构建工业互联网核心能力。以企业数字化转型需求为牵引，针对各行业研发设计、工艺改进、能耗优化、运营管理等业务需求，构建各类数字化工业应用及解决方案，帮助企业实现提质、降本、增效；同时通过引入大量第三方工业应用及对已有工业应用的定制化改造，适配特定工业应用场景或满足用户个性化需求。

（3）注重落地实施，为企业按需部署工业互联网平台提供更加详细的实施路径。重点明确工业互联网核心功能在制造系统各层级的功能分布、系统设计与部署方式，通过"网络、标识、平台、安全"四大实施系统的建设，指导企业实现工业互联网的落地应用。

2.2.2 体系架构 2.0

体系架构 2.0 是对体系架构 1.0 的继承和发展，是强调以"业务—功能—实施"逐步递进为主线，以技术为引领，融合工业流程活动、软件分层视图、信息交互关系而形成的综合性方法论。工业互联网体系架构如图 2-2 所示。

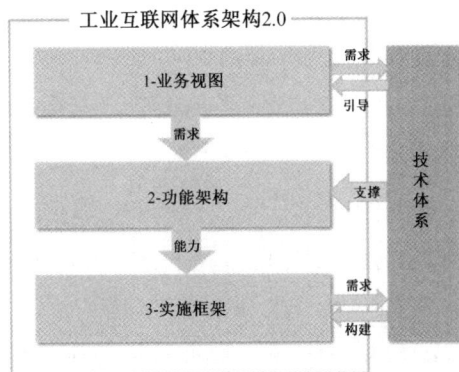

图 2-2 工业互联网体系架构

业务视图：体现工业互联网产业目标、商业价值、数字化能力和业务场景。业务视图主要用于指导企业在商业层面明确工业互联网的定位和作用，其提出的业务需求和数字化能力需求对于后续的功能架构设计是重要的指引。

功能架构：继承网络、平台、安全三大功能体系，明确支撑业务实现的基本要素、功能模块、交互关系和作用范围。功能架构主要用于指导企业构建工业互联网的支撑能力与核心功能，并为后续工业互联网实施框架的制定提供参考。

实施框架：明确系统实施的层级结构、承载实体、关键软硬件及作用关系，围绕设备、边缘、企业、产业四大层次开展"网络、标识、平台、安全"四大实施系统的建设。实施框架主要为企业提供工业互联网具体落地的统筹规划与建设方案，可进一步用于指导企业技术选型与系统搭建。

技术体系：汇聚支撑工业互联网业务、功能和实施所需的关键技术，以新技术为引领，支撑工业互联网全方位能力打造。

2.3　工业互联网标准体系

2.3.1　概述

工业互联网作为新一代信息技术与制造业深度融合的产物，正日益成为新工业革命的关键支撑和深化"互联网+先进制造业"的重要基石，将对未来工业发展产生全方位、深层次、革命性的影响。"工业互联网，标准先行"，标准化工作是实现工业互联网的重要技术基础。

为指导当前和未来一段时间的工业互联网标准化工作，解决标准缺失、滞后、交叉重复等问题，落实国务院《关于深化"互联网+先进制造业"发展工业互联网的指导意见》，由工业和信息化部指导，在紧密结合《工业互联网标准体系框架（版本1.0）》[26]、全面总结工业互联网标准化需求基础上，AII组织撰写并发布《工业互联网标准体系（版本2.0）》，修订了工业互联网标准体系框架及重点标准化方向，梳理了已有工业互联网标准及未来要制定的联盟标准，形成了统一、综合、开放的工业互联网标准体系。

工业互联网标准体系包括基础共性、总体、应用三大类标准，如图2-3所示。

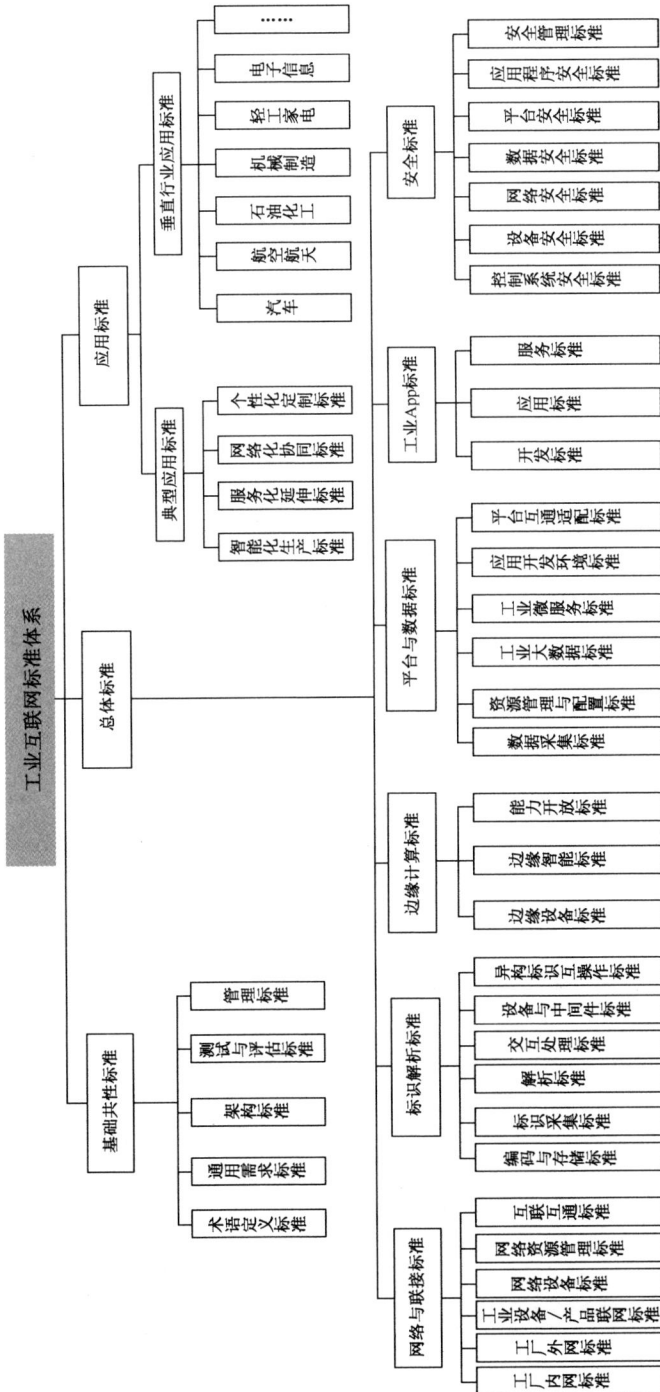

图 2-3 工业互联网标准体系

2.3.2　重点标准化领域及方向

2.3.2.1　基础共性标准

基础共性标准主要是规范工业互联网的通用性、指导性标准，包括术语定义、通用需求、架构、测试与评估、管理等标准。

（1）术语定义标准：主要规范工业互联网相关概念，为其他各部分标准的制定提供支撑，包括工业互联网场景、技术、业务等主要概念的定义、分类，相近概念之间的关系等。

（2）通用需求标准：主要规范工业互联网的通用能力需求，包括业务、功能、性能、安全、可靠性和管理等方面的需求标准。

（3）架构标准：包括工业互联网体系架构以及各部分参考架构，以明确和界定工业互联网的对象、边界、各部分的层级关系和内在联系。

（4）测试与评估标准：主要规范工业互联网技术、设备/产品和系统的测试要求，以及工业互联网应用领域、应用企业和应用项目的成熟度要求，包括测试方法、评估指标、评估方法等。

（5）管理标准：主要规范工业互联网系统建设及运行相关责任主体以及关键要素的管理要求，包括工业互联网系统运行、管理、服务、交易、分配、绩效等方面的标准。

2.3.2.2　总体标准

1．网络与联接标准

网络与联接标准主要包括工厂内网络、工厂外网络、工业设备/产品联网、网络设备、网络资源管理、互联互通等标准。

（1）工厂内网络标准：主要规范工业设备/产品、控制系统、信息系统之间网络互联要求，包括工业以太网、工业无源光网络（PON）、时间敏感网络（TSN）、确定性网络（DetNet）、软件定义网络（SDN），以及工业无线、低功耗无线网络、第五代移动通信技术（5G）工业应用等关键网络技术标准。

（2）工厂外网络标准：主要规范联接生产资源、商业资源及用户、产品的公共网络（互联网、专网、VPN 等）要求，包括基于多协议标签交换（MPLS）、光传送网（OTN）、软件定义网络（SDN）等技术的虚拟专用网络（VPN）标准，以及长期演进（LTE）、基于蜂窝的窄带物联网（NB-IoT）等蜂窝无线网络标准。

（3）工业设备/产品联网标准：主要规范工业设备/产品联网所涉及的功能、接口、参数配置、数据交换、时钟同步、定位、设备协同、远程控制管理等要求。

（4）网络设备标准：主要规范工业互联网内使用的网络设备功能、性能、接口等关键技术要求，包括工业网关、工业交换机、工业路由器、工业光网络单元（ONU）、工业基站、工业无线访问（AP）等标准。

（5）网络资源管理标准：主要规范工业互联网涉及的地址、无线频谱等资源使用管理要求及网络运行管理要求，包括工业互联网 IPv6 地址管理规划、应用和实施等标准，用于工业环境的无线频谱规划等标准，以及工厂内网络管理标准、工厂外网络管理等标准。

（6）互联互通标准：主要规范跨设备、跨网络、跨域数据互通时涉及的协议、接口等技术要求。

2. 标识解析标准

标识解析标准主要包括编码与存储、标识采集、解析、交互处理、设备与中间件、异构标识互操作等标准。

（1）编码与存储标准：主要规范工业互联网的编码方案，包括编码规则、注册操作规程、节点管理等标准，以及标识编码在条码、二维码、射频识别标签存储方式等方面的标准。

（2）标识采集标准：主要规范工业互联网标识数据的采集方法，包括各类涉及标识数据采集实体间的通信协议及接口要求等标准。

（3）解析标准：主要规范工业互联网标识解析的分层模型、实现流程、解析查询数据报文格式、响应数据报文格式和通信协议等要求。

（4）交互处理标准：主要规范设备对标识数据的过滤、去重等处理方法及标识服务所涉及的标识间映射记录数据格式和产品信息元数据格式等要求。

（5）设备与中间件标准：主要规范工业互联网标识解析服务设备所涉及的功能、接口、协议、同步等要求。

（6）异构标识互操作标准：主要规范不同工业互联网标识解析服务之间的互操作，包括实现方式、交互协议、数据互认等标准。

3. 边缘计算标准

边缘计算标准主要包括边缘设备标准、边缘智能标准、能力开放标准三个部分。

（1）边缘设备标准：主要规范边缘云、边缘网关、边缘控制器等边缘计算设备的功能、性能、接口等要求。

（2）边缘智能标准：主要规范实现边缘计算智能化处理能力技术的相关标准，包括虚拟化和资源抽象技术、实时操作系统、分布式计算任务调度、边缘云协同策略和技术等。

（3）能力开放标准：主要规范基于边缘设备的资源开放能力、接口、协议等要求，以及边缘设备之间互通所需的调度、接口等要求。

4. 平台与数据标准

平台与数据标准主要包括数据采集、资源管理与配置、工业大数据、工业微服务、应用开发环境，以及平台互通适配等标准。

（1）数据采集标准：主要规范工业互联网平台对各类工业数据的集成与接入处理相关技术要求，包括协议解析、数据集成、数据边缘处理等标准。

（2）资源管理与配置标准：主要规范工业互联网平台基础资源虚拟化、资源调度管理、运行管理等技术要求，以及工业设备和工业资源配置要求等。

（3）工业大数据标准：主要包括工业数据交换、工业数据分析与系统、工业数据管理、工业数据建模、工业大数据服务等标准。

1）工业数据交换标准：主要规范工业互联网平台内不同系统之间数据

交换体系架构、互操作、性能等要求。

2）工业数据分析与系统标准：主要规范工业互联网数据分析的流程及方法，包括一般数据分析流程及典型场景下数据分析可以使用的工具大数据系统等标准。

3）工业数据管理标准：主要规范工业互联网数据的存储结构、数据字典、元数据、数据质量要求、数据生命周期管理、数据管理能力成熟度等要求。

4）工业数据建模标准：主要规范物理实体（在制品、设备、产线、产品等）在网络空间中的映像及相互关系，包括静态属性数据描述、运行状态等动态数据描述，以及物理实体之间相互作用及激励关系的规则描述等标准。

5）工业大数据服务标准：主要规范工业互联网平台运用大数据能力对外提供的服务，包括大数据存储服务、大数据分析服务、大数据可视化服务、数据建模及数据开放、数据共享等的标准。

（4）工业微服务标准：主要规范工业互联网平台微服务架构原则、管理功能、治理功能、应用接入、架构性能等要求。

（5）应用开发环境标准：主要规范工业互联网平台的应用开发对接和运营管理技术要求，包括应用开发规范、应用开发接口、服务发布、服务管理及资源管理、用户管理、计量计费、开源技术等标准。

（6）平台互通适配标准：主要规范不同工业互联网平台之间的数据流转、业务衔接与迁移，包括互通共享的数据接口、应用进行移植和兼容的应用接口、数据及服务流转迁移要求等标准。

5. 工业 App 标准

工业 App 标准主要包括工业开发标准、应用标准、服务标准。

（1）开发标准：用于规范工业 App 参考架构、工业 App 开发方法、工业 App 开发平台等相关标准。

（2）应用标准：用于规范工业 App 的应用需求、应用模式、应用评价等应用特性的相关标准。

（3）服务标准：服务于工业 App 生态建设，用于规范工业 App 的知识产权、质量保证、流通服务、安全防护等相关标准。

6. 安全标准

安全标准主要包括设备安全、控制系统安全、网络安全、数据安全、平台安全、应用程序安全、安全管理等标准。

（1）设备安全标准：主要规范工业互联网中各类终端设备在设计、研发、生产制造及运行过程中的安全防护、检测及其他技术要求，包括数据采集类设备、智能装备类设备［如可编程逻辑控制器（PLC）、智能电子设备（IED）等］等。对于每一类终端设备，均包括但不限于设计规范、防护要求（或基线配置要求）、检测要求等标准。

（2）控制系统安全标准：主要规范工业互联网中各类控制系统中的控制软件与控制协议的安全防护、检测及其他技术要求，包括数据采集与监视控制系统（SCADA）、集散控制系统（DCS）、现场总线控制系统（FCS）等安全标准。

（3）网络安全标准：主要规范承载工业智能生产和应用的通信网络与标识解析系统的安全防护、检测及其他技术要求，以及相关网络安全产品的技术要求。

（4）数据安全标准：主要规范工业互联网数据相关的安全防护、检测及其他技术要求，包括工业大数据、企业用户和个人用户信息等数据安全技术要求、数据安全管理规范等标准。

（5）平台安全标准：主要规范工业互联网平台的安全防护、检测、病毒防护及其他技术要求，包括边缘计算能力、工业云基础设施（包括服务器、数据库、虚拟化资源等）、平台应用开发环境、微服务组件等安全标准。

（6）应用程序安全标准：主要规范用于支撑工业互联网智能化生产、网络化协同、个性化定制、服务化延伸等服务的应用程序的安全防护与检测要求，包括支撑各种应用的软件、App、Web 系统等。

（7）安全管理标准：主要规范工业互联网相关的安全管理及服务要求，

包括安全管理要求、安全责任管理、安全能力评估、安全评测、应急响应等标准。

2.3.2.3 应用标准

应用标准包括典型应用标准和垂直行业应用标准等。

1. 典型应用标准

典型应用标准包括智能化生产标准、个性化定制标准、网络化协同标准、服务化延伸标准。

（1）智能化生产标准：主要面向工业企业的生产制造环节，制定通用的业务应用等标准。

（2）个性化定制标准：主要面向个性化、差异化客户需求，制定通用的业务应用等标准。

（3）网络化协同标准：主要面向协同设计、协同制造、供应链协同等场景，制定通用的业务应用等标准。

（4）服务化延伸标准：面向产品远程运维、基于大数据的增值服务等典型场景，制定通用的业务应用等标准。

2. 垂直行业应用标准

依据基础共性标准、总体标准和典型应用标准，面向汽车、航空航天、石油化工、机械制造、轻工家电、电子信息等重点行业领域的工业互联网应用，开发行业应用导则、特定技术标准和管理规范，优先在重点行业领域实现突破，同时兼顾传统制造业转型升级的需求，逐步覆盖制造业全应用领域。

2.3.3 标准体系演进分析

《工业互联网标准体系（版本 2.0）》相较于《工业互联网标准体系框架（版本 1.0）》主要新增以下系列标准：

（1）边缘计算。

边缘计算是在靠近物或数据源头的网络边缘侧构建的融合网络、计算、存储、应用核心能力等的分布式开放体系和关键技术。随着"云+边"协同计算、"5G+边缘计算"等应用场景的落地实施，需要在边缘设备网络、边缘智能及边缘开放能力方面形成标准规范，其国内外标准化工作刚刚进入起步阶段，需要加快推动边缘计算相关的总体架构、资源抽象和虚拟化、边云协同、节点管理、设备资源开放等方面的标准研制工作。

（2）工业App。

工业App是基于工业互联网平台，承载工业知识和经验，满足特定场景需求的工业应用软件，是工业技术软件化的重要成果。工业App的本质是工业知识的沉淀、复用与重构，其根本价值是解决工业痛点应用问题。为此，需要尽快在工业App的业务体系、生态体系、支撑技术体系等方面建立共识，以冲破目前尚无相关标准的困境。随着工业App不断解决工业实际问题、支持工业能力体系建设、推动工业应用模式升级，通过制定相关标准，能够更有效地发展和推广工业App，支撑"百万工业App"发展目标的实现。

（3）垂直行业应用。

工业互联网新的体系架构同时在工业应用场景、垂直行业推广方面提供了实施路径。要指导全行业建设工业互联网，需要针对特定行业制定标准规范，指导行业工业互联网的快速构建。当前，面向重点行业领域的标准研制工作尚刚刚起步，需要根据行业应用需求不断凝练标准化目标，联合产业链上下游主体持续推进标准化工作。

2.4 工业互联网产业模式

2.4.1 工业互联网引发的变革

工业互联网在建立后可以衍生出一种新型的"工业互联网产业模式"，其本质是机器、数据、人三要素融合推动制造范式变革所呈现的外部动态特征。它重塑了生产力和生产关系，不但为制造企业带来新的创新发展机遇和巨大商业价值，而且对其他行业的数字化转型及政府的数字化治理提供了支撑，成为推动数字经济发展的主要阵地。基于工业互联网应用而形成的工业互联网产业模式是工业互联网体系的重要组成部分。

从设备接入端来看，对基于工业互联网连接的机器设备所采集获得的海量数据进行分析、分类、挖掘，企业家、管理人员、设备维修工程师、设备设计工程师等制造业生态圈中的成员将应用这些数据，小到改善机器性能、运行状态、关重件寿命预测、材料特性等，大到调整优化备件库存、工厂产能、运营管理等，以实现基于数据的决策优化，这可以被称为基于数据要素的"智能化"。

从技术应用方法来看，工业互联网所实时连接的云端大数据分析软件改变了传统工业设备管理单一、基于巡检和事后响应处置的工作模式，将传统数据、分析和决策三者分离的格局转变为企业用户、设备生产商、服务提供商共生的联合体，重构了产业模式，并融入企业的研发设计、供应链管理、生产管理、售后服务等环节，从而缩短开发周期、优化制造过程、降低产品开发及制造成本，提高智能设备和产品售后服务效率。

与此同时，工业互联网提供商将传统方法与新一代信息技术紧密结合在一起，利用它们所获得的庞大的历史数据、当期数据和实时数据，应用先进的信息技术分析能力进行特定行业的高级数据分析，开展跨界的制造服务和其他赋能服务，这些服务给制造业生态圈中的成员带来各自所需的巨大效益。

2.4.2 工业互联网的应用价值

工业互联网通过在设备资产管理、生产过程管控、企业运营管理、资源配置协同、产品工艺研发、服务模式创新等不同场景中的应用，实现了以下几个方面的应用价值。第一，提高了能源的使用效率，包括油、气、电等；第二，提高了工业系统与设备的运行和维护效率，相当于提高了生产力；第三，优化并简化了运营，提高了运营效率，相当于解放出了更多的人力进行更有价值和富有创新的工作[27]。

就不同的行业而言，工业互联网带来的价值侧重点不同。GE公司在2012年发布的白皮书《工业互联网：打破智慧与机器的边界》中指出，工业互联网在某些特定领域应用效果显著。在全球范围内的航空、铁路、电力、油气、医疗保健等行业领域应用工业互联网，如果可以实现1%的效率提升或1%的燃料节省，则将产生显著的经济效益。如商用航空领域燃油节约1%，未来15年（从白皮书发布的2012年算起，下同）可节省300亿名义美元；燃气发电厂效率提升1%，未来15年可节省660亿名义美元的燃料消耗；医疗保健行业降低流程损耗1%，未来15年可以帮助全球医疗保健行业节约630亿名义美元；世界铁路网货运量若提高1%，未来15年将节省270亿名义美元能源支出（见表2-1）。从表中不难发现，工业互联网对特定行业的影响似乎具有"蝴蝶效应"，即由工业互联网引起的1%效率的提升，将引发行业经济效益的巨额增加。该白皮书还指出，随着工业互联网应用潜力的不断增加，到2025年，工业互联网的创新应用将覆盖全球82万亿美元产出的经济活动（约占全球年经济总量的1/2）[28]。

表2-1　工业互联网："1%"的能量

（在关键领域应用产生的潜在经济效益）

行业	环节	节省类型	15年内估算价值（亿名义美元）
航空	商用航运	1%燃料节约	300
电力	燃气发电厂	1%燃料节约	660
医疗保健	系统流程	1%系统消耗减少	630
铁路	货运	1%系统消耗减少	270
油气	勘探与开发	1%资本支出减少	900

数据来源：Industrial Internet：Pushing the Boundariesof Minds and Machines

中国产业互联网发展联盟（IDAC）发布的《中国数字经济发展白皮书（2020年）》相关数据显示，"2019年我国工业互联网产业经济增加值规模为2.13万亿元，同比实际增长47.3%，其中，工业互联网核心产业规模为5361

亿元，工业互联网融合带动的经济影响规模达到 1.6 万亿元"[29]。工业互联网对中国社会经济的融合带动作用初步显现。

工业互联网促进生产力的提升，这就意味着收入的提高和生活水平的改善。仍参考 GE 公司 2012 年发布的白皮书中的研究数据，如果美国能在工业互联网推动下，生产率每年增长 1~1.5 个百分点，并再一次达到互联网繁荣时期的水平，同时若其他各国生产率增长水平能有美国的一半左右，且这种增长可以持续到 2030 年，那么到 2030 年前的这一时期，工业互联网将为全球 GDP 创造 10 万亿~15 万亿美元的价值，相当于美国目前的经济总量。同时人均收入也将相应提高，到 2030 年，世界经济的人均 GDP 将比没有工业互联网推动下的基准线高出近五分之一[30]。

2.4.3 工业互联网的产业模式

工业互联网作为新型基础设施的重要组成部分，融合了多种技术及多个产业生态系统，并通过赋能制造企业、制造产业、服务行业、区域政府，推动了生产模式及资源组织方式的变革、新业态的诞生和政府治理模式的转变。在此过程中，工业互联网作为一个新型产业也在不断成长。

（1）工业互联网+制造企业，实现生产模式变革。

工业互联网推动产业模式的变革，首先是从促进制造企业生产模式的转变开始的。企业为实现在数字经济中获得竞争优势的战略目标，需要借助工业互联网平台，在设备、产线、车间、工厂及企业等不同层面构建泛在感知、智能决策、敏捷响应、全局协同、动态优化的能力，将数据、互联网、软件分析等新方法运用到现有工业产品的设计、制造、销售、运行、维护及升级体系中，将供应链上下游的能力、资源和需求纳入业务系统中，实现 IT 与 OT 的融合，形成信息流与决策流的闭环。从而支撑企业实现产品链的整体优化与深度协同、全价值链的效率提升与重点业务的价值挖掘、资产链的全面运维保障与高质量服务，最终完成生产运营方式、资源组织方式与商业模式的创新[31]。

（2）工业互联网+制造产业，实现资源配置优化。

工业互联网对产业模式的变革不仅仅局限于单个企业智能制造能力的提升和供应链管理的优化，其互联网特性也可以帮助企业打破组织边界和地域边界，实现整个产业资源共享、能力协同及行业知识复用，从而提升整个制造产业的数字化、网络化、智能化水平。随着工业互联网产业的发展，我们可以把工业互联网公司定义为一种以互联网为基础的，专门从事某种类别产品、设备及服务制造的商业公司。在互联网介入工业领域后，可以将全产业链上下游资源汇聚到平台上，扩大企业资源共享和能力协同范围。工业企业可基于平台对设计、制造、维护等各环节进行智能管理和重新配置。企业与个人闲置的设计、制造、服务能力与有需求的企业在平台上快速对接，从而形成全产业的资源优化配置。而通过制造产业全要素、全产业链、全价值链的深度互联，工业互联网平台采集的海量数据更具有行业特征，关联度、可比性更强，可以提高数据集成管理及分析模型建立效率，帮助制造企业实现经营决策的精准化和智能化。同时，工业互联网平台支持行业知识和解决方案的模型化、组件化、软件化与开放共享，不但可以帮助大型制造企业降低开发成本，挖掘数据价值，还能支撑中小制造企业以低成本实现信息化、数字化转型。

（3）工业互联网+服务业，孵化新业态。

随着数字经济的发展，依托工业互联网为制造企业提供金融、科技、物流、人才服务的机构不断加入工业互联网平台。这不但丰富了工业互联网产业生态，满足了制造企业对各种要素资源和服务能力的需求，助力了制造企业转型升级，而且跨界融合也极大地拓展了工业互联网的应用场景，推动了众包众创、制造能力交易、产融结合、智慧物流、产教融合等新业态的涌现。同时，随着智慧产品的不断发展，工业互联网平台通过将智慧产品接入平台，其产业模式已突破了制造业的限制，开始向交通、医疗、农业等行业延伸，推动了车联网、在线医疗、智慧农机等新服务模式诞生[32]。正如制造企业基于工业互联网的设备接入和监控不单单是为制造企业基于设备数据的生产过程优化创造条件，金融服务机构也可以基于设备数据更有效地评估目标企业、管理抵押资产、预测资金风险等，这种产融结合的模式也会带来金融业服务模式的变革。

（4）工业互联网+治理，支撑政府数字化治理模式变革。

《中国数字经济发展白皮书（2020 年）》指出，数字化治理是"运用数字技术，建立健全行政管理的制度体系，创新服务监管方式，实现行政决策、行政执行、行政组织、行政监督等体制更加优化的新型政府治理模式"。而工业互联网融合多种数字技术，实现了人、物、设备、环境等的互联，极大地扩展了传统数据采集的范围，提高了数据采集的及时性、真实性和有效性，为政府数字化治理提供了基础支撑：①相关政府管理部门可以依托工业互联网数据的采集、管理、分析和可视化展示功能，精准了解辖区内企业实时发展状态、产业链断点堵点情况，提高对辖区经济的掌控能力和基于数据的决策能力，科学制定区域产业发展蓝图，提前布局重点产业强链保供，实现辖区产业优化升级；②基于工业互联网平台，政府可以引导各类资源集聚，优化辖区产业集聚生态，完善产业服务体系，促进要素资源流动，实现集约发展和协同创新；③通过数据共享融通，政府可以打破信息孤岛问题，实现部门间、部门与数据采集点的联动，提高响应效率和管理能力。正是工业互联网对政府数字化治理的有力支撑，使得各级政府高度重视区域和园区工业互联网平台建设，为工业互联网产业发展提供了保障。

2.4.4 基于工业互联网的业务模式创新

工业互联网相关的产业体系正在形成，既为生产系统智能化发展提供了新思维和新引擎，也推动了商业系统的智能化发展。其创新产业应用模式主要包括制造业领域的智能化生产、协同化制造、个性化定制与服务化延伸等新模式，同时也包括基于工业互联网的产融结合、产教融合等新业态。

（1）智能化生产模式。

传统制造业因为设备故障、废品返工、用户需求变更、供应商能力变化等生产过程中的不确定因素，以及企业内部经营管理存在的问题，使得生产效率难以有效提高，部门之间、生产各环节之间缺乏有效沟通渠道，资金流、物流和信息流不能顺畅流动。

智能化生产通过运用物联网、大数据及云计算等技术，实现了设备、产品、产线、车间、人及信息系统的连接，产品生产制造的各个环节、各生产要素都被纳入智能网络中；通过数据的采集、集成、分析、交互，实现了生产过程的自动化控制、智能化管理和定制化生产。智能化生产需要聚焦设备互联、流程集成、数据实时分析与制造控制等关键环节中产品、技术和服务的创新应用。

设备互联即运用传感器、嵌入式终端等设备和信息通信技术，实现生产设备之间、产品与设备之间、物理系统与互联网平台之间的互联。流程集成是指将产品和设备数据、生产过程数据、经营管理数据置入一个智能控制系统中集成，以实现企业内部所有生产环节、运营环节的无缝连接，保证信息流、资金流、物流在各个层次、环节、部门的畅通。通过工业互联网平台可以进行数据实时分析与制造管控，在此环境下的智能化生产主要涉及对生产工艺优化、生产流程再造、智能化生产排程、生产过程自动控制、设备预测性维护、产品生命周期管理、生产环境管控等诸多环节的系统集成。

以上创新应用将为工业经济提供新的市场机遇、技术机遇和产业机遇，比如智能设备、智能车间、智能工厂背后是庞大的智能装备市场，包括传感器、自动化设备、机器人等。同时，作为智能装备核心的工业软件——如企业资源管理计划（ERP）、制造执行系统（MES）、产品生命周期管理（PLC）等，也随之迎来新的发展机遇。德国、美国、日本等发达国家都在积极布局智能制造相关产业，抢占高端制造业制高点；我国可以通过在不同行业、不同产业及不同企业间推行"制造+互联网""互联网+制造""智能制造"的差异化并行发展模式，实现在工业互联网阶段的变道超车。

（2）协同化制造模式。

协同化制造模式本质上是分散形态的生产组织创新模式，这是以协同制造技术及产业链各环节资源控制能力为基础，将企业制造系统和能力开放应用结合而产生的创新模式。协同化制造通过将企业内部 IT 系统、OT 系统与互联网连接，打破企业的物理和组织界线限制，使得管理信息和生产数据在不同工厂之间、企业与供应链上下游企业之间及跨供应链间互通共享,从而将串行工作变为并行工程,实现供应链内及跨供应链间的企业产品设计、制造、管理和商务等全产业链协同,实现在互信安全协议约束下的资源再整合、再优化,达到提高制造效率和经营效益的目的。

协同化制造贯穿产品的设计、制造和销售各个环节,主要应用模式包括:协同设计、云制造、供应链协同。

协同设计又称众包设计,其充分利用社会创新资源,通过开放网络平台,实现了研发设计由企业内部集中控制向企业外部分散控制的转变。例如,宝马汽车在德国本部开通用户创新实验室,通过为用户提供在线工具,让用户参与到汽车的设计过程中来;乐高玩具公司鼓励用户参与到公司的各项设计任务当中。

云制造基于"云计算"理念,在工业设计与制造领域,实现了资源与需求的最合理、最高效的匹配。云制造整合制造活动中所需要的各类制造服务(制造资源和制造能力),提供制造服务云池供用户在线租用,制造服务在线对接交易,制造服务的发布、选比、搜索、使用、评价等服务。

供应链协同通过组织层面的协同,明确供应链上各个企业的分工与责任,实现优势互补和资源整合;通过业务流程层面的协同,打破企业界限,通过流程重构更好地满足客户需求;通过信息层面的协同,实现供应链各成员企业运营数据、市场数据的共享,加快对用户需求的响应速度。

(3)个性化定制模式。

个性化定制是指用户为了实现自己的个性化需求,直接参与生产过程的生产模式。工业互联网通过智能化生产与协同化制造解决了个性化定制与标准化、规模化工业生产之间的矛盾,实现了生产效率的提高和用户需求的满足。个性化定制的生产模式主要包括:大规模个性化定制、模块化定制、远程定制。

大规模个性化定制把个性化产品定制生产转化为批量生产,其中会运用自动化控制技术、新材料技术、柔性制造技术等一系列技术,同时需要有智能化的信息管理系统和生产执行系统支持,使用户需求可以在设计、制造的资源组织、生产排程等各个环节得到快速高效的响应。

模块化定制将复杂的产品设计和生产进行多模块的简单化分解，再根据个性化需求对分解后的各个模块进行定制集成生产。通过将个性化定制产品中具备相似结构、相近尺寸的部件进行统一，形成有独立功能结构、通用接口的细分模块，再通过对模块进行变量组合便可生产几十种、上百种的个性化产品。有代表性的商业模块化定制如戴尔电脑个性化定制、宜家家具模块化设计模式。

远程定制运用互联网进行远程设计、异地下单和分布式制造。例如，在家具制造行业中，商家可先获得客户的定制信息，再通过云计算进行设计和模拟，同时还可对设计结果进行反馈修改，最后客户确认产品设计后，通过计算机将设计方案发送到相应的制造设备。基于互联网和智能设备便能够完成产品的建模、制造、测试和其他各项活动。

在面向终端消费者的消费品制造行业中，消费者的个性偏好、使用体验和对产品的评价会直接影响产品的市场生命力。所以，基于工业互联网的消费品个性化定制模式正在深刻影响制造企业与消费者的连接模式和企业的制造模式。如海尔推出的 COSMOPlat 平台引入用户全流程参与体验技术，以互联工厂为载体开展大规模定制活动，建设开放并联的平台生态系统；通过社群交互将用户的碎片化、个性化需求合并整合成需求方案；用户与设计师通过平台的虚拟仿真工具可以实时交互修正产品设计；基于现场 RFID、传感器等，能够实现用户订单实时可视。基于工业互联网平台的"企业—用户—产品"的实时连接，使得大规模定制成为可能，用户需求驱动的产品设计生产可以帮助企业实现产品不断优化迭代，持续提高产品竞争力[33]。

（4）服务化延伸模式。

传统意义上的服务型制造是企业通过运用传统手段，实现从以产品制造为主，向提供如融资租赁、交钥匙工程、制造外包等"产品+服务"商业模式转型，没有把服务与产品全生命周期的各环节融合起来。在形式上，服务作为产品的一部分几乎是附加在产品上的，在产品体系结构上相对于要素资源几乎是孤立的。而互联网与工业融合的不断深入正催生基于多种技术构建多种业态融合的生态服务系统。这些服务系统运用物联网、大数据等技术，通过打通整个供应链的资金流、物流和信息流，实现包括资金链、供应链与高效物流在内的商业生态营造。有别于传统意义上的服务型制造，基于工业互联网的服务型制造为制造的产品提供在线、实时、远程的智能服务，消除了"产品孤儿"，使制造企业的价值创造不仅仅关注产品生产环节，还可以向产品售后服务延伸，从而实现真正的服务转型。

目前服务化延伸模式在工程设备、电子通信类消费品等领域应用广泛。例如，三一重工建立了智能工程机械物联网，利用大数据分析优化决策，为客户提供工程机械远程监控、主动维护、位置信息及精细化作业调度等服务。经过几年的积累，该模式应用范围已逐步由工程机械行业向农业机械、保险、租赁、纺织、新能源、食品加工等多行业延伸[34]。普天新能源集成和整合了充电桩网络、物联网、互联网、大数据等技术，构建了新能源汽车产业生态创新体系，每天将数万辆电动车运行的工况、充电频次、电池耗损等海量数据汇集到互联网平台上，借助大数据分析技术，既服务于企业自身运营，又可为消费者、电动车和电池生产企业、公共管理部门提供决策信息。联通研究院与上海联通开展 5G 工业无人机保护区巡检应用，将基站侧部署边缘云与云端无人机业务平台有效协同，满足了无人机实时操控和高清视频实时回传的需求。

（5）产融结合模式。

产融结合模式是金融行业基于工业互联网的创新服务模式，也是工业互联网产业生态构建的新路径。传统的金融服务依赖于对用户的报表分析和尽职调查来完成对企业的评估，难以实现用户批量开发和实时评价，而且普遍存在发放资金后风险控制手段不足、管理成本高等问题，极大地制约了金融机构对实体经济的支持力度。工业互联网平台服务商的介入，不但可以为行业、区域内企业提供设备接入与资产管理、智能制造、资源与能力供需对接、产业链协同等服务，也能为产融结合提供丰富的场景和工具，支持金融机构业务拓展、风险控制、服务创新和定价决策。目前产融结合模式主要包括基于工业互联网的"数据+银行""数据+保险""数据+租赁"等，同时模式的开发还有巨大的创新空间。

"数据+银行"模式的主要应用场景包括基于工业互联网的银行贷前用户评估和贷后风险监控。通过设备接入和应用服务可降低银行获取用户真实信息的难度，增加企业经营状况和竞争能力评价维度。银行基于工业互联网平台产生实时数据，经过模型计算，可以批量筛选新用户，并通过存量用户的设备数据实时了解企业的运营状态，对触发预警阈值的企业及时跟踪，实现贷款风险和监控成本的双降低。如天正公司的 I-Martrix 平台已经接入超过 13000 家中小微企业，通过对平台采集的生产设备数据与工业信用数据的交叉分析，为企业生产能力画像，增加金融机构对中小企业的信用评估维度，从而优选出目标客户，实现精准放贷。目前该平台已为超过 1200 家中小微企业提供了近 13 亿元的放贷额[35]。

"数据+保险"模式主要应用于保险公司精准定价支持。通过工业互联网平台采集的装备状态、客户行为特征，评估投保项目风险和客户风险偏好，从而做出基于数据的精准定价决策。

"数据+租赁"模式主要应用于租赁公司的设备资产管理，通过将租赁设备接入工业互联网平台实现对资产的数字化管理，实时掌握装备的运行状态、维修情况、位移情况，必要时开启远程锁机，从而有效防范资产风险。如树根互联与玖隆保险、三湘银行共同开发的基于工业互联网大数据的保险产品，使得产品定价更合理、保障更贴切。徐工以汉云平台的大量设备管理技术为基础，探索经营租赁模式，融资租赁率超过 80%[36]。

（6）产教融合模式。

产教融合模式是数字经济时代教育培训模式的创新。工业互联网产业发展及基于工业互联网的产业模式创新都需要大量具有工业互联网相关领域理论知识和实操经验的技术人才，而传统的院校教育很难满足转型升级企业对具有相关知识的人才培养需求。工业互联网通过提供平台云端应用系统、机器人技术与图像处理技术教具、对接生产现场的模拟训练或真实训练的实践环境等，实现了培训手段与工具的创新，并结合为不同培训对象定制化开发的课程体系和资格证书，满足了产业优化升级对技术、技能人才质量提升的客观需求和技术、技能人才对继续教育、终身学习的主观要求。如航天云网结合自身在工业互联网行业的积累，与政府、业内知名企业携手共建了"培训（教育）产业基地+展示中心+体验中心"融合的国家级创新载体；结合各地产业发展重点，建设了工业互联网+智能制造人才培养培训基地；协同打造各地工业互联网示范基地，协助当地政府有力推动工业企业、工业互联网人才技能培养和上云服务。

目前基于工业互联网的体验中心、实训基地已经成为工业互联网、智能制造领域人才培养的重要载体，产教融合模式的推广可以为数字经济深入发展提供充足的人才储备。

参考文献

[23] 工业互联网体系架构（版本 1.0）[R]. 北京：工业互联网产业联盟，2016.

[24][31][32] 工业互联网体系架构（版本 2.0）[R]. 北京：工业互联网产业联盟，2019.

[25] 工业互联网产业联盟. 工业互联网标准体系（版本 2.0）[R/OL].（2019-02-25）. http://www.aii-alliance.org/jsbz/20200303/1088.html.

[26] 工业互联网产业联盟. 工业互联网标准体系框架（版本 1.0)[R/OL].（2017-03-03）. http://www.aii-alliance.org/jsbz/20200303/1070.html.

[27] 崔晓文. 工业互联网：构筑全球工业新模式[DB/OL]. 搜狐，2015-11-2.

[28] [30] （美）彼得·C. 埃文斯，马可·安努齐亚塔. 工业互联网：打破智慧与机器的边界[DB/OL].（2015-01）. https://www.researchgate.net/publication/271524319.

[29] 中国数字经济发展白皮书（2020 年）[R]. 北京：中国信息通信研究院，

2020-7-3.

[33]　工业互联网垂直行业应用报告（2019版）[R]. 北京：工业互联网产业联盟，2019-2.

[34] [35] [36]　工业互联网平台白皮书（2019年）[R]. 北京：工业互联网产业联盟，2019-5.

第三章

工业互联网基础技术

物联网技术

网络通信技术

云计算技术

工业控制技术

工业大数据技术

建模仿真技术

信息安全技术

工业互联网的基础技术主要包括支撑工业互联网系统搭建与应用实施相关的各类技术，覆盖工业技术与互联网技术，基本可从网络、数据、安全三个维度划分。

在网络维度方面，网络技术作为工业互联网的基础核心，是异构、分布的大量工业要素互联的基本使能技术，主要包括实现物物互联的物联网（Internet of Things，IoT）及实现互联互通的网络通信技术。网络通信技术门类众多，但篇幅所限，我们认为移动互联网技术、天地一体网络技术及高性能计算技术将成为工业互联网中重要的网络通信技术，将在本章进行重点介绍。

在数据维度方面，工业大数据无疑会成为工业互联网实现工业要素互联之后的核心价值创造者，而云计算技术、建模仿真技术则是支撑泛在、异构、海量的工业大数据采集、聚合、处理、分析的关键技术。因此本章将重点展开介绍云计算、建模仿真与工业大数据的相关内容。

在安全维度方面，工业互联网对于国计民生的战略意义决定了工业互联网安全保障的至关重要性。信息安全技术无疑会成为工业互联网实现工业要素安全、互联互通与协同协作可靠的核心技术基础。

本章将重点针对物联网技术、网络通信技术、云计算技术、工业控制技术、工业大数据技术、建模仿真技术及信息安全技术等在工业互联网中较为核心的基础技术进行介绍，对相关技术的内涵、特征及关键技术进行剖析。

3.1 物联网技术

3.1.1 物联网的内涵

1995 年，比尔·盖茨提出"物物互联"的构想；1999 年美国 Auto-ID 中心率先提出建立在物品编码、无线射频技术和互联网基础上的物联网概念[37]。物联网的基本思想虽然成型于 20 世纪末，但近几年才真正引起人们的关注。2005 年国际电信联盟（ITU）发布过一篇报告，名为《ITU 互联网报告 2005：物联网》。该报告提到，物联网时代即将来临。该报告还指出，世界上所有的物体都能通过 Internet 主动进行信息交换，不管是像一页纸那样的微小物件，还是像一座房屋那样的大型物体，都是可以进行信息交换的。随后，许多国家或机构都提出了自己的物联网发展战略，包括 2009 年美国 IBM 提出的"智慧地球"、欧盟的《欧盟物联网行动计划》（*Internet of Things—An Action Plan for Europe*）、日本的《i-Japan 战略 2015》信息化战略等[38]。

物联网现在还没有一个公认的、明确的定义，但从普遍意义上来说，物联网是一个基于互联网、传统电信网络等信息承载体，能够让所有被独立寻址的普通物理对象实现互联互通的网络。也就是说，在物联网世界，每一个物体均可寻址，每一个物体均可通信，每一个物体均可控制[39]，因此物联网被普遍认为是继计算机、互联网和移动通信后引领信息产业革命的新一次浪潮。

3.1.2 物联网的特性

物联网的特性不同于我们通常所说的传统意义上的互联网，其具有的与物相关的存在、状态、被动行为等特点比较突出。

（1）传感器技术的综合应用。

在现实社会中，各行各业都有数量庞大的、种类不同的传感器，已经、正在、即将被连接和部署到物联网上。这些被部署安装的传感器成为信息源，传感器按照各自的类型特性分别捕获各自格式和内容的信息。这些被捕获到的信息是时刻在动态变化的，通过特定的频率循环，不断采集信息，从而使得数据可以持续更新。

（2）基于互联网的 Ubiquitous Network。

互联网依旧是一个核心要素，也是一个十分重要的基础。互联网在融合不同种类的有线网络和无线网络以后，可以将获取到的数据信息精确地传递到网络联接的任何有所需要的数据中心、运算平台和应用终端上。由于信息源数据数量繁多，要想确保这些数据传输快速无误，在传输过程中，就一定要能和各种异构网络、协议相适应匹配。

（3）智能处理与智能控制能力。

物联网利用各种智能技术，比如云计算、模式识别等，使得它的应用范围和领域得以拓展。物联网可以将传感器和智能处理结合起来，获取和捕捉到庞大的数据源，对这些数据源进行加工处理、高级分析，从而得到想要的信息数据。因此，我们通过这种方式去探索物联网的应用领域和模式。

3.1.3　物联网的关键技术

（1）无线射频识别技术（RFID）。

无线射频识别技术是利用射频信号通过空间耦合（交变磁场或电磁场）来实现无接触信息传递，并通过所传递的信息达到自动识别目的的技术。无线射频识别技术有很多种类。主要是以下几种：光符号识别技术、语音识别技术、生物计量识别技术、IC 卡技术、条形码技术和射频识别技术等。其中条形码技术在我们生活中应用得十分广泛，几乎在每件商品上都有条形码的身影。但是它也有读取速度慢、储存能力小、工作距离近等很明显的缺点。

RFID 的雏形甚至可以追溯到第二次世界大战时期雷达系统为了区分敌

我飞机而使用的敌我识别器（IFF）。20 世纪 60 年代，人类对 RFID 的研究正式拉开大幕。发达国家如美国、德国等在 RFID 上起步较早、发展较快，因而具有比较成熟和先进的 RFID 系统。而在中国，RFID 也已经广泛应用于铁路机车识别、公路关卡站车辆跟踪、二代身份证识别、危险品管理等多个领域。相信随着 RFID 产品种类的不断丰富和价格的逐渐降低，RFID 将更加大规模地应用到我们的生活中，深刻影响各行各业。

近年来无线射频识别技术逐渐完善，其许多独特的优势也逐渐显现出来，如防水防磁、读取速度快、储存能力强和识别距离远等，因此 RFID 能很好地替代现有的条形码技术。特别是当有通信能力的 RFID 和能赋予任何物体 IP 地址的 IPv6 技术相结合后，二者的优点得以充分发挥，物联网所倡导的人和人、人和物、物和物的互联将成为可能。

（2）传感器技术。

传感器扩展了人感知周围环境的能力，是现代生活中人类获取信息的重要手段，无线传感器节点就是一个很具有代表性的例子。它和通常人们所说的传感器有很大的区别，因为无线传感器除了有传感器部件，还能与微处理器和无线通信芯片集成为一体。因此无线传感节点不但能从外界获取信息，还能对信息进行分析和传输。

无线传感网是由大量微型、低成本、低功耗的传感器节点组成的多跳无线网络。无线传感网的应用很广，最主要的应用是环境监测，尤其是可以满足长时间的、大范围的监测需求。它还可以根据用户需要和网络带宽实现自动、动态、准时采集、传送数据。随着节点软硬件技术的发展，节点的价格更加低廉，所以节点的部署也可以更加广泛，计算能力也可以更强、更智能，成为实现边缘计算的节点。而物联网的兴起也带给传感网新的发展契机。一方面，传感器将朝着低价格、微体积的方向发展；另一方面，传感器将和智能手机、医疗设备等结合，朝着智能化、人性化的方向发展。通过物联网应用模式的扩展，传感网可实现更透彻的感知，拥有更深入的智能，最终达到"物物相联"。

3.2　网络通信技术

网络通信技术（Network Communication Technology，NCT）是指通过计算机和网络通信设备对图形和文字等形式的资料进行采集、存储、处理和传输等，使信息快速传送并达到充分共享的技术[40]。从通信对象的角度进行划分，主要包括：互联网技术、移动互联网技术（连接手机等移动终端）及物联网技术（连接机器等物理实体）等。

3.2.1　移动互联网技术

1. 移动互联网的内涵

移动互联网结合了移动通信设备和互联网的优势，是两者相互融合所产生的通信网络。运营商可以提供无线网络支持，互联网企业则可以提供各种应用。移动互联网不仅有随时、随地、随身的特性，还能进行分享和互动。

宽带无线移动通信技术的逐步发展推动着移动互联网业务的发展，使得互联网的应用更为方便，也使其快速推广开来并广为人知。其整合移动通信和互联网的优势，为移动通信网络带来了很大的应用空间，同时也开创了可持续发展的商业模式，为传统的互联网类业务开拓出了新的天地，进而促进了移动通信网络宽带化的发展。此项业务逐步发展为移动通信运营商最核心的业务之一。

2. 移动互联网的特点

移动互联网与传统的桌面互联网相比，有其突出的特点：

（1）灵活性和移动性。

显而易见，移动互联网是由立体网络组成的基础网络，全域范围内的覆盖使得移动终端能够十分便捷地联通网络。这种联通可以通过多种形式实现，包括 GPRS、3G、4G、5G 和 WLAN 及 Wi-Fi，其基本载体是移动终端。

（2）准确性和实时性。

由于有了上述灵活性和移动性的特点，只要有网络覆盖，任何时间都可以接收信息，任何时间都可以处理信息。信息交换的准确性和时效性都得到了保障。

（3）定位性和感应性。

基于位置的服务（Location Based Services，LBS）的定位功能，既可以获得我们所使用的移动终端位置，又可以分析它的移动趋势，从而判断出未来的走向，因此移动互联网具有十分可靠的定位功能和预测功能。

（4）保密性和安全性。

移动互联网络和移动终端会限制移动互联网业务的使用情况，因此，为了保障信息的安全性和保密性，在使用过程中需要根据不同的安全类型进行管理划分，以匹配相应的网络技术规格和终端类型。由于移动通信的电磁特征相对空间具有全向开放的特点，在网络中传送的信息易于被截获和窃取，因此信息内容的保密性和安全性也同时受到严峻挑战。

（5）网络的局域限制。

在方便移动的同时，移动互联网也有基站覆盖区域的局限，同时也有来自网络性能和终端能力的限制。

3. 移动互联网的关键技术

移动互联网主要包括移动终端、网络服务平台、应用服务平台、5G 和网络安全控制等关键技术。

（1）移动终端技术。

移动终端技术主要分为以下几类，分别是：终端先进制造技术、终端硬件平台技术、终端软件平台技术。终端制造技术是一类集成了机械工程、自动化、信息、电子技术等所形成的技术、设备和系统的统称。终端硬件平台技术是实现移动互联网信息输入、信息输出、信息存储与处理等技术的统称，一般分为处理器芯片技术、人机交互技术等。终端软件平台技术是指通过用户与硬件间的接口界面与移动终端进行数据或信息交换的技术统称，一般分为移动操作系统、移动中间件及移动应用程序等技术[41]。

（2）网络服务平台技术。

网络服务平台技术是指将两台或多台移动互联网终端设备接入互联网的计算机信息技术的统称，其核心是利用技术把不同的移动互联网终端设备与互联网接通，形成设备网络互联。

1）移动通信网络技术。移动通信网络自 1G 时代开始，经过不断发展和探索，经历了 2G、3G、4G 时代，5G 网络时代也已经到来，移动互联网技术的各项性能指标随着各阶段的换代升级而不断提升，实际使用量大量增长，应用范围也随之不断扩大。但从目前的实际情况看，与 5G 阶段的能力目标比较，移动互联网的数据流量仅仅为其 1‰，入网设备数量、用户数据速率仅为其 1%，端到端时延则高达 5 倍。

2）无线局域网技术。通过采用 802.11ad 标准，无线局域网基于接入点（AP）监测、管理与安全控制、无线网络控制器（AC）接入管理，可实现 AC-PC 体系架构和 WLAN 解决技术。

3）无线 MESH 网络技术。应用 MESH 路由器，除了少数网关以有限方式连接，骨干网络均采用无线技术连接，WMN 技术则采用多跳无线网络技术。

4）其他接入网络，采用 NFC、IrDA、ZigBee、UWB、Bluetooth 技术，实现小范围的无线局域网（WPAN）运行。

紧密耦合和松耦合构成异构无线网络架构的基本类型。其中，紧密耦合的无线接入系统按主从关系构成框架；松耦合的无线系统不存在上述主从关系。

移动网络管理技术包含两种类型：IP 移动管理技术、独立媒体切换协议。IP 移动管理技术是以网络层为基础的移动性管理技术，能在异构的无线网络中使用移动终端漫游。IPv6 技术是目前发展迅速的移动网络管理技术，该协议具有较高的安全性，且有充足的地址空间。基于 IPv6 技术，用户可实现地址自动配置，三角路由的问题得到了高效率解决。为了实现异构网络间的互操作，达到自由切换的水平，可采用独立媒体切换协议，即 IEEE802.21 协议。

（3）应用服务平台技术。

基于各种协议，形成应用服务平台技术，可将相关应用提供给移动互联网终端。具体可采纳的技术如云计算、HTML5.0、Widget、Mashup、RSS、P2P 等。

1）云计算技术。云计算是指服务的交付和使用模式，即通过网络以按需交易扩展的方式获得所需的信息处理计算服务。这种服务可以是与 IT（信息技术）、软件和互联网相关的，也可以是其他任意服务[42]。基于云计算技术，软硬件资源可以实现高效率共享，计算机及其他设备可获取服务需求信息。云计算的本质是采用计算机技术，对网络连接的数据资源进行统一管理、规范调度，可采取计算资源池，不断按用户需求，提供支持其良好使用体验的服务。云计算技术以分布式计算机、海量计算模式为基础，不同于以往由远程服务器、本地计算机实现的运算模式。

2）HTML5.0 技术。在先前的 HTML 版本基础上，其增加了创新的属性和元素，如嵌入交互式文档，客户端数据、音频、视频、图片函数的存储。在此基础上，内建了 WebGL 技术标准，可加速网页 3D 界面生成，有利于用户使用搜索引擎、开展索引整理；还可帮助用户在小屏幕装置中使用该技术。

3）Widget 技术。Widget（中文译名为微件）是基于代码复用思想的技术。该技术使用了在 Web 页面上可执行的代码，并且采用了丰富的表达媒介，如地图、视频、小游戏等。Widget 较常使用的代码包含 JavaScript、DHTML（动态超文本标记语言），以及 Adobe Flash 等形式。

4）Mashup 技术。Mashup 为一种基于网络的内容继承技术，可通过功能的整合，将不同渠道获取的元数据聚合，提供面向用户的全新服务。Mashup 高度注重可用、易用的交互体验。因此，没有程序开发背景的人员，亦可借助图形化界面，轻松创建 Web 服务，形成资源聚集和共享中心。Mashup 采用 Web 2.0 技术，开放 API、ATOM 或 RSS 方式，聚合资源与内容，通过与

AJAX 技术的结合，提升用户的交互体验。由于 Mashup 技术具有高度的灵活性、可复用性、简化性，被广泛应用于地图 Mashup、新闻 Mashup、微博 Mashup、搜索和购物等领域，用于支持用户丰富而愉悦的交互体验。

5）RSS 技术。RSS 又称聚合内容技术，是一种应用于信息服务站点的简单 XML 技术。用户使用该技术，可获得经过选择和汇总的 Web 站点内容。该技术具有聚合性、实时性、低成本和个性化特点，可对不同格式、不同需求的内容信息进行聚合、分类，并高速传播至用户阅读器，由用户完成保存和分类管理。由于该技术具有简单易用、及时更新、多重用途、可扩展的优势，故其被广泛应用于新闻阅读、网站博客、电子商务等领域。

6）P2P 技术。P2P 又称对等技术。该技术采用分布式网络结构模型，通过文件、语音、流媒体 P2P 技术，实现了计算机系统间的直接通信，提升了计算机资源和网络带宽的泛共享性和高利用率。基于 P2P 网络，每台计算机既充当客户机，又扮演服务器的角色。P2P 技术具有充分的便捷性和高效性，可实现系统间直接的数据通信，并充分利用边缘性网络资源，可消除服务器的技术瓶颈限制。基于 P2P 技术的 Internet 网络具有高度的动态性，网络服务能力受到各客户机联入时间、频度、共享空间容量的影响。目前，P2P 技术被广泛应用于网络游戏、文件交换、搜索引擎、对等计算、协同工作等领域，具有广阔的商业和市场应用前景。

（4）5G 技术。

5G 技术是最新一代蜂窝移动通信技术，5G 构建的高性能移动互联网络，能提供峰值 10Gbps 以上的带宽、毫秒级时延和超高密度连接。同时，其在提升峰值速率、移动性、时延和频谱效率等传统指标的基础上，新增加了用户体验速率、连接数密度、流量密度和能效四个关键能力指标，实现了网络性能新的跃升，开启了万物互联、令人无限遐想的新时代。5G 具有以下显著的特点[43]：

1）高速度。相比于 4G 网络，5G 网络有着更高的流量速度，而对于 5G 的基站峰值要求不低于 20Gb/s。以这样的高速度网络作为基础，可以支持工业领域作业现场的云化机器人、云化 AGV、制造装备控制系统等的互联互操作，使通用移动通信网络标准与工业网络技术融合有望从概念转向实际应用。

2）大带宽。5G 的下载速度是 1Gbps，远超 4G 的 100Mbps；5G Wi-Fi 运行在 5Ghz 无线电频段，是现在 Wi-Fi 速率的三倍，一些高性能的 5G Wi-Fi 还能达到 1Gbps。5G 大带宽将支持高清图像、音视频的实时移动传输，再也不用担心卡顿的问题，并催生了基于工业 AR 的装配指导、基于机器视觉的质量检测等领域的极大应用需求。

3）泛在网。5G 时代使用的微基站（即小型基站）能覆盖末梢通信，使工业生产监控的任何角落都能连接网络信号，在一般应用场景下能够实现广泛覆盖。例如，能源行业采用 5G 技术监测分散在全国各地的大量的再生能源分布式电站，实现用电信息自动采集、计量异常监测、电能质量监测等；根据特定需求能够实现纵深覆盖，如煤炭行业利用 5G 技术监控深井下瓦斯浓度、温湿度，有效降低了井下危险作业区域事故发生率。

4）低时延。3G 网络时延约 100 毫秒，4G 网络时延 20~80 毫秒，5G 网络时延下降到 1~10 毫秒。5G 通过对帧结构的优化设计，将每个子帧在时域上进行缩短，从而在物理层上进行时延的优化。5G 对于时延的终极要求是 1 毫秒，甚至更低。5G 低时延的特点可满足企业物联网、工业远程控制等垂直行业的特殊应用需求，为用户提供毫秒级的端到端时延和接近 100%的业务可靠性。

5G 关键技术主要包括：网络功能虚拟化（NFV）、软件定义网络（SDN）、网络切片（Network Slicing）。

网络功能虚拟化，就是通过 IT 虚拟化技术将网络功能软件化，并运行于通用硬件设备之上，以替代传统专用网络硬件设备。NFV 将网络功能以虚拟机的形式运行于通用硬件设备或"白盒"之上，以实现配置灵活性、可扩展性和移动性。

软件定义网络，是一种将网络基础设施层（也称为数据面）与控制层（也称为控制面）分离的网络设计方案。网络基础设施层与控制层通过标准接口连接，比如 OpenFlow（首个用于互连数据和控制面的开放协议）。SDN 将网络控制面解耦至通用硬件设备上，并通过软件化集中控制网络资源。控制层通常由 SDN 控制器实现，网络基础设施层通常被认为是交换机，SDN 通过南向 API（比如 OpenFlow）连接 SDN 控制器和交换机，通过北向 API 连接 SDN 控制器和应用程序。

网络切片，是一种按需组网的技术，即在独立组网（SA）架构下将一张物理网络虚拟出多个不同特性的逻辑子网络，可满足不同场景诸如工业控制、自动驾驶、远程医疗等各类行业业务的差异化需求。基于 5G SA 架构，采用虚拟化和软件定义网络技术，可以在一个物理网络上切分出多个虚拟的、专用的、隔离的、按需定制的端到端网络。每个网络切片从接入网、传输网到核心网，实现逻辑上的隔离，从而灵活适配各种类型的业务要求，实现一网多用，不需要为每一个服务重复建设一个专用网络，极大降低成本。

（5）网络安全控制技术。

1）信息加密技术。为了保障信息和数据安全，可使用 RSA 技术、SSL 技术生成常规或公开秘钥，对文件进行加密处理；或采用 VPN 技术，对目标路由器硬件进行加密处理，防止数据在传输过程中被篡改和泄露。

2）身份确认技术。信息接收方首先确认信息发送方的合法身份，再建立信息链接。可采用直接信任、第三方信任的方式，对身份进行校验。采用用户认证、信息审核、口令认证、数字签名的形式，验证用户身份，提高网络安全性，减少运行风险。

3）防火墙技术。通过网络通信检查、控制通信门槛，形成内网和外网之间的隔离和阻止机制，控制对网络和服务的访问，从而保护计算机免受恶意病毒的攻击。应用防火墙技术，可对 IP 地址进行有效的审核，将数据自动转移至安全的网络地址，从而保障网络运行安全。

4）入侵检测技术。自动识别、发现数据中的异常信息，发出报警信号，保证计算机系统安全。

5）交换式局域网技术。采用逻辑拓扑结构，在局域互联网中实现以交换机为中心的网络安全技术。

6）数据安全存储技术。基于数据恢复与存储技术，对系统资源进行整体、多层次的备份。使用容量大的服务器，安装用户端、服务器端软件，将数据集中备份于服务器中。在数据文件丢失或被破坏时，可对系统的软硬件进行统一修复。

7）安全扫描与漏洞检测技术。该技术可对网络信息进行采集，检测安全漏洞，对可能受到的攻击进行分析和预先评估，深入了解系统的安全性与可靠性。

3.2.2　天地一体化网络技术

1．天地一体化网络的内涵

天地一体化信息网络（简称天地一体化网络）是通过卫星、飞机、飞艇及地面站间链路链接地面、海上、空中和太空中的用户、飞行器及各种通信平台，采用智能高速处理、交换和路由技术准确获取、快速处理和高效传输信息的一体化高速宽带信息网络，即天基、空基和陆基一体化综合信息网络[44]。当前世界各主要发达国家对天地一体化信息网络高度重视。

天地一体化信息网络包括技术体制和网络系统设施两大方面。其中，技术体制方面包括：网络体系架构、功能指标体系、星座及组网、频谱及轨位协同、信息传输体制、多维度路由交换、业务服务体制设计、多层面安全防护、一体化运维管控等；网络系统设施方面包括：天基骨干网、天基接入网、地基节点网、用户终端网、天基信息港和地面信息中心等。

2．天地一体化网络的特点

与地面通信网络相比，由于应用环境的不同，天地一体化网络具有其自身的技术特点。一是网络规模庞大、广域无缝覆盖，特别是对地观测网络和空中交通管制网络，更要求在全球各区域进行全天时、全天候的对无缝通信、导航、观测和监视的覆盖，区域广泛，节点种类和数量繁多，网络结构复杂；二是网络拓扑时变、灵活机动，需要具有应对突发事件的应急组网能力，组网结构动态可变、运行状态复杂；三是多功能融合、信息协同能力强，可针对不同的应用服务对各种信息资源进行管理、协调及优化，信息交换处理一体化，最大限度地开发、利用各种信息资源。

3. 天地一体化网络的关键技术

天地一体化网络是国家重大信息基础设施，可将人类活动拓展至太空、远海乃至深空。它以先进的网络通信技术，将太空、临空、天空和地面等基本平台构成无缝连接的一体化信息网络，不仅面向可见光、紫外、红外、太赫兹、雷达、高光谱等多谱段信息，而且支持高速、宽带、大容量信息传输，能为各类用户提供安全可靠、不间断、实时、按需服务的信息。其涉及的关键技术众多，主要包括：天网地网体系结构构建技术、天地一体化网络协议体系构建技术、天地信息融合移动接入技术、天地一体化多层面网络安全保密技术和天地一体化多层级网络运维管理技术等。

3.2.3 网络通信基础技术

1. 通信网络技术

通信网是由一定数量的节点和连接这些节点的传输系统有机地组织在一起，按约定的信令或协议完成任意用户间的信息交换的通信体系。从硬件结构看，通信网由终端节点、交换节点、业务节点和传输系统构成，其硬件功能是完成接入交换网控制、管理、运营和维护；从软件结构看，通信网有信令、协议、控制、管理、计费等要素，其功能是完成通信协议及网络管理来实现相互间的协调通信。其功能通过保持帧同步和位同步，遵守相同的传输体制实现。

一个完整的通信网主要包括业务网、传送网和支撑网。其中，业务网负责向用户提供各种通信业务，其技术要素主要包括：网络拓扑结构、交换节点技术、编号计划、信令技术、路由选择、业务类型、计费方式、服务性能保证机制；传送网独立于具体业务网，负责按需为交换节点/业务节点之间的互联分配电路，提供信息的透明传输通道，包含相应的管理功能，其技术要素包括：传输介质、复用体制、传送网节点技术等；支撑网提供业务网正常运行所必需的信令、同步、网络管理、业务管理、运营管理等功能，以提供令用户满意的服务，其技术要素包括：信令网、同步网、管理网等。

通信网按业务类型可分为电话通信网、数据通信网和广播电视网等；按空间距离可分为广域网、城域网和局域网；按信号传输方式可分为模拟通信网和数字通信网；按运营方式可分为公用通信网和专用通信网等。

计算机网络是利用通信设备和线路，将分布在不同地理位置的、功能独立的多个计算机系统连接起来，以功能完善的网络软件（网络通信协议及网络操作系统等）将所要传输的数据划分成不同长度的分组进行传输和处理，从而实现网络中的资源共享和信息传递。其主要目的是实现计算机共享软硬件资源、数据通信，提高计算机系统的可靠性和提供综合信息服务等。

2. 高性能计算技术

高性能计算技术是一种综合技术和研究方法，从改善算法、软件和体系结构等多种途径，提升计算机的运算性能。高性能计算机可以从深度上提升计算机的单机运算能力。通过采用更先进的半导体技术、电路工艺、新材料、新工艺，形成更强大的 CPU 处理能力。基于单机运算能力提升，可采用超级计算机技术，但该技术价格昂贵、性价比较低；或采用多核 CPU，在一定范围内提升运算速度，但增加的 CPU 数量有限。

高性能计算技术的主流方式和未来发展趋势是：从广度上提升多台计算机联网的运算能力。其体系结构主要包括：星群（Constellation）、并行向量机系统（Parallel Vector Processors，PVP）、对称多处理器（Symmetric Multiple Processor，SMP）、分布共享存储/非一致性访问分布共享存储（DSM/NUMA）、大规模并行处理机（Massively Parallel Processor，MPP）、工作站集群（Cluster of Workstations，COW）、网格计算、云计算、边缘计算、GPGPU 技术。目前，高性能计算技术已广泛应用于虚拟仿真、气象预测、汽车生产等不同领域，成为国家产业发展的重要支撑技术。

（1）网格计算技术。

为了获得更强大的计算能力，网格计算技术可以将任务分解，分配给网络上空闲的计算机、存储器，通过将数据汇聚、集中，形成比单独计算机更强大的虚拟计算机，满足用户对计算速度和存储容量不断增长的需求，使信息世界构成有机、统一的整体。由网格计算技术构成的网络具有无限可扩充性，计算能力在 CPU 数量上不受限制。

（2）云计算技术。

云计算技术能够将数以亿计的联网计算机进行虚拟化，对其进行统一的控制和调度，构成动态、生态化的资源池，为用户提供个性化服务。能够汇聚和提供资源的网络被称为"云"。云计算与网格计算相同，都可提供无限延伸的网络平台。云计算形成的网络较网格计算支持的网络，更具动态性，可以按照用户所需随时调整资源的调配。

（3）边缘计算技术。

边缘计算技术是一种充分使用网络边缘端的网络、存储、计算等资源来对边缘数据进行感知、分析、处理，进而就近为用户提供实时服务的新型计算模式，可作为云计算的有效补充，与云计算协同工作，共同为用户提供性能更优的服务。边缘计算处理分析的数据包括来自云服务的下行数据和来自万物互联服务的上行数据。

边缘计算包括新型分布式存储、低时延高可靠网络、异构计算、计算迁移等关键技术。在工业制造领域，边缘计算能够支持传统接口和协议设备间的实时横向通信，实现企业 OT 与 IT 的高可靠的数据融合；并提供现场级的实时计算、存储和通信机制，提供边缘侧的建模工具及智能工具，对实时数据进行清洗和预处理，为数字孪生系统的模型及数据融合提供基础支撑。

当前，边缘计算在工业各领域的各种应用不断丰富，企业利用边缘计算具有更靠近生产终端、具备更快的传输和响应速度、避免数据上传云端带来的泄露风险等特点，开展如无人机物料配送、物料的标识追溯、基于机器视觉的质量检测、自适应生产调度等应用项目，在满足企业安全隐私的前提下提高工业实时生产的效率。

（4）GPGPU 技术。

GPGPU 技术为通用图形处理技术，基于 CPU 进行串行测试，采用 GPU

开展大规模并行计算，运算能力可提升几倍至数十倍，将 PC 机的运算性能提升至高性能计算机水平。目前常采用 CUDA 技术和 Stream 技术。

未来，云计算、GPGPU 技术将成为高性能计算技术发展的重点方向。

3.3　云计算技术

2006 年 Google 推出了"Google 101 计划"，首次正式提出了"云计算"概念。短短数年间，云计算这种通过网络按需获取计算资源的技术和服务模式正在给信息技术领域带来巨大的变革[45]。当前，世界各主要发达国家竞相制定了系列国家计划来发展云计算技术，国内外诸多著名信息通信技术企业也纷纷推出了云计算相关的系统和产品，而学术科研界也对云计算技术积极开展研究并不断深入。

3.3.1　概念与特点

有关云计算技术的概念，自提出以来一直众说纷纭，总体来说可从以下几个方面来认识：

（1）云计算技术包括云计算服务和云计算平台两个概念，它不仅是一种商业模式，还是一种技术实现机制。云计算服务代表一种新的商业模式，要面向海量用户提供永远在线、随时访问的可用服务，而且支持多用户按需获取服务资源，并可保证服务的可靠性。云计算平台是"云服务"理念实现的一整套技术机制，类似一个操作系统，管理着一个"可扩展的网络超级计算机"。针对不同应用需求，云计算平台可快速调动各种软、硬件资源协同工作，完成计算、存储和沟通服务，且用户无须关注实现细节。

（2）云计算技术是网格计算、分布计算、并行计算的延伸与拓展。

（3）按照构成云的网络不同，可以分为四种部署模式：私有云、社区云、公有云和混合云。

云计算服务的特点包括：

（1）按需自助服务。

用户可以根据应用需求，随时随地动态、敏捷地获取云计算服务资源，并可按量进行计费。

（2）高层次虚拟化。

所有的资源（包括计算、存储、应用和网络设备等）均连接在一起，由云计算平台进行管理调度。

（3）高可靠性架构。

云计算平台服务对上层应用透明并具备高可靠性的 IT 架构，服务提供商负责处理底层架构中的安全性、可用性和可靠性的所有问题。企业可借助云计算的基础软件技术，完成从传统结构向全新 IT 架构的平滑迁移，像使用单机一样使用计算机集群，以极低的管理成本，获得巨大的存储空间和计算能力。

（4）商业实用性。

云计算技术采用"无共享"架构，各节点相互独立且资源可自我满足，因此系统内不存在资源争夺问题，可扩展性得到了保证。同时，它支持计算资源的全面共享，对技术应用的投入和产出考虑较多，具有明显的商业实用性。

（5）高通用性。

云计算平台采用"面向服务架构"思想，实现大范围服务的模块化、流程化和松耦合，可进行底层硬件资源和上层应用模块的自由调度。企业可通过资源和模块重组，快速完成整个业务系统的功能转变，满足不同的业务需要。

3.3.2 服务模式

目前，较为公认的云计算服务模式主要包括：软件即服务（Software as a Service，SaaS）、平台即服务（Platform as a Service，PaaS）及基础设施即服务（Infrastructure as a Service，IaaS）三种。

（1）软件即服务：各种互联网及应用软件即是服务，或称"按需提供的软件服务"，是一种通过互联网提供软件及相关数据的模式。用户可以按使用量付费，通常使用浏览器通过互联网远程访问并使用特定软件，无须购买软件和在终端电脑上安装。

（2）平台即服务：以服务的形式交付计算平台和解决方案，提供应用创建、应用测试及应用部署的高度集成环境，用户无须购买和管理底层的软硬件，也无须具备设备管理能力。

（3）基础设施即服务：在此服务模式下，消费者获得处理能力、存储、网络和其他基础计算资源，从而可以在其上部署和运行包括操作系统和应用在内的任意软件。

3.3.3　技术体系

随着云计算应用的逐步深入及产业的不断发展，围绕实现云计算模式全生命周期活动有关的总体、感知、虚拟化、构建、运行、评估、应用及运营等技术正逐步形成一个相对完整的技术体系。

（1）云计算总体技术。

云计算总体技术主要从系统的角度出发，研究云计算系统的体系结构和服务模式、支持云计算实施的系统集成技术及其相关标准和规范等。

在云计算系统体系结构方面，国内外学术界已经开始尝试规范化云计算系统的体系架构。Youseff 等提出了基于云计算三种服务模式的云层次栈体系结构，Lenk 等则对云层次栈体系结构进行了细化。作者团队结合近年来的研究与实践，提出了一种面向服务的层次化云计算系统体系架构，如图 3-1所示。

在系统集成方面，各类异构云系统的集成技术是当前研究的主要内容，目前已形成了两类主流方法：一类是"总线"集成，如 CloudSwitch 通过抽象各类云平台的应用程序和接口，为异构云系统提供总线化的集成服务；另一类是正在开展中的技术，即建立各类集成接口标准，使各类云系统通过标准化的 API（应用程序接口）进行交互和集成。此外，基于服务计算的集成技术也是值得研究的技术途径。

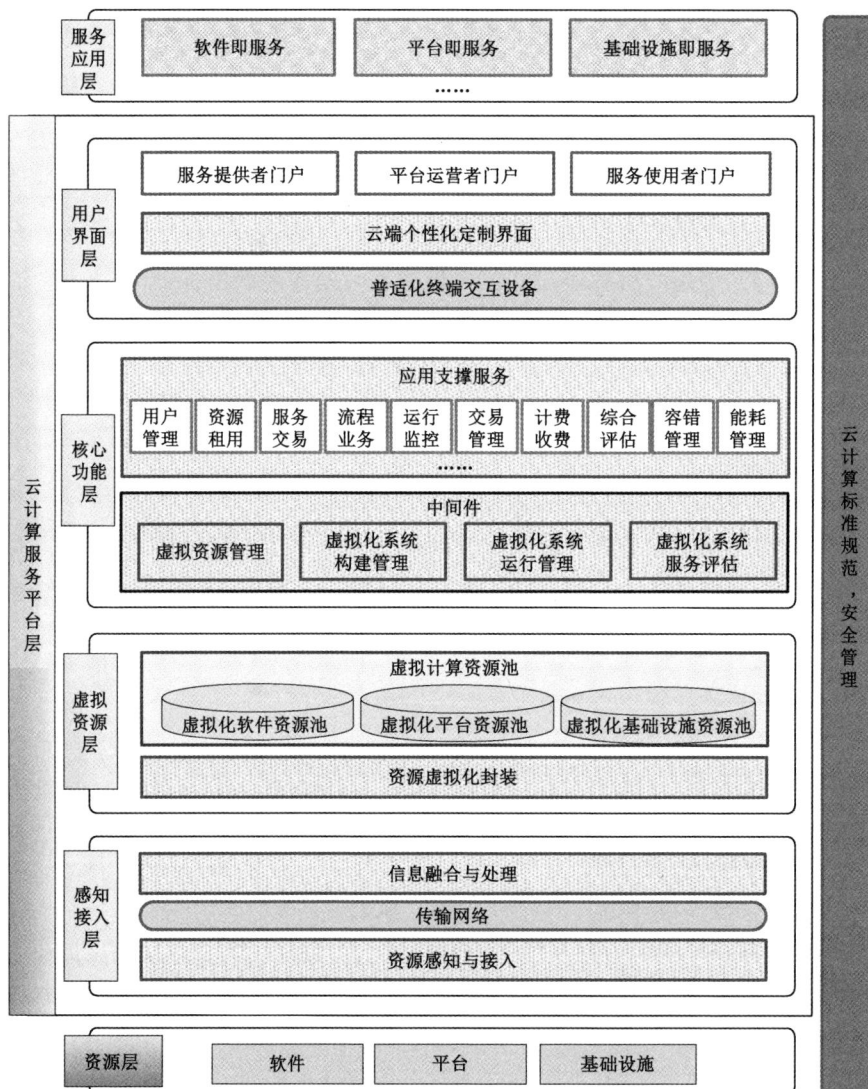

图 3-1　一种面向服务的层次化云计算系统体系架构

（2）云计算资源感知技术。

云计算资源通常分散部署于网络之中，通过感知技术实现各种分布计算资源服务的自动化、发现与接入的智能化，从而支持云服务的按需获取。目前取得一定进展的感知技术包括基于语义的云服务感知技术及分布式资源描述框架（Resources Description Framework，RDF）技术。

云计算资源感知技术的进一步研究内容主要包括：支持资源接入的新型传感器（如光纤接入），海量感知数据的动态采集、分析与处理，感知网络构建及智能感知系统等。

（3）资源的虚拟化/服务化技术。

资源的虚拟化/服务化技术在云计算技术体系中扮演着重要角色。它能够为计算资源提供统一标准的封装形式，以屏蔽硬件架构和系统环境等的异构性，实现计算资源最大程度的共享和透明使用；同时还可以使云应用系统运行环境实现高效的热备份、热迁移，从而提高系统运行的可靠性和稳定性。此外，虚拟化技术带来的虚拟环境的封装和隔离特性可以提供有效的计算资源、用户隔离与安全保护，实现独立的虚拟化云计算运行环境，为应用系统的安全运行提供保障。

资源的虚拟化/服务化技术根据对象的不同可分成软件资源虚拟化、平台资源虚拟化、基础设施虚拟化等。目前较为成功的虚拟化产品主要有 Citrix Xen、VMware ESX Server 和 Microsoft Hype-V 等。

资源的虚拟化/服务化技术进一步的研究内容包括：支持语义的资源服务化统一描述模型、形式化描述机制、服务化封装与发布、云服务综合管理等技术。

（4）云服务环境的管理与构建技术。

云服务环境管理技术主要包括研究云环境中计算设施、软件、平台等各类资源的属性和（运行）状态的管理技术，以及涵盖云计算资源的注册、注销、分配、回收、部署、执行、配置及监视等服务全生命周期的资源管理技术。典型的服务环境管理产品主要有 Platform EGO、IBM WebSphere、

JBOSS 等。

云服务环境构建技术主要用于实现云计算服务的按需构建。目前较为成熟的云服务环境构建技术包括应用交付技术及思科的 CloudVerse 技术，通过多应用的、统一的资源调度引擎来满足多用户复杂、动态的使用需求，并对后端资源状态进行实时监控，以实现智能化资源调度与动态分配策略。

云服务环境的管理与构建技术进一步的研究内容包括：完善资源库服务构建，云服务调度优化（如多层次计划优化、动态统筹与智能调度、云服务交易管理），云服务平台核心支撑引擎、管理器及云企业的构建方法、运行流程和管理模式、资源统筹、控制与调度等。

（5）虚拟化云服务运行技术。

虚拟化云服务运行技术主要解决云计算服务在应用运行中的高效性、可靠性问题。MapReduce 是目前实现云服务高效化的主流技术手段。MapReduce 保证了后台复杂的并行执行和任务调度，并向用户和编程人员"透明"，从而支持了云服务的并行化高效运行。可靠性的核心问题是实现云服务的容错迁移。基于虚拟化技术实现服务的实时监控与无缝迁移是目前云服务容错迁移研究的热点，VMware 的 VMotion 是该技术的典型产品之一。

虚拟化云服务运行技术进一步的研究内容包括：虚拟化资源动态优化配置、容错、监控技术，云服务智能匹配和组合，云服务优化配置机制与算法及虚拟资源池管理等。

（6）云服务评估技术。

云服务评估技术的核心是给出评定云服务质量的一系列指标与评估方法，从而指导相应的云服务选择、计价、运营等活动。

除了基于 QoS 的传统服务评估体系的方法，针对云服务特点，目前已经形成了以服务水平协议（SLA）及亚马逊 EC2 服务弹性计算单位等为代表的云服务评估技术。

云服务评估技术进一步的研究内容包括对云计算服务的性能、可靠性、通用性、成本及应用风险等服务质量进行评估的指标与方法。

（7）可信云服务技术。

可信云服务技术能够保证云计算系统中服务过程的安全可信。目前具有代表性的可信云服务技术包括云可信权威（Cloud Trust Authority）服务及我国趋势科技、瑞星等企业率先提出的云安全技术。

可信云服务技术进一步的研究内容包括：安全认证机制与可信监控、云平台交易数据保障、服务可信网络构建，以及计算资源/能力可信接入等。

（8）普适人机交互技术。

普适人机交互技术主要指结合普适计算、移动互联、多媒体等技术，为云计算用户提供友好、普适的人机交互环境的技术。普适人机交互技术目前正在向云端化、移动化、绿色化的方向发展。国内外知名 IT 企业纷纷推出各自的云端产品，如 NComputing 云终端、我国联想公司推出的虚拟云终端等。

普适人机交互技术进一步的主要研究内容包括：面向云服务环境的界面应用逻辑分离、普适交互的界面计算服务、面向普适用户的服务资源可视化及接口标准等。

3.3.4 典型云计算系统与技术

（1）典型 IaaS 系统与技术。

Amazon EC2。EC2（Elastic Compute Cloud）是互联网最大的在线零售商之一 Amazon 于 2006 年发布的云计算平台，开创了全球将基础设施作为服务出售的先河。EC2 可以有效解决计算基础设施的合理利用问题。该弹性计算云由 Amazon Machine Image（AMI）、EC2 虚拟机实例和 AMI 运行环境组成。AMI 是一个用户可定制的虚拟机镜像，能够弹性扩展与组合，从而满足不同的用户需求。EC2 使用 Xen 虚拟化技术将弹性计算云按用户需求部署在公司内部集群计算平台上，并通过服务弹性计算单位对 IaaS 服务进行评估和计价。EC2 用户只需为自己所使用的计算平台实例付费，而不必自己去建立云计算平台，节省了设备与维护费用。

曙光（CloudView）。中国曙光公司开发的云平台管理软件 CloudView 提供了以 IaaS 为主的计算资源服务，以及资源快速部署与按需分发、用户资产租赁服务、系统全局安全保障等功能。CloudView 系统架构如图 3-2 所示，面向公有云和私有云的云计算中心，通过网络将 IT 基础设施、软件等资源按需提供给用户使用，支持 IaaS 服务，并通过部署平台服务软件和业务服务软件来兼顾对 PaaS 和 SaaS 的支持。CloudView 云计算管理系统采用模块化、可插拔的设计理念，向用户提供按需使用、易于管理、动态高效、灵活扩展、稳定可靠的云计算中心服务。

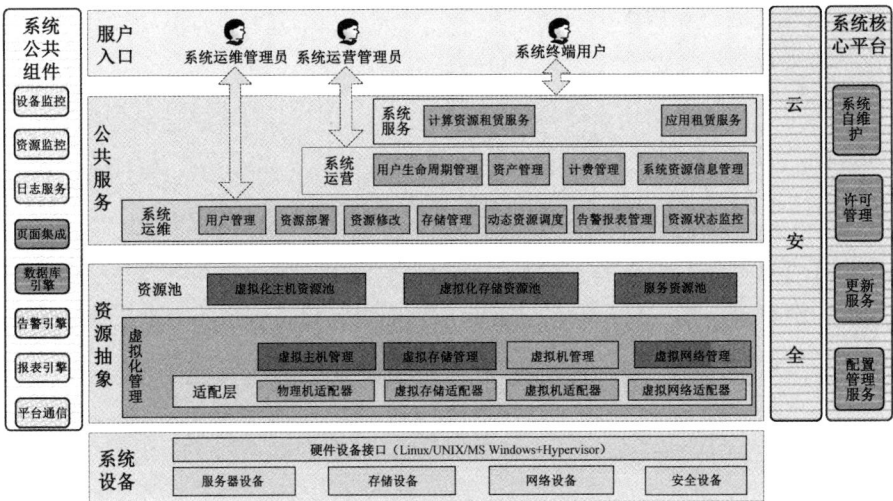

图 3-2　CloudView 系统架构

（2）典型 PaaS 系统与技术。

Google App Engine。Google App Engine 是 Google 于 2008 年 4 月发布的一个 PaaS 平台。目前该平台支持用户使用 Python 语言和 Java 语言在 Google 的基础架构上开发和部署运行自己的应用程序，且每个应用程序使用的带宽与 CPU 都可支持每月 500 万综合浏览量，同时每个应用程序还可以持久使用 500MB 的存储空间。Google App Engine 系统主要包括编程语言运行环境、分布式数据库、安全认证等模块。Google App Engine 基于 MapReduce/ Bigtable 技术实现了用户数据的分布式存储与高效处理，并利用

Sandbox 技术将用户开发的应用程序隔离在有效维护的安全环境中，保证了开发平台服务的可靠性。

（3）典型 SaaS 系统与技术。

Salesforce 的 CRM 平台主要包含基础架构与物理资源层、中间平台层和商业应用层三大部分。其核心在于利用可重用的云计算平台组件构建商业应用门户，客户只需基于浏览器的简单交互即可使用 Salesforce 提供的 SaaS 服务。Salesforce 的 SaaS 技术在云计算的商业模式技术（多点租用架构）、运行技术（元数据驱动的开发模型），以及集成技术（Web Services API）等方面具有独特的创新性。

3.4　工业控制技术

随着物联网技术的快速发展，工业控制技术对数据采集的质量、数据的传输速度和数据的分析计算能力提出了更高的要求，工业互联网的应用赋予了工业控制技术新的发展动力。基于工业互联网的新型工业控制系统是利用智能化传感器、新型网络等基础设施，依托工业互联网、人工智能、大数据等综合集成技术，实现工厂自动化控制的新型工业闭环控制系统。

新型工业控制系统主要包括工业资源层、智能控制感知层、工业网络及边缘处理层、工业互联网平台（INDICS 平台）与工业应用层几个部分，如图 3-3 所示。系统将通过智能控制感知层采集工业资源层的工业生产制造过程中的设备及过程数据，经工业网络及边缘处理层处理，传输至工业互联网平台及工业应用层；通过采用人工智能技术、大数据分析技术等新一代信息技术进行数据信息的处理，并将处理结果反馈至工业资源层的终端工业设备或控制端，从而实现工业系统的自动化控制应用。

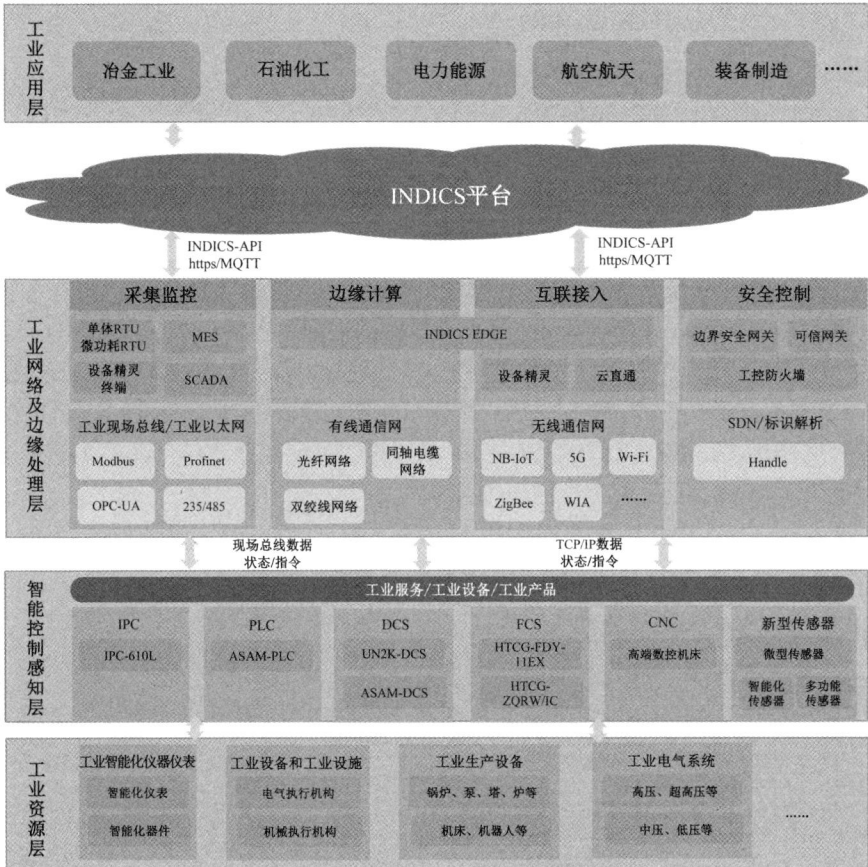

图 3-3　新型工业控制系统的组成

　　其中，工业资源层包括工业智能化仪器仪表、工业电气系统及工业生产设备等硬资源，提供基于工业互联网的工业设备与工业设施；智能控制感知层提供基于新型网络的 PLC、DCS、FCS 及新型传感器等数据采集控制设备，实现基于工业互联网的工业控制与海量工业数据采集；工业网络及边缘处理层提供基于工业互联网的多源异构工业数据智能互联、互通和处理技术，支持基于新型网络协议的海量数据的传输与边缘测计算；作者在航天云网公司主持开发的工业互联网 INDICS 平台层提供了新型工业控制系统的基础应用环境；在工业应用层，新型工业控制系统面向不同行业，如冶金工业、石油化工、电力能源、航空航天、装备制造等，提供了面向不同应用场景的控制应用。

3.4.1 智能控制感知技术

随着工业互联网、人工智能、大数据技术的发展，基于工业互联网的工业控制技术对数据感知提出了更高的要求。如何快速、有效、高质量地获取工业控制过程中的数据信息，是当前工业控制技术发展的核心。工业互联网技术的发展，赋予了传统数据采集单元新的动能，工业互联网环境下的数据智能感知采集技术是数据采集的新技术手段，已成为智能时代工业控制过程数据采集的核心技术，是基于工业互联网的新型工业控制系统发展的关键技术。

工业互联网环境下的数据智能感知采集技术，运用 PLC 控制系统、DCS 网络控制系统、FCS 现场总线控制系统、新型传感器等智能感知采集系统及设备，采集工业生产中的诸如智能化仪器仪表、数字电动执行机构等工业设备执行过程中产生的运行数据。通过机器学习、神经网络、智能化判断推理等过程，进行数据的分析与处理，达到智能化控制目标。典型的智能控制感知技术主要包括以下内容：

（1）PLC 控制技术。

PLC 即可编程逻辑控制器，是一种专为在工业环境下应用而设计的数字运算操作的电子控制装置。采用可编程存贮器，在其内部存贮执行逻辑运算、程序控制、定时、计数和算术运算等控制操作的指令，并通过数字的、模拟的输入和输出，控制各种类型的设备运行或生产流程。

PLC 控制器是在传统的机电式程序控制器的基础上引入了微电子技术、计算机技术、自动控制技术和通信技术而形成的工业控制装置，目的是取代继电器、执行逻辑、计时计数等程序控制功能，具有通用性强、使用方便、适应面广、可靠性高、抗干扰能力强、编程简单等特点。目前在工业控制系统中被广泛应用。

（2）DCS 网络控制技术。

DCS（Distributed Control System）是分散式网络结构的工业过程控制系统，一般由过程控制级和过程监控级组成，可以根据网络结构的复杂程度和系统的层级关系设计成多级次、递阶的拓扑结构。同时也是计算机技术、控制技术、通信技术、CRT 显示技术相结合的产物，集中了连续控制、批量控制、逻辑程序控制、数据采集等功能，具有分散控制、集中操作、综合管理和分而自治的特点。

DCS 是针对规模较大、结构复杂的过程控制系统难以实现集中控制而采取分层控制、分级管理的系统结构分解方法，为减少过程监控中的人为干扰因素而建立的一套分散型综合控制系统。它使过程控制更加便捷、安全可靠，提高了产品质量和工作效率，实现了数据共享，达到了信息化管理的目的，是目前在工业系统中普遍使用的一种控制结构。并且由于各设备之间的信号传递关系已由主要依赖模拟信号逐步地变为由数字信号来代替，现场过程控制的动态实时性由过程控制级的独立单元来完成，极大地减轻了集中数据处理和数据传输的压力，具有系统安全可靠、通用灵活、具备最优控制性能和综合管理能力等优点。

（3）FCS 技术。

现场总线控制系统（Fieldbus Control System，FCS）是由 DCS 和 PLC 发展而来的控制系统技术，其核心是现场总线技术。FCS 采用现场总线这一开放的、具有互操作性的通信网络标准将作为控制对象的系统、分布在作业现场的多点、多站、分散、参量数字化的控制器和仪器仪表等设备互联，构成具有分布结构、可互操作、协调运行的控制系统。由于其具有通信效率高、稳定可靠、可扩展能力强、布置和维护成本低等特点，广受工业控制领域欢迎，逐步发展成为主流的工业系统技术。

基于现场总线技术的开放性，企业用户可以在现场设备互联的同时把监控级系统与企业信息化系统结合在一起布置，更加方便了企业进行数字化、网络化、信息化、智能化的统筹策划，更好地解决了内部数字资源共享的问题。

FCS 的核心是总线标准（总线协议）。从应用的角度看，当一种类型的现场总线被选定时，总线协议也就被确定了。总线标准决定了设备、仪器仪表的数字接口应遵守的协议标准，现场总线满足互操作性要求的程度也就相应被确定。目前，现场总线国际标准包含八种类型，其中的每一种总线标准都是独立的，每种总线协议都有一套相应的软件、硬件支撑。

FCS 主要有五种类型：数字控制、机器人控制、物料经营控制、批量过程控制、连续过程控制。目前，这五种类型在多个典型领域中得到充分发展。一是制造业领域。这一领域的典型是汽车制造，其自动化生产线上的机器人采用离散动作、快速反应的自动控制，由 PLC 的技术途径发展到 FCS。由于近些年大量的汽车自动化生产线进一步升级到柔性智能化生产模式，多型车混线生产和机器人的大量应用，更加显著地发挥了 FCS 的优势，产生了数十种相对成熟的 FCS。二是过程控制领域。最为典型的应用场景是石油化工，其过程控制参数多，需要全过程现场调节的环节分散，相比制造业的离散型系统更为复杂，系统运行过程危险性更高。这种类型的系统在 DCS 基础上发展而来，促进了 FCS 快速响应性能的提升，在 PID 调节方面的技术快速发展。三是楼宇自动化。典型应用场景是更为分散的多现场节点程序控制，虽然不是工业互联网应用，但是其开放可扩展、无主从的分散节点的系统特点可以作为一些企业工业互联网相近类型应用的参考。四是电站、电厂、电力系统自动化。其系统的复杂性十分突出，系统对象中既有过程控制又有程序控制，是典型的分散现场控制、多系统动态调节、流程逻辑控制的结合，对 FCS 先进技术的发展具有很强的牵引作用。

通过使用现场总线，用户可以大量减少现场接线，用单个现场仪表可实现多变量通信，不同制造厂生产的装置间完全可以互操作，增加现场一级的控制功能，系统集成大大简化，并且维护十分简便。上述的典型应用领域都可以与工业互联网的通信网络和信息平台相结合，通过数据采集、大数据分析、系统监控等实现工业系统现场控制、生产节奏优化、系统安全监控等目的；与企业的 ERP、MES 等信息化系统结合可以获得仓储管理、物料优化、物流配送自动化等数据，成为支撑企业管理水平提升的基础。

（4）新型传感技术。

工业互联网区别于互联网的地方在于它通过感知层连接物理世界和信息世界，感知层的数据采集是工业互联网应用层进行可靠、精准数据挖掘的技术基础。随着人工智能、大数据技术及新材料、新网络等的发展，传感器技术也有了变革性发展。与传统传感技术相比，新型传感技术呈现出微型化、数字化、智能化和网络化特点[46]，更加有利于工业控制系统的集成与应用。基于工业互联网的工业控制系统，新型传感技术主要有微型传感器、智能化传感器和多功能智能传感器等类别。

微型传感器是基于微电子系统和微加工技术制造的一类数据采集装置，具有体积小、重量轻、能耗低等特点。在工业互联网时代，微型传感器因其具有极好的敏感特性，故而在工业控制领域常作为信号探测测量器使用。如在航空、医疗、工业自动化等领域，结合新型网络技术，实现接触测量、非接触近距测量和远距离信号探测等。

智能化传感器是一类具有微处理器、信息处理与存储系统、逻辑判断功能的传感系统，如基于光学感应采集信息的条形码，利用射频信号自动识别目标对象的 RFID 射频技术等新型智能化数据采集装置。具有误差补偿、自诊断与自校准、多参数混合测量、实时处理大数据、可与计算机系统互联互通等优点。基于新型网络技术和智能技术的智能化新型传感器广泛应用于系统前端远距离控制和数据检测领域。随着智能制造技术和物联网技术的发展，基于新型网络技术的智能化传感器技术的应用与发展，正在助推传统工业企业向网络化、智能化转型升级。

多功能智能传感器是一类将具备多种物理量的数据感知采集装置与新型智能处理器或新型网络结合组成的一类新型传感装置，具有多物理量采集、信息实时处理、数据分析与存储、数据高速传输等特点。如基于 PVDF 材料、无触点皮肤敏感系统、压力敏感装置、微处理机与信号处理和传输于一体的人造皮肤触觉传感器，具有在感触、刺激等方面的仿生功能。随着工业系统向着大型复杂化发展，基于多功能智能传感器的新型传感技术的应用，极大提高了工业系统的数据采集多样性、多特征复合和分析效率，达到了更加丰富、准确、精细的效果。

3.4.2 工业互联网及边缘处理技术

1. 工业互联网

随着工业互联网的发展，融合新一代信息技术、数字技术与智能化技术的工业控制网络，以工业以太网、有线通信网、无线通信网、SDN/标识解析为基础网络，遵从若干工业网络协议和信息化层次模型，实时处理工业现场的测控信息，是新型工业控制系统中的数据信息流转和处理通道。

基于工业互联网的新型工业控制网络，弥补了传统工业控制系统中网络数据传输方式的不足，并结合网络控制端的采集监控、边缘计算、工业安全控制等技术实现了工业控制信息数据的边缘端计算和数据预处理，通过网络控制层将数据传输至云平台进行数据的分析与处理，进而支撑工业化应用。

（1）工业以太网。

工业以太网是兼容 IEEE802.3/802.3u 的强大的区域和单元网络，主流工业以太网技术有 Modbus TCP/IP、Ethernet/IP、PROFINET、EtherCAT 等，具有 10/100M 自适应传输速率，方便构成星形、线形和环形网络拓扑结构，可使用基于 Web 的网络管理等特点。与传统以太网技术相比，工业以太网具有抗干扰性能高、通信速率高、软硬件产品丰富、应用广泛等特点[47]。

（2）工业有线通信网。

工业有线网络是采用同轴电缆[48]、双绞线[49]或光纤[50]等传输介质将工业设备或控制系统连接起来，进行数据信息传输的通信网络，是目前应用最广、最普遍的工业网络连接形式之一，是当前最为常见的一种网络接入方式。但其传输速率和抗干扰能力较低，且易受到传输距离的限制。

在工业控制领域方面，工业设备之间通过有线网络连接的方式进行数据信息通信或提供服务，都必须遵循一定的数据传送控制的协议和约定，如 USB 协议、RS-232 协议、RS-485 协议、M-Bus 协议等。这些协议通常按照通信双方需要完成的功能划分成若干层次，设备双方在共同层次进行联系，对双方传送数据的传送步骤及速度、同步数据的方式及格式都进行了统一的规定与约定，通信设备双方须共同遵守。

（3）工业无线通信网。

在计算机、通信和无线传感网络技术的快速发展下，符合低成本、低能耗、高灵敏度的数据传输要求的无线网络正成为复杂工业现场环境和高可靠性工业应用的关键网络传输通道。尤其是在 5G 技术的发展和应用的环境下，无线网络在工业应用上正在从传统的 Wi-Fi、蓝牙传输方式向着多协议、多标准的方向发展。

工业无线通信网络延伸了原有的工业有线网络覆盖范围，弥补了现有工业总线、有线网络的不足，在工业生产上发挥着巨大的作用。通过高效的工业无线网络将人与机器连接起来，大大加快了工业生产的决策速度，减少了设备宕机时间，并增加了工业企业网络冗余，使工业生产运行时间缩短、生产效率提升，有效地削减了投入成本，实现了实时决策。

2. 边缘处理技术

伴随着工业互联网、物联网的快速发展，工业设备产生的数据越来越多，对传输数据与处理数据的频谱资源、传输带宽和数据处理能力的要求也越来越高。当前，工业控制系统的数据采集、传输与处理基本上遵循了"数据采集—数据传输—数据分析与逻辑控制"的应用模式。随着数据容量的不断增加，集中数据或云端数据处理模式已无法满足大数据爆炸时代的需求，因此在工业控制系统的边缘端采用可承担数据采集、存储、处理、传输的边缘计算网关和边缘处理技术[51]。经过在边缘端对数据进行预先处理后，传输至云端进行开发应用，可使工业数据价值最大化。贯穿边/云协同一体化商业模式，赋能了工业生产，提高了工业控制效率。

边缘处理需要考虑计算任务、计算能力和资源就绪程度等因素，为了达到最优边缘处理效果，边缘处理需要兼具物理资源属性调优、平台逻辑资源优化和高效计算任务框架等功能[52]，实现软硬件最佳融合。其关键技术包括以下内容：

（1）边缘计算物理资源及加速技术。

可分为智能终端资源、移动边缘计算站点资源和云边缘站点资源，根据资源的不同程度划分计算任务。三类资源通过接入侧或广域侧网络技术完成节点资源的连接，以及本地计算、存储、I/O 优化和节点连接的加速优化。

（2）平台资源管理技术。

实现对 CPU/GPU、存储和网络的虚拟化、容器化和池化功能，满足计算任务对资源的弹性调度和集群化管理需求。同时，提供租户隔离、安全保障、镜像仓库、日志存储等基础服务支撑。

（3）边缘 PaaS 服务技术。

提供应用设计及开发阶段的微服务化、服务运行状态环境和通信框架、服务 CI/CD 和运行状态监控等三个阶段功能方面的服务与支持。

（4）边缘 AI 算法框架及 AI 应用技术。

从延迟、内存占用量和能效等方面，进行边缘计算节点上 AI 推理加速和多节点间 AI 训练算法的联动，完成轻量级、低时延、高效的 AI 计算框架；此外，考虑到 AI 应用对计算和流量带宽处理存在较强依赖，采用 AI 算法框架完成人机交互、编码/解码/加密等算法构建专业信息框架，并通过带宽低收敛比、低时延响应的物理资源环境来满足数据传输和交互需求。

3.5 工业大数据技术

信息技术的加速发展在重塑自身的同时也在重塑全球市场和人们的工作生活方式。特别是在工业生产领域，随着高性价比、长续航的微型传感器的面世和以物联网为代表的新一代网络技术的发展，许多物理实体具备了感知能力和传输表达能力，海量工业数据采集与传送已经突破了时间和地点的限制。以云计算为代表的新型数据处理技术能够大幅降低工业数据处理的技术门槛和成本支出，工业大数据时代已经来临。工业大数据将成为工业互联网获得真正意义上企业应用价值的制胜关键，也是"两化深度融合""互联网+""工业互联网"等国家战略在企业落地和产业转型升级中的落脚点。

3.5.1 工业大数据的来源

在工业生产和监控管理过程中无时无刻不在产生海量的数据，比如生产设备的运行环境、机械设备的运转状态、生产过程中的能源消耗、物料的损耗、物流车队的配置和分布等。而且随着传感器的推广普及，智能芯片会植入到每个设备和产品中，如同飞机上的"黑匣子"将自动记录整个生产流通过程中的一切数据。

我们认为，包括人、财、物、信息、知识、服务等在内的生产要素在制造全系统和全生命周期中的组合、流动中会持续不断地产生 Volume（体量庞大）、Velocity（生成速度快）、Variety（类型繁多）和 Value（价值密度低）的大数据。工业大数据的主要来源，主要来自以下三个方面（如图3-4所示）。

图 3-4　工业大数据的主要来源

3.5.2　工业大数据的分类和特点

无论德国的"工业 4.0"、美国的"工业互联网"还是中国的"两化融合"战略，工业大数据的分析和应用都是基础支撑，而大数据的分析与应用离不开数据的采集和传输。随着大数据行业的发展，工业数据收集呈现数量随时间不断增长、数据范围不断扩大、数据粒度不断细化的趋势。而以上三个维度的变化使企业所积累的数据量以超线性的速度增长，构成了庞大的工业大数据的集合。而工业大数据也具备大数据的 4V 特征。

Volume：数据体量庞大。以典型智能工厂项目工控网络数据存储为例，一个传感器每秒产生 8000 个数据包，网络中超 1 万个传感器，每秒产生 800MB 的传感数据，每月产生的传感数据为 2.5TB。如此庞大的传感数据对数据存储、并发处理的要求极高。

Velocity：数据生成速度快，处理速度快。目前智慧制造云运行中产生的数据从 PB 级至 EB 级不等，并呈快速增长趋势。从这些海量的数据中提取数据速度的快慢决定了智慧制造云平台提供服务的效率的高低。

Variety：数据类型繁多。智慧制造云产生的数据由结构化数据和非结构化数据组成。其中结构化数据以网络数据包为主，非结构化数据则包括音频、视频、图片及地理位置信息等。这些复杂的数据类型需要有更高的数据存储、提取及加工分析能力。

Value：价值密度低。价值密度是指有价值的数据量与数据总量的比值，如何在智慧制造云产生的海量数据中提取有价值的信息是大数据平台建设的关键。以设备远程运维为例，在不间断的监控过程中，可能有用的数据非常少。

从数据产生频度的角度来看，工业大数据可分为三类：第一类是静态数据，如企业信息、资料数据、经验公式及专家知识等不变化或者极少变化的数据；第二类是动态数据，如设计模型数据、库存管理、用户反馈等由个人或群体维护的数据，其产生频度在多数情况下通常远低于计算机处理的指令频度；第三类是实时数据，其是由产品、设备、传感器等实时产生的模拟、数字信息，产生频度较高。

从企业生产经营的角度看，工业大数据按照不同环节、不同用途可分为三类：第一类是经营性数据，主要反映企业的经营管理资源和经营成果，包括企业内部的人、财、物及与企业经营活动密切相关的供应商、客户和其他合作伙伴等基础信息；第二类是生产性数据，主要反映企业的生产能力，覆盖产品的整个生命周期，包括产品研发设计、原材料准备、工艺流程、产品生产及售后服务各个环节的基础数据；第三类是环境类数据，主要反映生产保障能力、质量控制及生产合规情况，包括设备运行环境、温度湿度、噪音、空气、废水废气排放及能源消耗等。生产环境会影响产品的质量，所以环境数据的动态监测可以反映工业生产过程是否符合国家或行业标准，是否处于正常状态等。

从目前的数据应用情况看，经营性数据的利用率要高于生产性数据和环境类数据。但随着工业互联网的应用推广，协同设计、协同制造及供应链协同产生的效益越来越被人们重视，覆盖产品全生命周期各环节及产品质量与能效控制的数据应用会越来越广泛。

3.5.3　工业大数据的关键技术及其特点

工业大数据的关键技术包括大数据集成与清洗、存储与管理、分析与挖掘、标准与质量体系、可视化、安全、智能等方面的技术（如图 3-5 所示）。

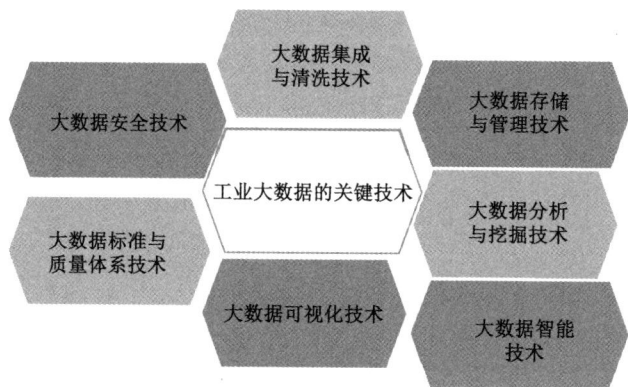

图 3-5　工业大数据的关键技术

（1）大数据集成与清洗技术。

大数据集成是把不同来源、格式、特性的数据有机集中，这种集中包括逻辑和物理两种形式。大数据清洗是将在平台集中的数据进行重新审查和校验，发现和纠正可识别的错误，处理无效值和缺失值，从而得到干净、一致的数据。经过大数据的集成和清洗，数据才可以发送到数据中间件系统或存储系统进行后续处理。已有成果包括：多数据源集成，如 Gobblin/Kettle/Sqoop；数据提纯清洗，如 DataWrangler/Google Refine；实时数据采集，如 Kafka/Flume 等。技术特点包括：能够清洗海量实时数据，由于工业场景中实时数据源（制造设备、产品及现场产生的大量传感器和工业现场）占比很高，实时数据的处理能力是受关注的技术重点；能够实现异构数据类型集成，包括传感数据等轻量结构化数据及监控视频、图片等非结构化数据。

（2）大数据存储与管理技术。

采用分布式存储、云存储等技术将数据进行经济、安全、可靠的存储管理，确定数据优先级，并采用高吞吐量数据库技术和非结构化访问技术支持云系统中数据的高效快速访问。已有成果包括：异地数据存储，如 GFS/Lustre；大数据快速访问，如 FastRAQ/ SuperBlock。技术特点包括：能够实现海量数据分布式存储，满足接入工业互联网的单个智慧工厂每天产生的 PB 数据存储的需求；为保证实时制造决策与工控指令反馈，需要对各类存储数据快速访问。

（3）大数据分析与挖掘技术。

从海量、不完全、有噪声、模糊及随机的大型数据库中发现隐含在其中有价值的信息和知识。已有成果包括：分布式计算引擎，如 Spark/JDBC/ODBC；数据分析算法，如 Q-Learning/Brief Networks；机器学习、交互式分析等。技术特点包括：应用目标导向，工业大数据应用目标广泛，需深度结合应用目标进行特征算法设计；需要建立云制造应用的定量解析或人工智能分析模型。

（4）大数据可视化技术。

利用包括二维综合报表、VR/AR 等计算机图形图像处理技术和可视化展示技术，将数据转换成图形、图像并显示在屏幕上，使枯燥、抽象的数据变得直观且易于理解，并通过交互处理实现基于可视化数据的分析、交流和决策支持。已有成果包括：多维数据分析展示，如 Analytics/Pentaho；交互式数据展示，如 Tableau/ManyEyes；虚拟现实/增强现实数据展示。技术特点包括：能够综合处理显示多维度数据；交互式需求迫切，能够支持制造或企业经营管理决策者基于视觉的交互。

（5）大数据标准与质量体系技术。

包括工业互联网中大数据通用技术、平台、产品、行业、安全等方面的标准与规范，涉及数据规范、标准、控制、监督等技术。已有成果包括：大数据标准体系框架、大数据交易规范体系及大数据质量管控（数据铁笼）等。

技术特点包括：多类型标准需求迫切，以交换和交易过程为导向，标准与质量体系聚焦跨领域数据交换集成和应用数据交易。

（6）大数据智能技术。

包括数据平台技术、数据治理技术、数据分析技术、数据交互技术、数据可视化技术等。已有成果包括：通用知识和模型的迁移共享方法，如迁移学习、多任务学习、预学习模型等；知识图谱技术；自动机器学习（Auto ML）技术；可视化展示技术等。技术特点包括：数据分析挖掘、大规模机器学习、深度学习等技术的跨学科融合；海量数据的处理、分析和挖掘；通过建立模型解决现有问题及实现预测。

（7）大数据安全技术。

涉及大数据采集、传输、存储、挖掘、发布及应用等环节的安全问题，以及用户管控、数据溯源、隐私数据保护和安全态势感知等安全技术。已有成果包括：大数据隐私保护，如 RBAC（Rule-based Access Control）；数据水印，如 Patchwork/NEC；数据应用追溯和安全防护，如区块链技术等。技术特点包括：隐私保护要求高、难度大、关联性强；注重数据产生及应用过程的追溯与保护及大数据交易中的安全技术。

3.5.4 工业大数据的价值实现方式

1. 实现量的积累

随着信息通信技术的不断发展，以智能化生产及工业互联网为代表的第四次工业革命已经拉开帷幕。作为一个全球制造业大国，我国已经具备了比较完善的现代化工业体系，工业品门类众多、品类齐全、生产规模巨大。"第四次工业革命"给中国的产业升级带来了巨大的机遇，如果我们能抓住机会，在"世界工厂"的基础上发挥海量工业大数据的价值，那么就有可能缩短在制造业上与德国、美国等发达国家的差距。

工业大数据的价值实现是从数据量的积累开始的。我国已投入生产线开始有效运转的机器约占全球总量的 8%，全年装机量的增长速度更是远超全球 9%的平均增长率，达到惊人的 19%。而且国产机器自主研发与生产能力不断提高，应用领域也从高端产业向传统产业推广。在基础设施建设领域，包括高铁在内的建设能力已经开始迈出国门走向世界。随着制造业转型升级，我国将会出现"工业 2.0""工业 3.0""工业 4.0"并行发展的局面，庞大的工业生产规模、国产机器的自主研发推广及智能化生产的应用将会使我国大数据达到庞大的规模和实现惊人的增长速度，包括产品数据、运营数据、价值链数据在内的海量数据的记录、传输、加工、存储，为工业大数据的挖掘和价值发现提供了充分的资料与对象。

2. 分析创造获得实质的价值

众所周知，工业大数据可以帮助企业感知用户需求，提高生产效率，改变生产营销模式等。但工业大数据仅仅在规模上突破无法实现以上价值，而且不同类型、不同渠道、不同表现形式的数据给数据存储、清洗、挖掘和提取增加了难度。必须融合计算机科学、统计模型、机器学习、专家系统等多种先进的分析技术，才能实现海量数据的快速解析、提取、建立关联，进而获得有价值的信息，以作为企业决策的依据。经过分析处理和价值挖掘的大数据也可以成为数据产品，作为交易内容实现商业价值。目前我国的大数据分析技术尚未成熟，大数据人才缺乏，行业中没有形成垄断能力，通过工业数据分析获得数据实质的价值具有广阔的发展空间。

3. 数据治理改进数据质量和数据管理短板

发挥工业大数据价值除了要积累相当规模的数据量并完善从海量数据中发掘价值的数据分析处理技术，数据的质量和数据的管理也至关重要。如前文所述，我国工业数据具有一定的规模优势，但数据质量和管理却与发达国家存在较大的差距。主要原因：①我国虽然是制造业大国，但不是制造业强国。中国制造大部分处于产业链末端的零部件组装环节，低端产品产能过剩，而高端产品的生产能力缺乏。生产工艺、制造流程等与国际先进水平存在较大距离。②在"工业 4.0"及"工业互联网"概念提出之前，我国的制造业主要是通过廉价劳动力获得低成本竞争优势，劳动密集型的生产模式对先进机械设备的依赖度弱。③制造企业内部现代化管理水平低，且整个产业链的协同效应差，数据孤岛现象普遍存在，数据应用基础差。低端的产业链环节、简单的生产流程、对人工的依赖及生产流程和产业链孤立使得从制造企业获得的数据质量差、管理弱、关联度低、数据管理意识弱，大数据的价值难以有效发挥。

3.5.5 工业大数据实施的关键问题

（1）数据质量控制问题。

大数据的应用价值将成为未来企业获取竞争优势的关键因素之一，企业的数据资产越来越受到重视。但如果采用同样的数据采集加工技术，由于加工的原始数据的质量不同，导出的结果及价值就会随之产生天壤之别。低质量的数据不但增加了加工的难度，甚至会产生严重的误导。目前我国工业数据由于数据源头的数据管理意识及能力不足，在数据的一致性、完整性、准确性和及时性方面都存在很多问题，比如物料管理中的一物多码、生产过程中的时标混乱等。数据质量某种程度上决定分析结果的质量，所以当前我国要实施大数据项目必须强调数据质量控制，从源头开始保证大数据应用的实施效果。

（2）多源数据关联问题

大数据时代的工业数据积累因为来源不同而具有高噪音、异构性和海量等特征，使数据的分析和应用面临很大挑战。通过建立数据关联模型，从多源异构数据中发现数据的关联性对于下一步大数据的集成应用具有重要意义。比如中性BOM模型，向前关联设计制造，向后关联服务保障，形成了星型BOM机构，极大地降低了数据关联复杂度，解决了生命周期管理过程中的BOM结构失配问题。

（3）大数据系统集成问题。

通过重构数据支撑平台，打通企业内部各部门和生产各过程数据及企业内部数据与外部互联网数据、半结构化数据与结构化数据的集合通道，实现多源头数据的集成才能降低数据收集成本，发挥数据的真正价值。

3.6 建模仿真技术

建模仿真技术是以系统技术、相似原理、信息技术、模型理论、建模与仿真应用领域有关技术为基础,在计算机系统、仿真工具、物理设备等支撑下,构建仿真目标模型,对产品全生命周期活动进行设想或者模拟的一门多学科综合性、交叉性技术[53],已成功应用于制造业、航空航天、信息、材料、能源、军事、交通、医学等领域的系统论证、试验、分析、维护、辅助决策及人员训练等。

在各类应用需求的牵引及有关学科技术的推动下,现代建模仿真技术已经形成专业技术体系,包括建模技术、建模仿真支撑技术、仿真应用技术等。其中,建模技术可以分为实体建模、人体建模、环境建模等类型,包括面向对象建模技术、多模式建模技术、面向组件和服务的建模技术、机理建模技术、辨识建模技术、数据可视化建模技术、多视图建模技术、多媒体建模技术、多分辨率建模技术等;建模仿真支撑技术包括系统总体技术、建模仿真引擎技术、VR/可视化技术、数据库/模型库/知识库管理技术、中间件技术、网络和通信技术、仿真计算技术等[54];仿真应用技术包括共性应用技术、自然科学与工程等专业领域仿真应用技术。

随着物联网、大数据等新兴技术的发展,建模仿真技术的应用场景也在不断地丰富。当前建模仿真技术在工业领域可以归类为三种典型应用形态:工程建模仿真、虚拟样机建模仿真、数字孪生建模仿真,同时建模仿真技术也正向网络化、虚拟化、智能化、协同化、普适化、服务化的现代化方向发展。未来,随着工业互联网的深入推进和广泛应用,多学科建模仿真技术、虚拟样机建模仿真技术、数字孪生技术等会得到越来越多的应用。

3.6.1 工程建模仿真技术

工程建模仿真技术是在工程领域中一种针对特定工程问题进行仿真分

析的应用形态，利用物理或数学的方法对工程系统进行描述，对物理对象的一个或者多个属性进行模拟、验证。如工程仿真中制造领域的仿真涉及产品研制设计、加工、制造、使用、维护、报废等全生命周期各个阶段的仿真技术，以及企业运营决策分析等仿真技术。随着工业互联网等技术的发展，以 CAD/CAM/CAE 等为典型代表的工程建模仿真技术也正在向集成化、网络化、智能化和标准化方向发展。

1. 共性建模仿真技术

共性建模仿真技术主要包括建模仿真技术体系中的建模技术、建模仿真支撑技术及仿真应用中的共性应用技术，其中共性应用技术包括系统 VV&A（Verification，Validation & Accreditation）技术、仿真运行实验技术、仿真结果评估技术等，为各工程领域的仿真应用提供了技术、环境、评估等支撑。

共性建模仿真技术主要以计算机、多类型物理效应设备为工具，以网络化技术为支撑，进行系统建模、仿真运行、试验评估等活动，是一种多学科集成的综合性技术。从仿真方式来看，共性建模仿真包括数字仿真、模拟仿真、混合仿真；从仿真类型来看，共性建模仿真包括连续系统仿真、离散系统仿真、混合系统仿真、定性系统仿真；从实现的手段来看，共性建模仿真包括实物仿真、半实物仿真、计算机仿真；从仿真运行时间来看，共性建模仿真包括欠实时仿真、实时仿真、超实时仿真[55]。

2. 多学科建模仿真技术

多学科建模仿真技术主要通过专业的仿真分析工具或数据模型，建立结构、动力、控制、电磁、力学等专业领域仿真模型并进行实验、分析和评估，以反映系统行为单一或多个属性的变化趋势。多学科建模仿真技术主要应用于动力学仿真、结构仿真、控制仿真等多个专业领域。不同学科领域的工程师可以采用不同的仿真工具进行系统建模和分析，亦可以通过仿真工具之间的数据接口进行"链式"的联合仿真，将数据模型或仿真结果传递至下一个环节的工程师。或通过各学科之间的"协同"的联合仿真，对多个学科的耦合作用进行仿真分析。

多学科建模仿真技术可以减少对物理实验的依赖，加快产品开发和改进升级的速度，提高市场响应效率。经过数十年的发展，多学科建模仿真技术已经在多个学科领域形成了一系列成熟的工具产品。目前，市场上常用的单学科仿真工具包括多体动力学仿真（Multi-body Dynamics Simulation）ADAMS 和 DADS；结构仿真工具 ANSYS Simplorer；电子和电气系统、模拟电路 SPICE；数字电路 VHDL 和 Verilog；控制系统 MATLAB、HWIL 等。还有支持多学科协同仿真的平台如北京仿真中心的 COSIM 等。

3.6.2 虚拟样机建模仿真技术

虚拟样机建模仿真技术是一种跨学科领域、系统级的建模仿真应用形态。特别是，针对多学科耦合作用下复杂系统各类功能、性能、行为等的仿真优化，解决了单学科仿真中不同学科、不同阶段之间的仿真集成交互及仿真流程的重用问题。以各类单学科技术的集成与协同仿真应用为核心的多学科虚拟样机建模仿真技术得到越来越广泛的应用。虚拟样机建模仿真技术是在 CAx（如 CAD、CAM、CAE）和 DFx（如 DFA、DFM）等技术基础上，融合了先进系统建模技术、多领域仿真技术、先进信息技术、先进设计制造技术、交互式用户界面技术、虚拟现实技术的一种综合的应用技术，从外观、功能、行为甚至是视觉、听觉、触觉上模拟真实产品，实现了三种要素（技术、管理、组织）和四类技术（建模仿真技术、信息技术、设计制造技术、管理技术）有机集成的系统工程[56]。

虚拟样机建模仿真技术是以建模仿真技术为核心,支持多领域 CAx/DFx 协同，集成复杂产品开发的各个领域和不同阶段的人员、技术、管理等要素，强调复杂产品全系统的数字化、虚拟化，以及从系统层面模拟、分析复杂产品的一种基于模型的系统工程方法[57]。利用虚拟样机，可在一定程度上替代新产品研制设计、实验、测试、生产、评估等过程中物理样机的应用，有效地解决制造企业新产品的时间、质量、成本、服务、环境等难题，成为企业缩短产品开发周期、提高产品质量、降低产品生产成本、提高面向客户和市场敏捷响应力的重要手段。

1. 虚拟样机基本概念

虚拟样机（Virtual Prototyping，VP）是一种基于产品的计算机仿真模型的数字化设计方法，综合应用先进建模仿真技术、新一代信息技术、现代管理技术，并融合现代设计制造技术、交互式用户界面技术和虚拟现实技术，将不同工程领域的开发模型结合在一起，在集成化的网络环境支撑下，组织产品全生命周期过程中人员、管理、技术等资源，实现复杂产品开发各活动过程的并行、协同优化，进而提高产品研发效率、提高产品质量、降低产品生产成本、提高企业的产品创新能力和市场竞争能力[58]。

工业互联网环境下的虚拟样机不同于传统的概念，强调了在"大协作、大制造"背景下，在工业互联网整体环境下，充分利用各类软硬件资源，基于并行工程等理念，实现跨组织、多人员、跨地域、全过程的虚拟样机仿真应用。多人员指的是外观/功能/行为等多领域、多学科专业人员及各任务相关方的参与；跨地域指的是在工业互联网环境下，任务的相关方在地域上是分布的，通过统一的工业互联网云端环境，开展协同建模、协同仿真、协同评估等应用；全过程指的是虚拟样机需求提出、协作设计、设计验证、虚拟样机产品交付等典型过程。

2. 虚拟样机建模方法

虚拟样机建模是对复杂产品系统涉及的各学科领域专业（对象、方法及技术等）及学科间相互耦合关系的建模与完整描述，以实现仿真分析及模型重用等。随着系统模型复杂程度越来越高，虚拟样机建模方法也在不断发展，从几何建模、特征建模等发展到并行和分布式建模、数据建模、知识建模、层次化建模和多模式建模等建模技术。随着工业互联网技术的发展和协同手段的增加，目前代表性的虚拟样机建模有以下几种方法：

（1）基于统一建模语言的多领域建模方法。

基于统一建模语言的多领域建模方法具有与领域无关的通用模型描述能力，有利于复杂系统高置信度模型的建立，能够实现不同领域子系统模型之间的无缝集成[59]。多领域建模是对机、电、液、光和磁等学科领域模型有效组合的技术，基于统一建模语言的多领域建模方法，能够完成异构系统及其构件的一致性描述，实现了领域模型间的无缝集成和数据交换，成为虚拟样机的主要建模技术之一。有代表性的如国际开放组织 Modelica 协会提出的 Modelica 语言，但 Modelica 也面临解决非线性问题和重用已有各商业化专业领域建模仿真工具与模型的挑战。

（2）基于高层体系结构（HLA）的分布式协同建模技术。

该方法克服了基于接口的仿真工具集成的诸多缺陷，能够很好地继承与重用已有各专业建模仿真工具和模型，较好地实现了多学科建模与仿真。但要求建模人员需熟悉 HLA/RTI 的各种服务协议，应用中需再编制相应的程序代码；且其系统顶层建模能力相对较弱，实质是一种子系统层次上的集成建模与协同仿真方法。

（3）多学科虚拟样机高层建模方法。

高层建模是一种基于多学科、多模式建模方法和系统工程层次化协同建模规范的虚拟样机系统建模方法，其实质是基于各学科组件模型，对虚拟样机系统的结构和行为进行统一高层建模与描述[60]，并通过协同仿真实现虚拟样机的系统构建与仿真应用。高层建模方法支持自顶向下的层次化分解与自底向上的系统组合，支持模型的分布式协同建模与异地协同仿真及重用。该方法既对已有各专业建模仿真工具和模型进行了很好的继承与重用，又增强了虚拟样机系统的顶层建模能力，且可很好地支持了高层体系结构（HLA），实现了分布式协同建模与仿真应用。

应用工业互联网平台的虚拟样机建模仿真技术，能够实现分布建模、人员协同工作，支持跨领域、多尺度、多层次虚拟样机模型的构建。提供标准化的接口和集成，具有良好的扩展性。

3.6.3 数字孪生技术

数字孪生（Digital Twin）是一种物理世界与信息世界融合的应用形态。数字孪生是以数字化方式创建物理实体的虚拟模型，借助来自物理实体的运行数据来模拟其在现实环境中的行为。基于数字孪生可对物理对象进行分析、预测、诊断、训练等（即仿真）活动，并将仿真结果反馈给物理实体，从而对物理对象的活动效果进行优化和决策。这样的对物理对象全生命周期的数字孪生模型（虚拟样机）进行研究和应用（构建、演化、评估、管理、使用），并以此对物理对象开展模拟、监测、优化、控制和管理的技术被称为数字孪生技术（Digital Twin Technology）[61]。目前，数字孪生技术已被应用于航空航天、医疗、汽车、电力、船舶等多个领域。

建模仿真技术是数字孪生技术的基础，数字孪生技术是建模仿真技术与物联网、大数据、人工智能等新一代信息技术的结合应用和创新发展。数字孪生技术是一种充分融合模型、数据、智能等多学科理论和技术的新一代建模仿真技术，发挥着连接物理世界和信息世界的桥梁和纽带作用，提供了更加实时、高效、智能的服务[62]。在工业互联网应用中，利用数据分析、图像处理、系统建模、人工智能等与实际物理对象相关领域的技术，对从物理世界采集的数据进行处理和动态建模，拓展虚拟样机在信息维度上的展示能力，在产品全生命周期活动中伴生数字孪生模型，从而实现对物理空间进行分析、预测、管理和应用等活动目的。

1. **数字孪生概念的由来**

数字孪生最早的概念模型由当时的 PLM 咨询顾问 Michael Grieves 博士于 2002 年在美国制造工程协会管理论坛上提出。2010 年，NASA 在"建模、仿真、信息技术和处理""材料、结构、机械系统和制造"两份技术路线图中直接使用了"数字孪生"这一名称。经过概念提出、应用萌芽、技术积累、快速发展等几个阶段，数字孪生技术成为了当前制造业热衷于研究和发展的新理念和应用工具，受到不少业界巨头、咨询公司、行业专家的重视，但是业内尚未对"数字孪生"形成统一的定义。

一般认为数字孪生综合运用了感知、计算、建模等信息技术，通过软件定义，对物理空间进行描述、诊断、预测、决策，进而实现物理空间与赛博空间（Cyber-space）的交互映射[63]。

本质上，数字孪生也是数字模型，是虚拟样机在物联网、大数据、人工智能等技术进一步发展的驱动下，在信息物理融合（CPS）场景下的新发展与新应用形态。

具体来说，从映射关系上看，一虚、一实两种"体"相互对应，数字虚体是物理实体的"数字孪生体"，反之，物理实体也是数字虚体的"物理孪生体"。从诞生顺序上看，物理实体在先，数字虚体在后。从工业进步历程视角上看，物理实体是第一次和第二次工业革命的产物，数字虚体是第三次工业革命的产物。而虚体对实体的描述、定义、放大与控制，以及二者的逐渐融合，正在促成新工业革命。从重要性上看，没有实体，就无法执行工业必需的物理过程；没有虚体，就没有赋能和赋智。必须虚实融合，二者才能相互促进、伴生发展。从创新性上看，虚实融合，相互放大价值，才能产生诸多创新。新技术、新模式、新业态皆有无限可能。从技术实现上看，要把人类已经掌握的专业知识，以专业模型的方式，通过自动生成编程代码的方法加载到数字孪生体上，即依赖现有的技术，推进新技术的诞生、发展。

2. 数字孪生关键技术

数字孪生具有数据驱动、模型支撑、软件定义、精准映射、智能决策等典型特征。其以软件定义的方式，对物理实体进行精准映射，建立完全对应的数字虚体，基于模型的支撑和数据的驱动，以数字化的形式对物理实体进行模拟、展示与智能化应用，并基于模型与数据的分析预测等手段实现对物理实体的控制优化。基于工业互联网的数字孪生关键技术主要包括：

（1）数字孪生建模技术。

建模技术是实现物理实体在赛博空间精准映射的基础。综合运用各类软件工具，构建物理实体的集合模型、机理模型、数据模型、业务模型，将不同模型与同一个物理对象关联起来，通过标准化的调用接口实现模型之间的关联。同时，结合知识图谱、深度学习等建模方法，通过模型融合、仿真修正等技术，构建高置信度的数字孪生模型，实现数字孪生体对物理实体全系统、多视角、多时间尺度、多粒度的映射。

（2）数据融合和分析预测技术。

通过智能网关、信息传感器、射频识别技术、全球定位系统、红外感应器等装置与技术，实现对物理实体的特征采集和泛在连接；通过可靠通信链路与多粒度异构数据分析与融合技术，将动态网络环境下的与物理实体相关的人员、设备及机器运行数据、位置等信息实时传输至数字孪生体，并通过机器学习构建智能预测模型；通过工业互联网的云计算、人工智能、大数据分析和仿真引擎等基础设施及其综合应用，对数字孪生体的实时数据和历史数据进行特征提取、关联、对比、挖掘等处理，将多类数据与物理实体的机理与智能预测模型进行关联，仿真推演和智能预测物理实体的动态运行发展过程。

（3）优化决策和反馈控制技术。

基于数字孪生体的数据和模型，以数据为驱动，结合机器学习等人工智能技术，对物理实体的运行状态、构造、特征、健康状态、变化趋势等进行智能分析，根据多重的反馈源数据进行自我学习和迭代优化，并对即将发生的事件进行推测和预演，对物理实体的运行进行优化决策和控制。同时，利用 VR/AR/MR 等虚实融合的深度沉浸式的交互方式将数字孪生体的运行过程提供给用户，以一定的规则形成决策结果，通过沉浸式交互指令对物理实体进行控制。

3.7　信息安全技术

随着工业互联网的发展，企业上云成为工业企业数字化转型的重要手段。传统工业的核心业务在上云过程中，最重要的就是安全问题。与传统工控安全、互联网安全相比，工业互联网背景下的企业信息安全面临的防护对象范围更大，类型更多。安全威胁从信息环境延伸至物理环境，网络安全和工控安全互相交织，防御措施需更加完备。具体来说，工业互联网环境下的安全与传统信息安全相比发生了以下三个转变：

（1）安全内涵转变：从网络信息安全转向网络信息/物理（CPS）安全。

（2）安全重心转变：从以信息系统安全为重点转向以数据安全为重点。

（3）安全模式转变：从边界安全转向零信任安全。

故而工业互联网背景下的信息安全,包括终端安全、网络安全、平台安全、数据安全、控制安全等诸多方面,采用的安全技术更加复杂,包括信息与数据防护技术、信息与数据加密技术、网络隔离技术和工业控制安全技术等。同时,针对工业互联网开放环境下还比较模糊的安全边界问题,需采用零信任的安全框架实施安全防护。通过以上技术和策略,强化不同人/设备的身份鉴别和访问控制,保护工业现场设备、工业控制系统、工业网络、工业应用及工业数据的安全。

3.7.1 信息防护技术

随着工业互联网的推广应用,数据成为企业的重要资源,数据的积累、分析和应用打破了部门和企业的边界,协同效应越来越被人们所重视。但是方便性和安全性有时是矛盾统一体,随着数据信息传输越来越普遍、越来越方便,工业互联网的信息安全防护问题也随之变得更加严峻。如何以最经济、最有效的方式保护信息安全,已经成了生产制造企业共同关注的问题。所谓信息保护,就是对信息做出具体规定,对危害信息的行为进行分类、限制、隔离,以防止这些行为对信息的破坏、泄露等,用立法及技术的手段,对所包含的信息实施保护策略 [64] 。就工业互联网而言,保护的信息除了工业设备/主机、传输网络、数据中心内的信息数据,还包括在边缘接入系统的信息数据。信息防护立法主要是对未经许可的信息泄露与修改行为做出规范、限制及相应惩处;而信息防护技术则是从技术上保证对信息安全构成危害的操作行为、侵入窃取、损害破坏等进行有效的识别、隔离和反制。最常用的信息防护技术主要包含以下内容:

1. 信息数据的认证系统

认证理论是一门新兴的理论,是密码学中一个新兴的重要分支。在认证理论中,信源识别和发送信息的完整性检验是密不可分的,即通过信源识别验证发信人是否真实,通过检验信源发送者发送的信息在传送过程中是否被篡改、重放或延迟来确保传送信息的完整性。最常用的认证方式包括:用户名/密码方式、IC 卡认证方式、动态口令方式、PKI 认证、生物特征认证和

U-Key 认证等。

需要特别指出的是，认证与保密作为信息安全的两个重要方面具有不同的功能和目的，是两个独立的问题。认证是通过身份识别防止第三方主动攻击，而保密是防止信息的泄露。认证系统无法自动提供保密，而保密也不能自动提供认证。

按照有无条件、有无保密功能、有无仲裁功能等可以将认证系统进行分类。

2. 边缘接入系统的身份认证

不同于基于密码、数字证书与访问权限等传统的身份认证技术，边缘接入系统可基于物理层的执行单元或生命实体，利用脉搏、指纹、虹膜等生物特征来产生密钥用于身份认证。而针对与用户无关的物理进程，可在访问控制时将身份验证与特定的硬件捆绑在一起实现身份认证。如 Michael 等人利用物理上不可复制的函数提出了一种基于 SRAM 等硬件的轻量级认证方案，可产生由硬件决定的特定密钥，从而将访问请求与硬件捆绑在一起。该方案保障了基于地理位置的访问控制和编码，可广泛用于解决数据的来源问题、完整性问题和设备的身份管理问题[65]。

3. 用户口令

有多种方法可以识别用户，用户口令是其中一种常用的方法。用户口令识别主要包括以下几种：

（1）CALL BACK MODEM：CALL BACK MODEM 是通过获得用户的登录户头，挂起，再回头调用用户的终端来实现用户识别的。这种方法的优点是系统的用户限制为电话号码存于 MODEM 中的人，杜绝了非法侵入者从另外渠道调用系统并登录。但因为 MODEM 不能仅从用户发出调用的地方来唯一地标识用户，从而限制了用户的灵活性。

（2）标记识别：标记识别是通过物理介质来完成口令验证的。物理介质包括含有一个随机编码的卡，且采用的编码方法使编码难于复制。通过将卡连入终端读卡机识别器（内含编码）来自动识别用户，或者在辅助的同时敲入口令来增加安全性。优点是标识是随机的而且长于口令，缺点是必须配合使用卡与读卡器，给用户带来不便。

（3）一次性口令：一次性口令系统又被称为"询问—应答系统"。和标记识别类似，这种系统也必须通过物理介质才能实现，如手携式口令发生器。当用户登录时，系统将一个随机数发送到用户的口令发生器中，用户将发生器上的加密口令发送到系统，系统通过用相同加密程序、关键词和随机数产生的口令与用户输入的口令比较来识别并控制用户登录。这种方法具有灵活性的优点，只对口令发生器提供安全保护而不需要口令保密，用户可以每次录入不同的口令。

（4）个人特征：通过个人特征检测来识别访问者的技术带有实验性特征，价格昂贵且不能达到完全可靠。因为无论指印、签名还是声音、图案，在远程系统中都存在被非法入侵的风险，非法入侵者可以通过将入侵获得的系统校验信息重新显示来破解此类安全防护。

4. 密码协议

密码协议是利用加密技术实现开放网络安全性和保密性的一种技术。该技术有许多细分研究领域，如身份或信息的认证、模态逻辑、密钥恢复及捆绑机制等。但该技术也存在重大缺陷：如果密码协议逻辑设计不当，攻击者就可以方便地通过漏洞去攻击密码，从而攻破防护堡垒。

5. 信息伪装

随着并行化计算的日新月异和硬件技术的高速发展，强大的计算处理能力使得加密的数据传输无法保证绝对的安全，而且加密后传输的数据更加容易引起网上拦截者的兴趣，成为黑客攻击的焦点。

因此信息伪装技术作为一种新兴的信息安全技术开始吸引研究者的注意，在某些领域已经开始应用。信息伪装，顾名思义就是将机密资料隐藏到非机密文件中再通过网络传输，其目的在于使隐藏的信息以非机密资料的形式出现而免受网上拦截者的攻击。信息伪装按照处理对象的不同包含叠像技术、数字水印技术和替声技术等。信息伪装技术在保证隐藏数据不被侵犯和重视的同时还要保证在隐藏、传递、破解和提取的过程中不被损毁，但很难有方法同时满足隐藏数据量的要求和隐藏免疫力的要求。这正是信息伪装技术必须面对的挑战。

3.7.2 信息与数据加密技术

信息与数据加密技术是网络信息安全的核心技术之一，它对边缘接入系统、工控网络系统、数据中心的信息数据安全起着其他安全技术无可替代的作用。本节公式及图片援引自张晓华的《浅谈几种常用的信息安全防护技术》[66]。

1. 加解密过程原理

加解密过程如图 3-6 所示，其中 P 即 Plaintext，代表原文件；C 即 Ciphertext，代表加密后的文件；E 即 Encryption，代表加密算法。则有 $E(P)=C$，即 P 经过加密后变成 C。如果以 D（Decryption）代表解密算法，则有 $D(C)=P$。即 C 经过加密后的文件再经过解密返回到原文件 P，整个过程可表示成 $D(E(P))=P$。

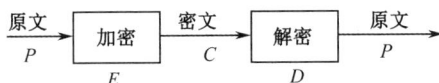

原文 P → [加密 E] → 密文 C → [解密 D] → 原文 P

图 3-6　加解密过程原理

因为现代的加解密算法一般是公开的，因此需要与一个不公开的密钥结合来满足保密性的要求。以 K 代表 Key（密钥），则根据算法中加密所用的 Key 是否相同分为对称性算法和非对称性算法，其加解密过程原理分别如图 3-7、图 3-8 所示。对称性算法加解密过程即 $E_K(P)=C$，$D_K(C)=P$，$D_K(E_K(P))=P$，算法中加解密所用的 Key 是相同的（即 Symmetric Algorithm），有时亦叫单钥。

非对称性算法则相反，加解密用不同的 Key，即 $E_{K1}(P)=C$，$D_{K2}(C)=P$，$D_{K2}(E_{K1}(P))=P$，有时亦叫双钥。其中（K1，K2）是成对出现的，其中一个加密的文件只有用另一个才能解密，反向操作是不成立的（不能用加密的密钥去解密）。两个 Key 中有一个是保密的，称为私钥（Private Key，由该对密钥的所有者掌握），另一个是公开的，称为公钥（Public Key，任何人都可以掌握）。一般情况下，公司把公钥发布给不同客户，让客户利用这个公钥加密要发给公司的信息，然后将其传送回公司，公司可以用只有自己掌握的私钥对信息解密。

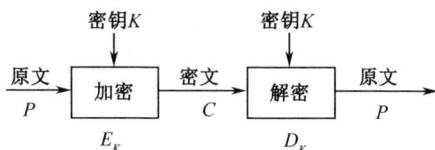

图 3-7　对称性算法加解密过程原理

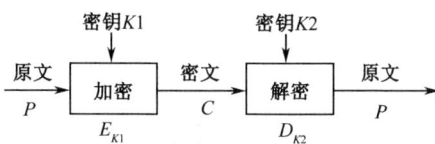

图 3-8　非对称性算法加解密过程原理

2. 常用加密算法

常用的信息反馈加密方法主要有单钥加密方法：DES 加密算法、IDEA 加密算法、LOKI 算法。公钥体制：RSA 算法、Elgamal 公钥、PGP 等。

（1）DES 加密算法。

DES（Data Encryption Standard）是由 IBM 公司在 20 世纪 70 年代提出的，是全球最著名的保密密钥或对称密钥加密算法之一，该算法在 1976 年 11 月被美国政府采用，并被美国国家标准局和美国国家标准协会承认。

（2）RSA 体制。

RSA 体制是迄今为止理论上最为成熟完善的一种公钥密码体制，由罗纳德·李维斯特（Ron Rivest）、阿迪·萨莫尔（Adi Shamir）和伦纳德·阿德曼（Leonard Adleman）于 1978 年提出。该算法的体制构造基于 Euler 定理，通过大整数的分解（已知大整数的分解是 NP 问题）来保障其安全性。

用户首先选择一对不同的素数 p，q 计算 $n=pq$，$f(n)=(p-1)(q-1)$，并找一个与 $f(n)$ 互素的数 d，计算其逆 a，即 $da=1\bmod f(n)$。则密钥空间 $K=(n,q,a,d)$。以 m，c 分别代表明文和密文，加密过程则为 $ma\bmod n=c$，解密过程为 $cd\bmod n=m$。其中 n 和 a 公开，而 p，q，d 是保密的。在不知 d 的情况下，只有分解大整数 n 的因子才能从公开秘钥 n、a 算出 d。而按照李维斯特、萨莫尔和阿德曼的估算，用已知的最好算法和运算速度为 100 万次 / 秒的计算机分解 500bit 的 n，分解时间是 4305 年。这样看来，RSA 保密性能良好。

3. 边缘设备数据的加密算法

边缘设备数据的隐私保护主要有两种技术路线，即安全多方计算和数据匿名化[67]。安全多方计算是基于数据编码，让每一方都遵循已约定好的协议来参与运算，各方都只知道自己计算时的输入和结果，并不了解其他方的参与情况，以此保证计算不会泄露隐私信息。数据匿名化是有选择地泄露少量信息来达到隐私保护的目的，在失去完整性和泄露隐私之间进行平衡。如其中的 k-匿名技术，可以在确保数据隐私的同时，尽量减少有效信息的丢失。

4. 基于访问控制的加密算法

传统的访问控制技术一般是基于角色的访问控制，即通过给用户分配合适的角色来产生关联。而对于工业互联网而言，因终端是感知网络，如传感器或生产设备，很难将它们作为用户来分配角色。且由于工业互联网融合了信息处理、控制和决策的过程，对资源的访问控制需具有高度的动态性，传统的访问控制技术已不再适合。目前一般采用基于属性的访问控制（Attribute-Based Access Control，ABAC）方法[68]，即以用户的属性为基础进行授权，不局限于用户标识。ABAC 根据用户属性的动态变化适时更新访问控制策略，提供一种细颗粒度、更加灵活的访问控制方法。但该算法的效率会随着属性数量的增加而降低，其实用性受到限制。目前一般采用基于密钥策略和基于密文策略两个技术方向来改善基于属性的加密算法的性能。

3.7.3 网络隔离技术

工业互联网的安全主要涉及数据接入安全、平台安全及访问控制安全等方面，通过工业防火墙、网闸等网络隔离技术，能够保障数据在源头和传输过程中是安全的。同时结合建立的统一的访问机制，限制用户的访问权限和所能使用的计算资源及网络资源，实现对云平台重要资源的访问控制和管理，达到用户隔离和数据隔离的目的。

1. 防火墙技术

防火墙是目前使用最广泛的信息安全技术之一。其通过设置在不同网络或网络安全域之间的一系列部件的组合，根据设定的安全策略控制信息流在不同网络域间的出入和流动，具有较强的抗攻击能力。设定的安全策略包括是否限制内部对外部的非授权访问及是否限制外部对系统资源的非授权访问，同时对于内部不同安全级别的系统之间的访问也设置了相应权限。防火墙的隔离作用如图 3-9 所示。

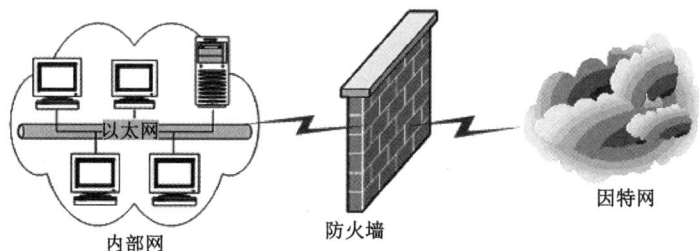

图 3-9　防火墙的隔离作用

防火墙的基本思想不是对每台主机系统提供保护，而是通过对信息出入口的控制来提供保护，这便很好地解决了系统安全性水平不一致造成的整体系统安全性问题。设置防火墙的要素包括网络策略、服务访问策略、防火墙设计策略和增强认证策略等。其中网络策略可以分为高低两级。服务访问策略必须在阻止已知的网络风险和提供用户服务之间保持平衡。防火墙设计策略也需要兼顾好用性和安全性。而增强的认证机制因为包含了智能卡、令牌、生理特征等技术克服了传统口令的弱点。

2. 网闸技术

网闸是一种由带有多种控制功能的专用硬件，在电路上切断网络之间的链路层连接，并能够在网络间进行安全适度的应用数据交换的网络安全设备。网闸是一种安全隔离与信息交换系统，是新一代高安全度的信息安全防护设备。它依托安全隔离技术为工业互联网网络提供了更高层次的安全防护功能，不仅使工业互联网网络的抗攻击能力大大增强，而且有效地防范了信息和数据外泄事件的发生。

安全隔离网闸由软件和硬件组成，分为两种架构，一种为双主机的 2+1 结构，另一种为三主机的三系统结构。从数据交换机理而言，其工作在主机模式下，所有数据需要落地转换，可以完全屏蔽内部网络信息。相比于防火墙的隔离技术，网闸具备很多应用层的强大功能，如数据库、文件同步、定制开发接口等。其以保障工业网络物理隔离、工业协议安全分析、工业指令实时可靠为出发点，形成了适用于工业场景下的数据隔离功能体系，在保障数据隔离的同时，实现了工业生产数据的集中采集、协议转换、攻击防护、安全过滤等功能。

3.7.4　工业控制安全技术

工业控制系统安全是工业互联网安全不可缺少的部分，工业控制系统安全关系到整个工业互联网的安全，涉及的对象包括网络安全、设备安全、应用安全和业务安全。随着工业互联网的发展，工业控制系统被渗透攻击的入口更加多样、攻击对象更加广泛、攻击深度不断升级。工业控制系统一般采用防火墙、网闸、OT 网络流量审计、恶意代码检测与隔离防护、工业主机安全防护等方法提供安全保障。目前，我们能用如下关键技术应对当前工业控制系统的信息安全威胁：

（1）工业控制系统的漏洞挖掘与分析技术。

漏洞挖掘是主动发现源代码、协议标准、二进制代码、中间语言代码中的已知及未知漏洞的过程。面向工业控制系统中的软件、协议及设备等目标对象，利用静态挖掘技术（流分析、符号执行方法、模型检测分析、指针分析等）和动态挖掘技术（模糊测试技术、动态污染传播方法等）对漏洞进行挖掘。工业控制系统的漏洞分析验证技术是综合采用私有协议逆向分析、固件逆向、软件动态调试、软件反编译分析、状态监控等方法实施漏洞分析与验证[69]。

（2）工业控制系统的数据采集与融合分析技术。

工业控制系统的数据采集与融合分析技术涉及工业控制网络的信息采集、数据格式化、数据预处理、协议的深度解析和业务数据关联等环节，以此支撑工业控制系统威胁监测预警和态势感知。通过采集处理实时数据流量、网络协议、各种通信行为、操控指令、生产设备状态及行为的数据，在已建立的工控协议及未知私有协议分析模型的基础上，深度解析工业控制协议，结合工业控制的工艺和业务流程，分析数据报文的关联关系。

（3）工业控制系统的威胁监测预警技术。

主要包括已知漏洞攻击检测、未知威胁检测、威胁建模与等级划分和基于工控协议的业务攻击检测等技术。根据攻击的危害程度不同，进行工业控制攻击威胁等级划分。通过漏洞攻击数据和代码的特征匹配识别来发掘已知漏洞的攻击。利用沙箱动态执行技术，监测网络行为的未知威胁。融合动态行为仿真分析、行为基线分析、数据建模分析等技术，实时监测工控特种木马、未公开漏洞、APT 等未知威胁。结合工艺业务流程，对工控协议数据包进行关联分析，挖掘数据包之间的逻辑关系，识别基于工业控制协议的特定攻击。

（4）工业控制系统的攻击取证与追踪溯源技术。

工业控制网络中攻击取证与追踪溯源技术使用基于日志的协作与追踪溯源技术、网络恶意行为的特征、跳板主机的回溯、工业控制系统蜜罐、攻击代码的分析、威胁情报库等技术和资源，对工业控制系统的攻击源主机、攻击组织及攻击路径进行追踪溯源，支撑工业控制系统深度防御和反制。

3.7.5　零信任安全

随着工业互联网时代的到来，企业不断被迫重构安全边界。传统安全假设的组织网络内的所有事物都因受到信任模型的影响产生了很大漏洞，"零信任安全"理念被提出，并成为工业互联网时代的网络安全的新理念、新架构。零信任既不是技术也不是产品，而是一种安全理念。零信任安全的本质是访问控制范式的转变，从传统的以网络为中心转变为以身份为中心进行动态访问控制。

零信任安全的基础架构一般由设备和用户认证代理、可信接入网关和智能身份平台三个部分组成[70]。其中，设备认证通过设备初始化和注册、设备认证、设备持续评估等举措实现设备的状态迁移；用户认证包括初始认证、持续认证和二次认证。可信接入网关作为业务的访问代理，可以提供统一的传输加密机制和全流量日志导出功能，接管所有的业务访问请求，并和智能身份平台联动进行认证和授权。智能身份分析为自适应访问控制和身份治理提供智能支撑。零信任架构适应多种业务环境及应用场景，在数据中心、远程办公等实际场景中均有较好的解决方案。

零信任架构的技术实践具有以下特点[71]：

（1）以身份为中心：为网络中的人、设备、应用都赋予逻辑身份，并基于身份进行细颗粒度的权限设置和判定。

（2）业务安全访问：所有的访问请求（应用、接口等）都应该被认证、授权和加密。

（3）持续信任评估：对终端、用户等访问主体进行持续感知和信任评估，根据信任评估对访问权限进行动态调整。

（4）动态访问控制：访问权限不是静态的，而是根据主体属性、客体属性、环境属性和持续的信任评估结果进行动态计算和判定。

零信任安全是企业数字化转型过程中应对安全挑战而提出的理想安全架构，零信任安全的核心特点有[72]：

（1）无边界设计：信任的建立不能简单地基于网络位置。

（2）情景感知：访问权限取决于系统对用户和设备的了解。

（3）动态访问控制：基于多维属性产生动态 ACL，所有访问都必须被认证、授权和加密。

企业实施零信任安全理念需要依靠技术方案才能将零信任真正落地。在 NIST 标准《零信任架构》白皮书中列举了三个技术方案，归纳如下：

（1）软件定义边界（Software Defined Perimeter，SDP）：SDP 是实践零信任安全理念的技术架构与方案，是国际云安全联盟 CSA 于 2013 年提出的基于零信任（Zero Trust）理念的新一代网络安全技术架构。它在一个或一组企业应用程序周围创建基于身份和环境的逻辑访问边界。企业应用程序被隐藏，访问这些企业应用程序的实体必须经过信任代理。在允许访问之前，代理网关先验证指定访问者的身份、环境和是否遵守访问策略，以此将企业应用程序从网络用户的公众视线中移除，减少攻击面[73]。

（2）增强的身份管理（Identity Access Management，IAM）：身份管理使企业可以自动访问越来越多的信息资产，同时管理潜在的安全和合规风险，为所有用户、应用程序和数据启用并保护数字身份。在企业环境中，它定义和管理了每个网络用户的身份角色及其所需资源的访问权限，并根据网络用户身份角色生命周期，对其所需资源访问权限进行动态管理。IAM 通过确保在整个组织中一致地应用用户访问规则和策略来增强企业对信息资产的保护，解决了企业的身份权限管理需求、应对合规和安全要求等问题。

（3）微隔离技术（Micro-Segmentation）：微隔离有别于传统防火墙单点边界上的隔离，微隔离的控制中心平台和策略执行单元是分离的，具备分布式和自适应特点。它可以将数据中心在逻辑上划分为各个工作负载级别的不同安全段，然后定义安全控制，并为每个唯一段提供服务。微隔离使 IT 人员可以使用网络虚拟化技术在数据中心内部部署灵活的安全策略，而不必安装多个物理防火墙。此外，微隔离技术可在具有策略驱动的应用程序级安全控制的企业网络中用于保护每个虚拟机（VM）。微隔离技术可以显著增强企业对网络安全风险的抵御能力。

参考文献

[37] Xu L D，He W，Li S. Internet of Things in Industries：A Survey[J]. IEEE Transactions on Industrial Informatics，2014，10(4)：2233-2243.

[38] CHEN Shanzhi，XU Hui，LIU Dake，et al. A vision of IoT：Applications，Challenges，and Opportunities with China Perspective[J]. IEEE Internet of Things Journal，2014，1(4)：349-359.

[39] 王昊哲. 基于节点智能交互的物联网数据处理研究[D]. 大连：大连理工大学，2011.

[40] 包东飞. 计算机网络通讯技术故障分析与处理[J]. 信息系统工程，2010，12：66-67+65.

[41] 文军，张思峰，李涛柱. 移动互联网技术发展现状及趋势综述[J]. 通信技术，2014（9）.

[42] 郎为民，杨德鹏，李虎生. 新型移动互联网关键技术研究[J]. 电信快报，2012，7(10)：3-6.

[43] 王胡成，徐晖，程志密，等. 5G 网络技术研究现状和发展趋势[J]. 电信科学，2015，9：140-155.

[44] Bergamo M A. High-throughput Distributed Spacecraft Network：Architecture and Multiple Access Technologies[J]. Computer Networks，2004.

[45] Michael Armbrust，Armando Fox，Rean Griffith，et al. Above the Clouds：A Berkeley View of Cloud Computing[EB/OL]. http://www.eecs. berkeley. Edu/Pubs/TechRpts/2009/EECS-2009-28.

[46] 刘君华，汤晓君，张勇，等. 智能传感器系统[M]. 西安：西安电子科技大学出版社，2010.

[47] 冯冬芹，金建祥，褚健. 工业以太网关键技术初探[J]. 信息与控制，

2003，032(003)：219-224.

[48] 格雷戈里•艾伦•马金. 通过同轴电缆网络通信：CN，CN101283594AIPJ.
2008-10-08.

[49] 刘鹏程. 介绍一种双绞线网络电缆计算机测线仪[J]. 新课程学习（社
会综合），2011，000(003)：203.

[50] 王惠文. 光纤传感技术与应用[M]. 北京：国防工业出版社，2001.

[51] 张建敏，杨峰义，武洲云，等. 多接入边缘计算(MEC)及关键技术[J].
电信科学，2019，35(4)：250-250.

[52] 赵梓铭，刘芳，蔡志平，等. 边缘计算：平台、应用与挑战[J]. 计算机
研究与发展，2018，55(002)：327-337.

[53][54] 李伯虎，柴旭东，朱文海，等. 现代建模与仿真技术发展中的几个
焦点[C]. 全球化制造高级论坛暨 21 世纪仿真技术研讨会. 2004.

[55] 李伯虎，文传源. 系统仿真技术新动向[J]. 计算机仿真，1996，013(003)：
3-5，F003.

[56][57] 李伯虎，柴旭东. 复杂产品虚拟样机工程[J]. 计算机集成制造系统，
2002(9)：678-683.

[58] 熊光楞，李伯虎，柴旭东. 虚拟样机技术[J]. 系统仿真学报，2001(1)：
114-117.

[59] 叶新，潘清，董正宏. 多领域建模仿真方法综述[J]. 软件，2014(3)：
233-236.

[60] 闫雪锋. 复杂产品虚拟样机统一建模方法研究[D]. 河北：河北工业大
学，2016.

[61] 张霖. 关于数字孪生的冷思考及其背后的建模和仿真技术[J]. 系统仿
真学报，2020(4).

[62] 陶飞，刘蔚然，刘检华，等. 数字孪生及其应用探索[J]. 计算机集成制
造系统，2018，24(1)：4-21.

[63]   数字孪生白皮书（2019 年）[R]. 北京：中国电信息产业发展研究院，
        2019-12-19.

[64][65][69]   康荣保，张晓，杜艳霞. 工业控制系统信息安全防护技术研究
        [J]. 通信技术，2018(8)：1965-1971.

[66]   张晓华. 浅谈几种常用的信息安全防护技术[J]. 山西电子技术，2011
        (1)：94-96.

[67]   丁超，杨立君，吴蒙.IoT/CPS 的安全体系结构及关键技术[J]. 中兴通
        讯技术，2011，17(1)：11-16.

[68]   聂晓. 信息物理融合系统安全现状与关键技术[J]. 广东电力，2012，
        25(011)：47-50.

[70][72]   360 信息安全中心. 基于零信任的身份安全理念、架构及
        实践 [EB/OL]. （2018-09-12）. http://safe.it168.com/a2018/0912/5033/
        000005033045.shtml.

[71]   爱科技网. 中国科技十大进步——"零信任架构"的应对之道：智慧检
        务时代的网 [EB/OL]. （2019-06-18）. https://www.passit.cn/internet/
        16242.html.

[73]   缔盟云安全. 什么是零信任安全？[EB/OL]. （2020-01-10）.
        https://zhuanlan.zhihu.com/p/ 102086374.

第四章

工业互联网应用技术

网络化协同制造技术

智能制造技术

云制造技术

工业互联网技术的应用和发展，不断推动以数字化、网络化、智能化、云化为特征的先进制造技术与制造模式的变革，促进制造业转型升级。目前，网络化协同制造、智能制造和云制造是当前制造业关注和发展的重要方向，也是工业互联网应用的三个主要方向。其中：

网络化协同制造侧重于利用工业互联网提供的跨企业资源连接与协同互操作功能，建构产品及其相关过程的异地、跨企业协同的制造模式。

智能制造侧重于通过工业互联网将无处不在的传感器、嵌入式终端系统、智能控制系统、通信设施等与工厂的人、机、物集成互联，形成一个工业智能 CPS 系统，从而实现工厂设备、系统和数据的集成优化，建立关键制造环节、制造流程与业务管控智能化的制造模式[74]。

云制造是一种"互联网+"时代的智能制造模式、手段与业态，是对工业互联网技术的全面综合性应用[75-77]。云制造基于泛在网络，以按需服务的方式提供虚拟化制造资源/能力，以多学科虚拟样机工程为基础，实现覆盖制造全产业链和产品全生命周期的社会化协同制造。除了具备网络化协同制造和智能制造的特点，更能满足新兴的社会化协作的需求。这三种先进制造模式是工业互联网应用于制造业的主要形态，其关系如图 4-1 所示。

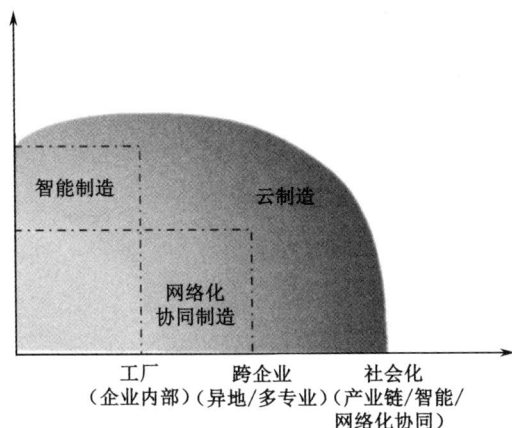

图 4-1　工业互联网应用于制造业的三种先进制造模式的关系

　　网络化协同制造和智能制造针对制造过程中不同的阶段和需求，分别侧重跨企业协同和工厂内部的生产制造过程，云制造融合发展了网络化协同制造和智能制造，更能满足未来新型社会化制造模式和业态的需求。

4.1　网络化协同制造技术

4.1.1　应用需求

　　航天、航空、汽车等复杂产品的研制往往涉及跨专业、跨企业、跨地域的网络化协同制造技术，需要根据产品研制需求，动态组建基于项目的 IPT（Integrated Product Team）团队。除了充分发挥企业本身优势，还能最大化地利用协作团队的资源和技术，从而快速高效地研制产品，对于提升制造企业研制能力、提高产品研制质量都具有重要意义。网络化协同制造技术的主要应用需求是解决异地、跨企业的设计、生产、维护和经营管理等产品全生命周期并行协同能力的问题。

4.1.2　技术内涵与相关技术

随着工业互联网的发展，网络化协同制造所依赖的网络化环境已经发生了巨大变化。工业互联网相关的技术手段和应用模式，重点是开展跨专业、跨企业、跨地域的协同设计、协同仿真、协同试验、协同生产、协同保障和协同管理等制造全过程活动；核心是实现在制造活动与过程中跨专业、跨企业、跨地域制造资源/能力的数字化、网络化集成与协同运行。其关键技术主要包括工业互联网环境下的并行工程技术、分布式多学科设计优化技术、多学科虚拟样机建模与仿真技术、MBD/MBE/MBSE 技术和基于 5G 的工业互联网应用技术。

1. 并行工程技术

并行工程是网络化协同制造的系统方法论。并行工程的概念由美国国防部防御分析研究所（IDA）于 1988 年在 R338 研究报告中提出，并行工程是对产品及其相关过程（包括制造过程和支持过程）进行并行、一体化设计的一种系统方法[78,79]。并行工程要求在产品设计之初就充分考虑产品的可制造性、质量要求、成本及进度等关键因素，尽量将产品生命周期各阶段的协同工作前置，以减少反复设计的次数，从而缩短产品研制周期，提高质量和降低成本。

工业互联网环境下的并行工程，将充分引入云计算、物联网等新兴技术，基于资源整合共享模式，通过工业互联网将产品及其设计、仿真、试验、生产、保障和管理等产品全生命周期研发过程集成优化和并行协同，并共享产品及其研制过程的模型、数据，将产品特性、制造需求、顾客要求等信息贯穿于整个产品全生命周期研发活动中，提高用户和 IPT 团队在业务过程中按需捕获各类资源、能力和知识的水平，实现基于工业互联网的产品并行协同研发。

基于工业互联网的并行工程进一步打破了产品研发过程中设计生产串行、信息集成困难、协同效率低下、设计反复的桎梏。基于工业互联网络，不同专业人员组成的 IPT 团队可以随时随地获得产品及其研发过程信息，并识别产品研制下游相关环节，实现了设计、生产一体化，形成了并行协同的群体决策和工作模式，极大地促进了面向制造的设计、面向质量的设计和面向成本的设计等先进设计技术的推广应用，有助于提高产品的研制效率，保证产品质量，降低产品成本。

基于工业互联网的并行工程涉及的关键技术主要包括：

（1）基于工业互联网的 IPT 技术。通过工业互联网组成跨企业的 IPT 团队，共享与产品研发相关的工具、知识、人才资源，实现企业间异地、异构设计系统的资源共享和无缝集成。及时发布和反馈产品设计信息，使产品研制流程的后端（如制造环节）提前参与设计过程，缩短从设计更改到生产反馈的链路，从而提高设计制造协同效率，支撑设计制造一体化协同工作模式。

（2）CAX/DFX 工具软件网络化集成技术。基于工业互联网实现跨专业、跨企业、跨地域设计工具及环境的无缝集成，让产品研发人员专心于产品本身，通过网络按需使用工具/软件构建产品虚拟样机。在产品研发阶段的早期就可以基于虚拟样机分析产品的功能、性能、人机功效及可靠性，从而最大限度地减少设计失误，提高产品的质量。同时考虑 DFX（Design For X），即在设计之初就考虑产品的装配、制造和成本等问题，减少反复设计的次数，加快产品的研发速度。

（3）基于互联网的群体设计技术。通过工业互联网汇聚 IPT 团队群体智慧，集成数据资源、模型资源、知识资源和专家资源，充分利用工业互联网上的高性能计算能力和仿真分析能力，对产品设计结果开展可制造性、人机工效、成本等指标的群体设计、分析与评审，确保研制各环节传递信息的准确性，提高协同工作的智能化水平。

2. 分布式多学科设计优化技术

分布式多学科设计优化技术起源于航空航天复杂产品的研制过程，是复杂产品网络化协同设计的重要手段，是一门典型的交叉学科，是复杂产品网络化协同制造水平的重要体现。工业互联网环境下的多学科设计优化技术，更加强调基于工业互联网解决多学科异地/异构设计工具、软件和人员的集成问题，综合考虑不同学科或系统之间的影响，从全局角度进行产品设计优化，以实现复杂产品多学科模型及其研制过程的一体化集成，并探索和利用复杂产品研制中相互作用的协同机制。

基于工业互联网的多学科设计优化技术主要涉及分布式多学科设计优化框架和多学科设计优化算法等关键技术。

（1）分布式多学科设计优化框架技术。基于工业互联网集成和接入复杂系统的专业模型和目标参数，在参数映射和数据关联的基础上，构建分布式多学科模型，开展分布式多学科设计，实现设计过程模型管理、任务流程管理、执行调度、路由选择和分布式设计工具集成等，支撑多学科优化设计问题的分解、集成、运行和求解。

（2）分布式多学科设计优化算法。充分利用云计算、大数据等先进计算技术，设计分布式的多学科优化算法和计算模型，解决传统多学科优化算法采用本地集中计算导致的优化效率低、协同能力差等问题，满足工业互联网环境中异地、分散、多层级复杂系统的多学科优化需求。

3. 多学科虚拟样机建模与仿真技术

多学科虚拟样机建模与仿真技术用于建立多学科复杂系统仿真模型，为复杂产品研制提供网络化协同仿真试验手段。工业互联网环境下的多学科虚拟样机建模与仿真更加强调采用工业互联网相关技术提升仿真资源动态共享能力、自组织能力和协同能力，从而更好地实现分布、异构复杂仿真系统的协同与互操作。

基于工业互联网的多学科虚拟样机建模与仿真技术主要涉及系统级建模仿真、工业互联网仿真资源管理和仿真环境构建等关键技术。

（1）系统级建模仿真技术。由于工业互联网具有方便使用、易于共享的优势，故其可以通过集成模型与试验表达语言、语义翻译程序、应用程序和仿真控制算法，开展多学科虚拟样机系统级建模，建立基于工业互联网共享的仿真运行算法和函数库，构建问题导向型系统级仿真运行框架，实现多学科虚拟样机仿真运行。

（2）工业互联网仿真资源管理技术。通过对仿真资源的统一建模，实现仿真资源及资源实例的形式化描述，在此基础上通过工业互联网自动聚合、调度仿真资源。其中，仿真资源的建模一般包含资源的运营和资源的运行两个方面，前者关心的是工业互联网中各个资源的分组情况、所有权、可用性及分配状态；后者描述各类资源的静态配置和动态性能，以及抽象工业互联网中的系统级仿真资源在全生命周期过程中的运行状态。

（3）仿真环境构建技术。基于人工智能技术，根据历史数据推理获取仿真模型运行环境需求，按需组织工业互联网中的仿真资源。通过将计算资源、软件资源、模型资源等动态聚合为仿真系统的自主构建过程模型，建立仿真运行环境动态调整方法，解决仿真运行过程中模型行为不可预测性和后台任务对计算资源抢占等问题，支持基于工业互联网的分布式仿真系统的高效可靠运行。

4．MBD/MBE/MBSE 技术

基于模型定义（Model Based Definition，MBD）是一种全三维设计制造技术，是将产品的所有相关设计定义、工艺描述、属性和管理等信息都附着在产品三维模型中的先进的产品数字化定义方法[80]。在工业互联网时代，全球化的协作成为主流，使得 MBD/MBE 技术焕发出新的生命力。其充分融合了工业互联网和 MBD/MBE 技术，在整个企业和跨企业的供应链范围内建立了集成的协同化工业互联网环境，实现了各业务环节基于 MBD 模型的网络化协同制造，大幅缩短了产品研发周期，提高了产品质量和生产效率。

以 MBD 模型为统一数据源的网络化协同制造载体，以并行工程方法为指导，MBE 技术应用于为企业经营、管理与决策全业务过程建立模型，并通过工业互联网实现产品全生命周期的 MBD 应用，实现对企业经营管理和产品研发全过程的动态监控和资源优化。

基于模型的系统工程（Model Based Systems Engineering，MBSE）重视建模方法的系统化、形式化应用，旨在通过一种形式化的建模方法支持系统工程全生命周期活动[81]，是系统工程领域中一种基于模型的工程方法论。其技术活动涵盖了系统定义、目标确定、需求分析、系统方案设计、产品制造、总装集成、测试验证、产品验收、评估交付、运行维护、系统处置等多个过程[82]，贯穿了整个产品研发和使用的全生命周期。

MBSE 与传统系统工程的根本区别在于其采用了形式化建模过程和方法，将模型应用于系统工程实施全过程和系统全生命周期活动。系统工程团队通过使用标准化的建模语言来创建一个集成化的系统模型，支持跨领域模型间协同与系统工程应用。

基于工业互联网的 MBD/MBE/MBSE 主要涉及的关键技术包括：

（1）工业互联网数字化定义技术。将传统的数字化定义和工业互联网中的标识解析、物联网等技术相结合，在三维模型中完整准确地表达产品的尺寸、工艺、质量及管理等信息的同时，探索并增加用于工业互联网共享集成的标识信息，实现 MBD 模型在工业互联网络上的管理和协同。

（2）基于工业互联网的 MBD/MBE 协同应用技术。以基于 MBD 技术的三维模型为基础，通过数字化定义技术在一套模型中构建产品设计模型、生产模型、维护模型等并进行关联，使设计的变动能通过工业互联网及时反馈至生产、维护等阶段，实现产品设计与生产工艺、运行维护规程的同步更改，形成设计、制造、维护等产品生命周期相关环节一体化集成的研制模式。

（3）基于 AR/VR 的制造过程可视化技术。通过获取接入工业互联网的制造信息开展跨区域可视化的协同制造，进行基于 AR/VR 的在线协同产品设计和制造过程可视化监控；同时，通过工业互联网将装配工序、加工流程等多维信息直接传递至生产现场，利用 AR/VR 设备，指导生产作业过程，实现线上线下相结合，支撑协同生产。

（4）基于工业互联网络的虚拟工厂技术。在工业物联网的基础上构建与实际工厂中的设备/产线/环境状态一致、生产过程完全对应的虚拟生产环境，生成数字孪生工厂，实现物理制造系统按需柔性重构时的布局仿真、运行时的实时监控与智能诊断，以及基于大数据分析的生产流程仿真优化。

5. 基于5G的工业互联网应用技术

基于5G的工业互联网应用能够适应高带宽、低时延、大量接入等的工业应用场景，将资源、流程、场景整合为一体。如基于超高清视频的机器视觉处理、基于 VR/AR 的设备远程控制及大数据海量设备连接应用等，极大延伸和丰富了工业互联网应用的可能性，助力企业采用数字化技术提质、降本、增效，推动了我国制造业高质量发展[83]。基于 5G 的工业互联网应用主要涉及的关键技术包括：

（1）基于 5G 的边缘智能控制技术。针对大型企业生产场景中涉及跨工厂、跨地域的设备数据采集、设备故障维护需耗费大量人力、物力的问题，以及工厂中传感器监测数据连续上传导致数据过于庞大的问题，利用 5G 网络高覆盖、高可靠性、大容量通信和灵活部署的特性，以及边缘计算、数据智能分析技术，结合设备异常模型、专家知识模型、设备机理模型，可实现对大区域复杂生产现场的实时监控、跨地域设备监控和现场自动维护的边缘服务，实现工业生产参数和生产流程的控制优化。

（2）AR/VR 远程控制技术。利用 5G 大带宽和低时延的特点，结合 VR/AR 技术构建数字化虚拟工厂，并对生产数据进行 3D 可视化呈现；将工厂设备或机器人的摄像头、传感器连接至 VR/AR 硬件设备，通过 5G 超低时延和高 QoS 通信网络，对异地机器人、关重设备进行远程操作和精准控制，执行复杂、危险的操作任务；并通过可穿戴设备将触觉交互与视觉反馈融合，感知机器人或设备的位置、运动力度，执行更精准的交互。

（3）基于 5G 的机器视觉技术。针对机器视觉类（图像识别、图像检测、视觉定位、物体测量、物体分拣等）的工业现场应用，通过 5G 网络和机器视觉算法实现以移代固，图像采集自由分布于多个工位且共享图像处理单元，建造高速、低成本的基于"5G+机器视觉"的自动化检测生产线。同时通过"5G+MEC"技术（移动边缘计算，Mobile Edge Computing，MEC）将生产过程数据的传输、处理范围控制在企业工厂内，以满足生产数据安全性要求。

（4）基于 5G 的大数据传输技术。基于 5G 高带宽、低时延和广连接的技术特点，实时采集海量异构的联网机器、可穿戴设备、AGV 小车、机器人等物联网数据和企业生产业务数据，提高大数据传输的时效性与传输速率。通过与边缘计算、人工智能技术的融合应用，实现大规模多源异构数据的高效稳定传输与海量多维数据的实时分析处理，发挥数据的价值。

4.1.3 典型应用

1. 波音公司的全球协同环境 GCE

波音公司传统的飞机研制方法是在公司内部完成飞机的详细设计后，再把设计模型或图纸发给外包制造企业去生产，存在设计及制造流程串行、产品技术状态管理难度大、反复修改次数多、研制周期长及成本高等问题。因此在波音 787 飞机的研制中，波音公司利用 Dassault 的 ENOVIA VPM 系统创建了全球协同平台（Global Collaborative Engineering，GCE）（美国波音 787 飞机基于 GCE 实现全球范围的网络化协同制造，情况如图 4-2 所示）[84]。通过该平台，波音公司组建了分布在世界各地的全球化 IPT 团队，通过网络传输产品 MBD 模型，交换产品设计、工艺和维护等信息，形成了基于网络的分布式协同研制。通过应用网络化协同制造，波音公司实现了快、好、省的产品研制模式。在波音 787 飞机的研制过程中，波音公司将工作量极其繁重的零部件详细设计和制造外包给零部件供应商，仅负责飞机的总体设计和部件的组装及校验工作。

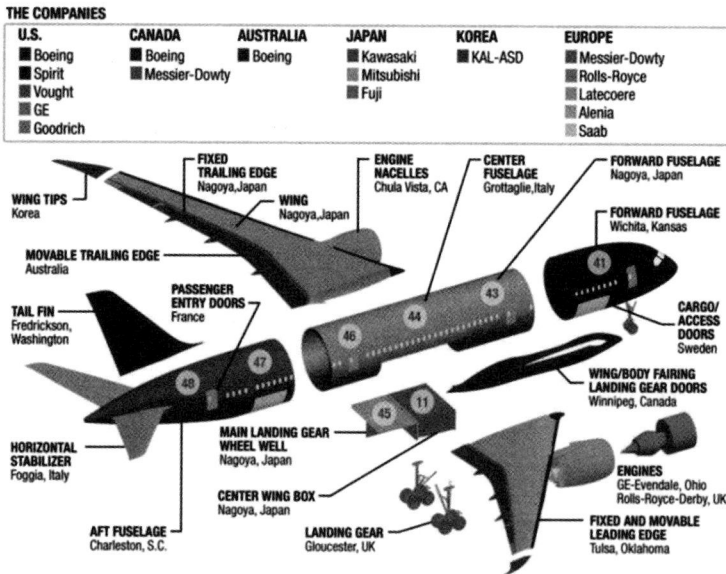

图 4-2　美国波音 787 飞机基于 GCE 实现全球范围的网络化协同制造[86]

据统计，在波音 787 飞机上的 400 多万个零部件中，波音公司只负责尾翼和最后的系统集成相关的 10%的工作，其余由全球 40 多家合作伙伴通过 GCE 协作完成，使波音 787 飞机成为波音飞机发展史上完工最快、造价最低的机型之一[85]。

2. NASA 的 IDEA

NASA 在新一代高超声速飞行器研制过程中，针对组织机构异地分布导致的复杂系统多学科设计流程割裂和数据分散、协同难度大的问题，建设了网络化并行协同设计环境（Integrated Design and Engineering Analysis Environment，IDEA）进行数据、流程管理，开展网络化协同制造[87]。在该飞行器的研制过程中，NASA 基于 IDEA 集成了控制、弹道、气动和结构等专业设计工具/软件/程序，通过网络为产品研制 IPT 团队提供了一致的分布式多学科设计优化工程应用环境（如图 4-3 所示）。在 IDEA 的支撑下，完成了从总体的全机到分系统组件共 5 个阶段的不同分辨率模型（样机）的设计、仿真和优化，实现了跨地域、多学科的产品协同研制。

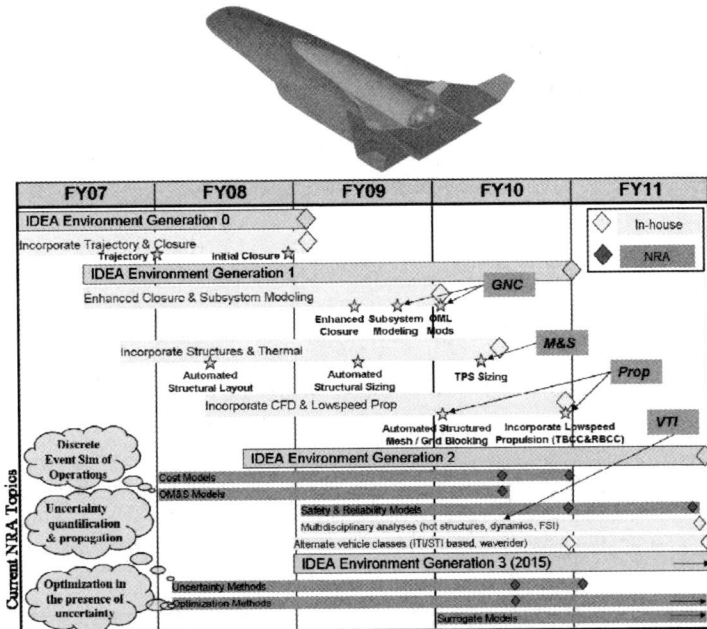

图 4-3 NASA IDEA 网络化多学科协同研发环境[88]

3．NASA 基于 MBSE 的协同制造应用

NASA 采用 MBSE 技术来完成复杂性日益增加的航天飞行任务，如火星 2020 探测车、欧罗巴快船等项目。NASA 在火星 2020 探测车项目中，将 MBSE 用于需求分析、逻辑和物理架构分解（如图 4-4 所示），以及接口和配置方案验证，用更低的成本完成了庞大且复杂的任务系统的设计，进而提高了规划设计质量；对系统设计进行早期验证，帮助系统工程师做更多的工程分析，并显著提高了系统和子系统工程师之间的沟通质量和相互理解的能力，实现了更好的设计复用。

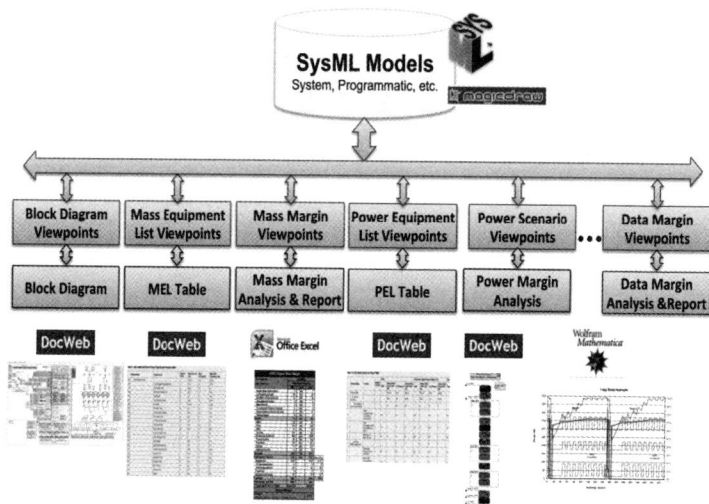

图 4-4　NASA 基于 MBSE 的航天项目的协同研制[89]

4.2　智能制造技术

4.2.1　应用需求

智能制造技术是针对工厂内部生产制造过程的智能化，从关键制造环节和工厂两个层面实现设备、系统和数据的互联互通，以及制造流程与业务的

数字化自主管控。智能制造技术将云计算、物联网、大数据及人工智能等新一代信息技术应用在产品全生命周期活动的各个环节（设计、生产、检验、管理和服务等）中，通过将关键生产加工环节智能化、数据传输集成化、泛在网络互联化，实现自主感知制造信息、智能化决策优化生产过程、精准智能执行控制指令等，提升产品生产过程自动化、智能化水平，提高制造效率，降低能耗、人力等制造成本，是个性化、定制化生产的内在需求，对于推动制造业转型升级具有重要意义。

4.2.2　技术内涵和相关技术

　　智能制造是围绕企业生产制造的全要素、全过程，通过工业设备、伺服系统和工控系统的自适应感知技术和网络互联，对生产制造过程中设计、生产等环节的相关数据进行采集处理，融合网络虚拟世界与现实物理世界，提升关键智能设备和制造装备的自主化能力，以及产品生产加工、供应链、仓储和服务的智能化水平，建构工厂状态自感知、生产过程自决策、伺服精准控制自执行的生产制造模式。智能制造应用技术包括基于 CPS 的工业现场制造执行技术、智能工厂技术、赛博制造技术、数字孪生应用技术和智能服务技术等。

　　1. 基于 CPS 的工业现场制造执行技术

　　基于 CPS 的工业现场制造执行技术涉及人、机器设备、加工对象、环境之间的互联、感知，以及生产加工的进度、现场质量检验、设备状态及利用率等现场信息的采集、实时传递、反馈及分析处理，实现工业生产现场人、机、物的智能协同。生产现场人、机、物交互程度的高低，是智能制造技术水平的重要体现之一。基于 CPS 的工业现场制造执行技术主要涉及以下关键技术：

　　（1）多协议、多类型融合的工业网络技术。

　　基于无线传感网络、时间敏感性分组网络和面向物联网的蜂窝窄带无线（NB-IoT）网络，形成面向多协议、多类型的工业网络接入设备，搭建稳定、高效、低功耗的工厂现场有线/无线网络，满足基于 CPS 的生产现场对低功耗、大接入容量、实时性、时间敏感及大数据量传输需求。

（2）感知识别控制一体化集成技术。

通过综合运用 RFID 传感器和声光电等环境参数传感器、声音视频等非接触式感知、条码/二维码识别、雷达测量等传感检测技术，实现工业设备、工业控制系统、伺服执行系统的各类状态参数和相关信息的自动感知及网络互联，并通过工业网络传输数据和指令，完成生产制造过程中设计、生产等环节相关的数据采集、分析和控制工作。向下能使物理设备具有计算、通信、精确控制、远程协调和自治等功能，向上能使企业内部信息共享和集成应用，形成基于 CPS 的可自主操作的智能生产系统。纵向贯穿企业的全部层级和生产制造系统，实现人、机、物和系统的互联，实现端到端的集成；横向延伸到全球互联网，打通内外部的协作通道，实现资源横向集成。

（3）工业关键设备互联技术。

工业关键设备互联的前提是互联网络和接入协议，基础是数据集成的基础架构。在实际应用中可以考虑采用大数据技术和多模型 CPS 系统架构的集成方式，形成工业环境关键设备/系统互联中间件产品，并行处理多源、异构、海量数据。在网络协议标准的支持下，实现生产制造环境、制造加工设备、工业控制系统、感知伺服系统等关键工业设备的互联互通及数据的智能采集，实现赛博空间与物理过程的紧密耦合和实时交互。可以解决工业现场与工业软件、管理信息系统之间数据割裂而不能有效支撑业务管控的问题，支撑面向生产任务的生产资源动态调度、作业任务排程与优化等管理执行创新应用。

2. 智能工厂技术

智能工厂涵盖企业经营业务各个环节，包含产品设计、工艺设计、生产加工、采购、销售和供应链等产业链上下游的相关活动。智能工厂生产制造工业现场层、感知执行层和应用层等多个不同层级的硬件设备和系统，在应用中，基于传感器和工业互联网感知及连接工业现场设备、流程、管理系统、人员，在互联互通的基础上，根据人工智能技术自主决策和执行生产过程的相关指令，形成自动化、柔性化和智能化的生产形态。建设智能工厂主要涉及以下关键技术：

（1）智能化的生产装备与生产线技术。智能化的生产装备与生产线是智能工厂的硬件基础，通过建设智能生产设备、工业机器人和智能工具（刀具、卡具、量具等）管理系统等，实现工业现场产品加工、检测和流转等过程的自动化，控制指令、程序的数字化，以及设备状态、生产数据的闭环反馈。

（2）智能化的仓储与物流技术。智能化的仓储与物流是智能工厂的重要组成部分，自动化立体库房可以极大提高进出库的工作效率，减少人为因素造成的进出库错误；AGV 智能小车、公共资源定位系统、智能物流管控能够极大提高物品转运过程中的精准化程度，减少物料配送的等待时间，提升生产作业与物流的协同能力。

（3）智能化的生产计划排程与过程管控技术。智能化的生产计划排程与过程管控是智能工厂的核心部分，通过工业互联网的计划云排产可以充分利用社会化资源对供应链进行优化，跨企业安排生产计划，从而加快库存周转和生产节奏，提升企业生产效率；过程执行管控系统（MES）使生产加工进度、产品质量检测等过程管理透明化，配合现代移动互联网技术，可以实现异地实时的生产管理。

（4）虚拟工厂与自主决策技术。虚拟工厂与自主决策是智能工厂的应用部分。虚拟工厂连接工业现场设备和环境，进行网络线上展示和控制线下现场生产加工过程，统计、分析生产过程数据如设备状态数据、车间物流数据和供应链数据等，支撑企业经营管理决策。

3．赛博制造技术

赛博制造是在计算机虚拟空间建立与真实物理制造过程相对应的投影，通过建立设计、仿真分析、试验、生产和维护等不同阶段的数字化设计模型、仿真模型、试验模型、生产模型、维护模型、人体模型及工厂模型，充分利用大数据、仿真等信息化手段，对物理产品的制造过程进行模拟、仿真、分析，不断验证、改进、优化，并最终反馈到实际产品研发生产过程中，加以贯彻执行。

在应用过程中，首先对产品全生命周期的设计、仿真分析、试验、生产和维护等不同阶段的设备、装备和环境开展建模，运用 AR/VR/MR 等先进交互技术，在赛博空间映射现实世界的生产及其制造工艺过程和与之相关的设备。其次建立包含产品研发过程和使用维护活动的设计、试验、生产、维护和人体的仿真模型与智能虚拟样机，进而完成设计、生产和维保等验证过程的虚拟验证仿真分析，包括对驱动虚拟样机进行设计方案的测试、分析和优化。然后基于 AR/VR/MR 评估、测试工艺路径合理性、人工工效和作业操作可达性，进一步开展基于 AR/VR/MR 的生产制造，评估设备性能、测试生产线效率、验证生产线布局、优化生产流程等。最后实现赛博制造与物理制造的相互关联，达到对实际生产制造和使用维护迭代完善的目的。

赛博制造涉及的关键技术主要包括：

（1）基于 AR/VR 的赛博制造虚拟环境与人机交互技术。包括音、视频指挥调度，音响、中央控制器、电源控制器、音响控制器等设备的集中控制系统，立体显示系统、沉浸式头显设备、混合现实显示设备和增强现实型显示设备等多种虚拟现实显示系统，以及数据手套、头部跟踪器、操作手柄和肌电手环等虚拟现实交互系统，为构建赛博空间提供所需的软硬件及相应的交互、控制环境。

（2）赛博制造建模技术。基于虚拟环境开发工具集，如平面图处理工具、三维模型建模工具、图像视景系统等，通过对产品全生命周期设计、生产、试验和维护等不同阶段的产品、人和环境开展建模，实现与现实世界的生产、试验、维护等过程的相关设备的映射。

（3）赛博/物理空间的集成与交互式运行技术。为实现物理制造过程在赛博空间的集成与映射，需要实施相关的软硬件集成，并通过在设计和应用人员参与下进行赛博/物理空间系统的交互运行，达到实际应用的目的。在实际应用中，我们能够在赛博/物理空间系统集成环境下开展设计、生产和维护等物理过程的仿真分析，进行设计方案的测试、分析和优化，评估、测试工艺路径合理性、人工功效性能和生产制造的可达性，测试生产线效率，验证生产线布局，优化生产流程，评估优化设备性能等。

4．数字孪生应用技术

数字孪生应用技术主要指在产品的设计、制造、生产、服务等各阶段、全价值链以数字化的形式实现对真实物理场景的模拟、分析、预测和优化。数字孪生强调的是数字世界和物理世界的实时互动，以数据为驱动、以模型为核心、以软件为载体，综合运用物联感知、建模仿真、大数据、人工智能、VR/AR/MR（虚拟现实/增强现实/混合现实）、控制优化等技术，通过软件定义，对物理空间进行描述、分析、预测、决策，进而实现物理空间与赛博空间的交互映射与融合应用。

实际上，数字孪生应用技术是赛博/物理空间的集成与交互技术的一种应用形式，在产品设计、制造和服务等方面有着广泛的应用前景。在产品设计方面，针对复杂产品创新设计，达索公司建立了基于数字孪生的 3D 体验平台，利用用户交互反馈的信息不断改进信息世界中的产品设计模型，并反馈到物理实体产品的改进中。借助数字孪生应用技术显著加快了新产品的设计试制进程。我们能用数字孪生应用技术对机器和工厂进行试制流程仿真优化，能够使通常需要 18～24 个月才能上市的全新一代产品的研发周期缩短到 12 个月[90]。

在生产制造方面，西门子基于数字孪生理念构建了整合制造流程的生产系统模型，形成了基于模型的虚拟企业和实体企业的虚体镜像，支持企业进行涵盖其整个价值链的数字化转型，并在西门子工业设备 Nanobox PC 的生产流程中开展了应用验证。Maplesoft 与包括 B&R、Rockwell、Beckhoff 在内的一些自动化公司建立了合作伙伴关系，将数字孪生应用技术用于虚拟调试中，从而把需要数周或数月才能完成的过程缩短至数小时[91]。

在故障预测与健康管理方面，NASA 将物理系统与其等效的虚拟系统相结合，研究了基于数字孪生的复杂系统故障预测与消除方法，并应用在飞机、航天器、运载火箭等飞行系统的健康管理中[92]。

数字孪生应用技术涉及的关键技术主要包括：

（1）数字孪生多维动态建模技术。数字模型是物理实体的数字化镜像，运用建模工具，通过几何外观、功能、性能、行为、管理等维度对物理实体进行多维度动态建模，以及通过对实体所在物理环境的建模，实现物理实体及其场景在数字孪生空间的全面呈现和精准表达。其中包括：几何模型描述尺寸、形状、装配关系等几何参数；物理模型分析应力、疲劳、变形等物理属性；行为模型响应外界驱动及扰动作用；规则模型对物理实体运行的规律/规则建模等。我们可以使数字孪生模型具备模拟、评估、预测、优化等功能[93]。

（2）数字孪生体的运行支撑技术。工业互联网是开展数字孪生的关键载体，能够集成机理模型、管理壳、大数据/AI等模块，提供统一的交互协议和标准化接口，按需配置模型等资源，为数字孪生体的仿真运行提供基础环境支撑。运用数字线程和管理壳等，实现数字孪生仿真运行数据、流程的深度集成，对仿真运行的几何模型、数据模型、仿真模型、业务模型等进行模块化灵活管理，形成物理实体与数字孪生的虚实交互。

（3）评估和迭代优化技术。利用VV&A（Verification，Validation & Accreditation）等技术，对数字孪生空间的物理实体映射模型进行校验和评估，提高和保证数字孪生体的正确性和可信度。同时，数字孪生体与物理实体不断进行信息的交互、迭代，在数字孪生体中对物理实体运行参数等信息进行修正和优化，根据仿真评估结果生成最优方案，将结果反馈至物理实体空间，驱动物理实体运行优化。

（4）智能分析和辅助决策技术。利用工业互联网平台存储的历史数据和物理实体实时运行数据，采用数据驱动的虚实融合的方法，将统计分析与深度学习、知识图谱、迁移学习等人工智能技术进行叠加和融合应用，创建预测性维护、辅助决策等全要素模型和算法，支撑数字孪生体多模型之间的关联分析，提升数字孪生预测、决策的效率和精准度。

5. 智能服务技术

智能服务技术通过工业互联网平台接入工业现场、产品、需求、供应和人力资源等信息，采集采购、库存、销售、运输及回收等供应链环节的业务数据和制造资源的技术参数信息、工况信息等，分析用户需求、设备/产品的运行状态、性能参数及操作行为，挖掘与制造过程人、机、物相关的复杂隐性关联信息，提供精准、高效的服务，如供应链分析、优化，以及基于大数据的故障诊断与预测等。

（1）供应链分析和优化服务。

通过工业互联网收集从用户订单到产品采购、物流及供应商等供应链各个环节的数据，运用大数据技术实施对供应链全过程的监测，优化库存、采购和物流规划等，推动供应链成为企业发展的核心竞争力，具体包括：

1）提前预测企业各生产环节所需的零配件、原材料等的需求数量和需求时间，并按照采购规则自动生成采购方案供采购人员决策。

2）通过对供应链的大数据分析，优化合格供应商管理流程，实现高效透明的采购管理；同时，通过大数据关联分析供应商供货质量、物流数据和客户评价等，优化采购流程，降低采购成本。

3）大数据对供应链的优化还体现在优化库存管理、提升物流运作效率和精准性、优化供应链网络和风险预警机制等方面。

（2）基于大数据的故障诊断与预测服务。

基于大数据的故障诊断与预测服务包括设备运行监测、交互式故障诊断和远程技术支援等。

1）设备运行监测。采集设备的运行/停机、工作速度、正常/预警/故障等状态数据，利用大数据、云计算进行实时分析处理，综合评估各工作指标，及时发现潜在故障和问题，并提前进行故障预警，或基于云平台就近安排维护人员进行现场维护处理。

2）交互式故障诊断。通过远程对设备异常状态信息的获取及基于大数据的故障现象综合判断，推理定位设备的故障部位，为用户提供基于案例的智能化排故指导，让检修活动达到"所见即所得"的水平。

3）远程技术支援。提供设备可视化维护维修指导，根据故障诊断结论为设备匹配相适宜的场景情况，为现场排故提供影像、现场视频接入等功能，为设备远程维修提供丰富、直观的排故、维修交互支持手段；采用大数据分析设备历史使用频度、关键性能指标退化趋势，开展关键部件剩余寿命预测与健康状态评估，计算设备的健康等级，预计未来可继续正常使用的时间，

为设备运维人员提供预警提示，并综合考虑健康等级、安全性、经济性，生
成维修建议报告，供管理人员进行决策。

4.2.3　典型应用

1. 西门子安贝格工厂

西门子的安贝格工厂（如图 4-5 所示）是智能工厂（数字工厂）的典范，
该工厂采用西门子 SIMATIC 自动化解决方案，将制造设备接入工厂物联网，
实现了制造过程的识别、分析、推理、决策，以及生产线控制的系统闭环[94]。

图 4-5　西门子安贝格工厂[95]

目前，安贝格工厂是西门子比较重要的工厂，连续多年获得欧洲最佳工
厂称号。在安贝格工厂内实现了超过 75% 的自动化生产规模，实现了所有产
品和物料的编码，能全天 24 小时记录和收集数据；自动化控制系统全部采
用西门子自己的产品，每天收集 5000 万条数据进行分析；通过调整生产线，
每天可生产 350 多种产品；通过网络化 IT 系统控制和优化生产流程，产品
合格率超过 99.99%；在工人数量和管理人员数量没有增加的情况下，产能
提高了 9 倍。

2. 德国巴斯夫化工集团凯泽斯劳滕工厂

巴斯夫化工集团是位于凯泽斯劳滕的智能工厂，基于射频码实现了洗发水和洗手液的自动化生产[96]。该工厂通过部署定制化需求管理系统、自动化的设备和生产线、无线通信网络和给产品贴上 RFID 标签等手段，实现了工业现场设备、产品和需求等信息之间的互联互通，形成了从需求到原料配比、车间物流等生产过程的自主感知、自动执行体系。在应用中，用户需求信息与贴在空洗发水瓶和洗手液瓶上的 RFID 标签关联，生产线上的机器和物料配送系统通过读取 RFID 的信息，获取客户定制的香料、瓶盖颜色和包装信息，自动安排物流系统配送物料，并由生产机器完成相应的灌装、贴签、封装和分配等工作，从而使流水线上的每一个产品之间都可以截然不同，实现了个性化定制和柔性化生产的紧密融合。

3. 九江石化智能工厂

九江石化是江西省境内唯一的大型石油化工企业。在生产中，炼化工厂的装置设备、管线、阀门等随着时间的推移会出现"跑冒滴漏"等情况，引发大量的安全和管理问题。针对这一现象，该企业建设了集中集成平台、应急指挥平台和三维数字化平台等公共服务平台，形成了信息数字化、网络高速化、数据标准化、应用集成化、感知实时化的智能工厂，如图 4-6 所示[97]。

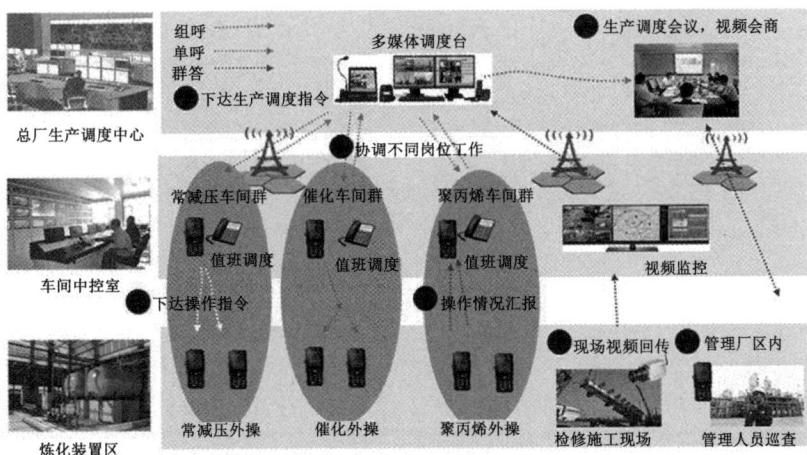

图 4-6 九江石化智能工厂[98]

　　九江石化智能工厂在运行中,通过无线网络和传感器实现了关键装置设备、管线、阀门的在线监控和检测,基于工业大数据技术实现了装置报警合理化分析、频繁报警位点原因链路分析、关键报警位点的预警、关键部件性能的预测和维修操作指导建议等功能,提升了设备运行效率,降低了检修成本,实现了企业生产运营的信息互通、透明可视、模型驱动和自动执行,大幅提升了企业安全运行能力、应急响应能力、风险防范能力和科学决策能力。

　　4. GE公司航空发动机数字孪生体

　　航空发动机是典型的知识、技术密集型的高科技产品,发动机的安全可靠性、燃油经济性和全生命周期成本是市场竞争的关键。为了提高核心竞争力和加强市场主导地位,2016年GE公司宣布与ANSYS合作,共同打造数字孪生体,将数字孪生仿真应用扩展到各个运营领域[99],如图4-7所示。

图 4-7　GE公司航空发动机数字孪生体[100]

　　运用数字孪生应用技术,利用结构、热学、电磁、流体和控制等仿真软件进行单物理场研究、多场耦合研究,从而实现产品的设计优化、确认和验证。同时,GE公司通过构建精确的综合数字孪生模型,让用户在研发过程的早期了解产品特性,防止在验证阶段对设计进行返工。借助数字孪生应用技术有助于优化产品设计，提高生产效率，降低运营服务成本，以更少的成本和更快的速度将创新技术推向市场。

4.3 云制造技术

4.3.1 应用需求

云制造融合、发展了网络化协同制造和智能制造，以按需服务的方式提供虚拟化制造资源/能力，以多学科虚拟样机工程为基础，打通了产品研发全生命周期制造资源集成接入和产品价值链网络化协作的通道，实现了覆盖产品制造全产业链和全生命周期的社会化协同制造。对于中小企业而言，其能以最低的成本（按需付费或协议服务方式）快速聚集需要的制造资源，实现数字化、网络化、智能化产品研发；对于大型企业而言，其不仅能灵活整合企业内部资源，而且能接入社会化制造资源，充分发挥竞争机制的作用，实现制造资源/能力的优化配置，提升产品研发全产业链数字化、网络化、智能化水平，提高企业运行效率，促进产业转型升级。

4.3.2 技术内涵与相关技术

云制造技术是一种基于泛在网络（如互联网、物联网、电信网、广电网及无线宽带网等）、面向服务的智慧化制造新模式。它融合与发展了现有信息化制造（信息化设计、生产、实验、仿真、管理、集成）技术及云计算、物联网、面向服务、智能科学、高效能（性能）计算、大数据等新兴信息技术，将各类制造资源和制造能力虚拟化、服务化，构成制造资源和制造能力的服务云池，并进行协调的优化管理和经营，使用户通过终端和网络就能随时按需获取制造资源与能力服务，进而智慧地完成其产品制造全生命周期的各类活动。

云制造技术是工业互联网时代的一种智慧制造模式与手段，是推动制造领域的"互联网+"行动计划目标实现的核心技术之一。云制造相关技术主要包括云制造总体技术、云制造系统平台技术和产品制造全生命周期活动的智能化技术。智慧云制造技术是云制造技术在理念、方法、手段、模式方面的进一步拓展。

1. 云制造总体技术

云制造从横向集成、纵向集成与端到端集成三个角度全面应用工业互联网技术，构建基于工业互联网的智慧云制造新模式、新手段和新生态系统。其总体技术主要涉及云制造应用系统体系架构、云制造服务商业模式、智能管控集成互联技术、云制造标准体系和云制造评估体系。

2. 云制造系统平台技术

利用工业互联网提供的机器、原材料、控制系统、信息系统、产品及人之间的网络互联功能，实现智能制造资源/能力的感知、虚拟封装和服务化，云制造服务环境的构建/管理/运行/评估，以及云端知识/模型/大数据管理分析与挖掘等应用。云制造系统平台技术包括智能资源/能力感知、物联技术，智能资源/能力虚拟化、服务化技术，智能服务环境的构建/管理/运行/评估技术，智能知识/模型/大数据管理、分析与挖掘技术，以及人机共融智能交互技术等。

3. 产品制造全生命周期活动的智能化技术

充分利用工业互联网对工业数据的全面自主感知、大容量快速传输、智能化分析处理和多维展示等方面的优势，提高产品制造全生命周期活动的智能化水平，实现智能控制、运营优化和生产组织方式的变革。产品制造全生命周期活动的智能化技术包括智能设计、智能生产、智能管理、智能试验、智能保障等技术。

4.3.3 典型应用

1. 美国国防高级预研局的云制造平台

2010 年，美国国防高级预研局（DARPA）启动自适应运载器制造 AVM

计划，其中重要的项目之一就是打造了满足大规模协同制造的开源云制造平台 VehicleFORGE，如图 4-8 所示[101]。

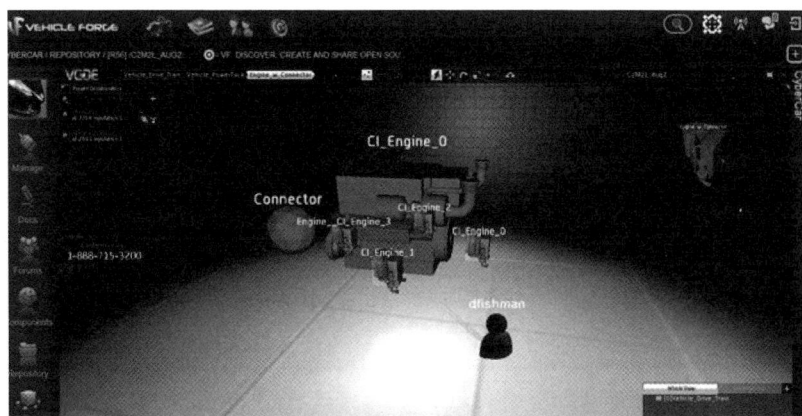

图 4-8   VehicleFORGE 云制造平台[102]

VehicleFORGE 平台提供基于互联网的虚拟化协作环境和云端基础架构，以及完成设计制造任务所需的集成设计环境，不仅协同分散于不同地理位置设计团队的设计活动，更为重要的是可以实现社会化专业分工的转变，打造基于工业互联网的制造业生态环境，推动"摩尔定律"在复杂装备制造业的实现。

为了验证 AVM 的云制造技术及相关工具，DARPA 发起面向美国公民的"快速自适应下一代地面车辆"（FANG）公开挑战赛。2013 年 4 月，DARPA 公布了挑战赛的获胜者，基于云制造模式的 AVM 的原型设计工具在复杂系统的设计实践中得到了验证，其提升产品研制效率 5 倍的测试结果，揭示了云制造技术巨大的应用价值。

2. 某汽车企业基于航天云网的云制造应用

目前，针对个性化定制生产需求的爆发，像汽车这种涉及 2000 个以上核心零部件的复杂产品，利用人员招聘扩大研发团队、配置更多的场地设备、加强数据管理力度的传统研发模式，越来越难以在短期内为客户提供灵活多变的服务。汽车企业在协同设计各阶段面临人力资源不足、协同能力不足、数据版本不同等诸多挑战。

针对上述挑战，某汽车企业基于航天云网开展了基于云制造的协同研发实践。新的基于云制造的研发流程如图 4-9 所示。

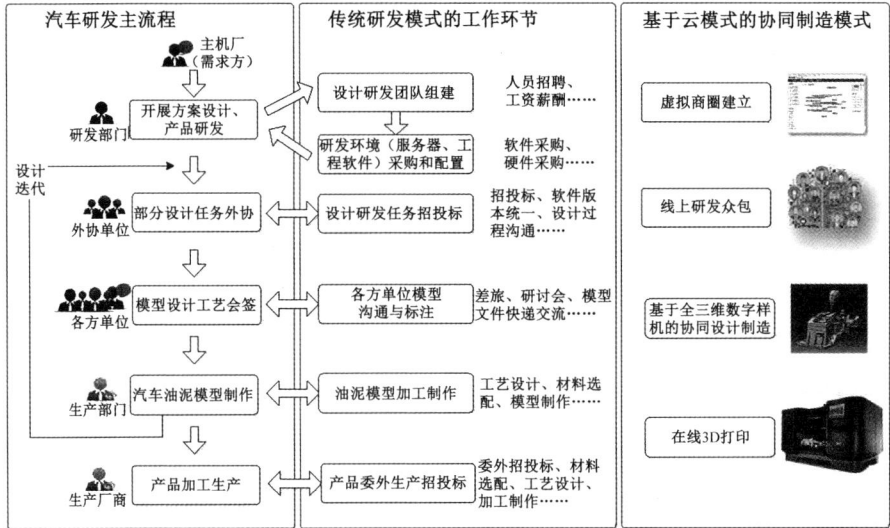

图 4-9　基于云制造的研发流程

企业通过航天云网接收设计需求，将需求中的逆向设计等非核心任务拆分后，在航天云网发布设计类商机。个人设计师或企业通过在线的询报价业务获取任务，形成"虚拟组织"，从而达到快速聚合设计人才的目的。在任务分发后，个人设计师或企业利用航天云网提供的 CAD、CAE 软件资源，在统一环境下开展线上设计，并随时接受审查以确保工作进度。在研发过程中，设计师与汽车设计企业（需求发布方）通过在线的协同研发业务交互、迭代设计，完成设计模型。在模型交付时，通过航天云网的跨企业协同会签功能与制造商一起对模型进行多方会签。在确认模型合格后，对设计师在线结算并进行评价，设计师的信用评价越高，越利于其竞争及获取任务。

在应用过程中航天云网提供了众包、云设计、跨企业会签、在线 3D 打印等服务。企业将以上新型设计生产模式、手段应用在新型汽车的完整研发设计中，有效地将传统三四个月的设计周期大幅缩短至两个月，工艺会签周期缩短 30%左右。以在线 3D 打印替代传统的模具试制，时间节省约 45%，该研发任务的研发成本同比缩减约 35%。

参考文献

[74] 赛迪智库. 2015 智能制造和工业软件发展白皮书[J]. 数字商业时代，2015(4)：18-19.

[75] 李伯虎，张霖，王时龙，等. 云制造——面向服务的网络化制造新模式[J]. 计算机集成制造系统，2010，16(1)：1-7.

[76] 李伯虎，张霖，任磊，等. 再论云制造[J]. 计算机集成制造系统，2011，17(3)：449-457.

[77] 李伯虎，张霖，任磊，等. 云制造典型特征、关键技术与应用[J]. 计算机集成制造系统，2012，18(7)：1345-1356.

[78] Dwivedi S N，Sobolewski M. Concurrent Engineering：An Introduction[J]. Cad/Cam Robotics & Factories of the Future，1991：3-16.

[79] Sohlenius G. Concurrent Engineering[J]. CIRP Annals-Manufacturing Technology，1992，41(2)：645-655.

[80] 赵亮，张岩涛，吕翔，等. MBE 技术发展动态及标准体系研究[C]. 中国科协年会，2013.

[81] 谢友柏. 关于 MBSE 和 MBD 的思考[J]. 科技导报，2019(7).

[82] 韩凤宇，林益明，范海涛. 基于模型的系统工程在航天器研制中的研究与实践[J]. 航天器工程，2014，23(003)：119-125.

[83] 向涛. 基于 5G 网络的工业互联网应用研究[J]. 中国新通信. 2019(22).

[84][86] 中国航天科技集团门户网站. 波音 787：全球化战略催生的"系统宠儿"[EB/OL]. (2012-04-02)[2017-05-06]. http://www.spacechina.com/n25/n144/n206/n220/c223219/content. html.

[85] Brian Fuller. Lessons From Boeing's Dreamliner Supply Chain Missteps

[EB/OL]. (2012-02-28)[2017-05-06]. http://www.ebnonline.com/author.asp?
section_id=2981&doc_id=259720.

[87][88]　Robinson J. An Overview of NASA'S Integrated Design and Engineering
Analysis (IDEA) Environment[C]. Aiaa International Space Planes and
Hypersonic Systems and Technologies Conference. 2006.

[89]　迪捷软件. 面向空间探索的 MBSE 项目实践（一）[EB/OL]. https://
zhuanlan.zhihu.com/p/142461167.

[90]　Francois-Saint-Cyr A，Kurelich D. Where Smart Engineering Meets
Tomorrow[R]. Siemens Presendation，2019.

[91]　Maplesoft China. MAPLESIM 基于模型的数字孪生实现低风险虚拟调
试[R]，2020.

[92][93]　陶飞. 数字孪生及其应用探索[J]. 计算机集成制造系统，2018，
24(1)：4-21.

[94][95]　苏珊. 探访西门子安贝格工厂：最接近工业4.0的智能制造是怎样的？
[EB/OL]. (2016-05-06)[2017-05-06]. http://www.yicai.com/news/5009840. html.

[96]　白伦. 在喧嚣的网络背后,工业4.0五大案例[J]. 互联网周刊,2015(9)：
64-65.

[97][98]　华为公司门户网站. 华为助九江石化打造无线智能工厂[EB/OL].
(2017-05-06). http://www.huawei.com/minisite/iot/cn/case-jjsh.html.

[99]　数字孪生体白皮书[R]. 北京：安世亚太科技股份有限公司，2019.

[100]　通用电气公司. GE 数字业务[EB/OL]. https://www.ge.com/cn/b2b/digital.

[101][102]　Juracz L，Lattmann Z，Levendovszky T，et al. VehicleFORGE：
A Cloud-Based Infrastructure for Collaborative Model-Based Design[C].
Proceedings of and International Workshop on Model-Driven Engineering
for High Performance 2nd Cloud Computing Co-Located with 16th
International Conference on Model Driven Engineering Languages and
Systems. 2013.

第五章

工业互联网与 CPS、智能制造的关系

信息物理系统（CPS）

CPS 是工业互联网的重要使能

智能制造是工业互联网的关键应用

工业互联网、信息物理系统（Cyber-Physical Systems，CPS）及智能制造，是当前工业界最为热门的三个名词，代表着新一轮工业革命中技术、模式与产业发展的重要方向。

如前所述，工业互联网是具有前瞻性、全局性的系统工程，涉及工业和信息技术等领域的技术创新和产业融合发展。在各国工业互联网产业联盟的大力推动下，工业互联网的建设与应用得到快速发展，依托工业互联网的新产业业态正逐步形成。

信息物理系统作为国内外学术和科技领域研究开发的重要方向，最早由美国自然科学基金委员会（NSF）提出。随着德国"工业4.0"战略的提出与全球推广，CPS将成为各个企业优先选择发展的重点工业领域。

智能制造作为对新型自动化、数字化、信息化制造技术与模式应用（详见本书4.2节）的升级，或将引领新一轮工业革命，并将逐步成为构成未来新型工业体系的先进制造模式。

工业互联网、CPS及智能制造作为制造业与信息技术深度融合的关键领域，三者各具特征又密不可分。本书认为，**CPS是工业互联网的重要使能技术**，其核心技术支撑了工业互联网实现物理实体世界与虚拟信息世界的互联互通；**智能制造是工业互联网的关键应用**，通过工业互联网实现工业设备、资源与能力的接入、调度与协同，驱动制造活动的智能化实施。

本章将对信息物理系统CPS的概念、技术特征及关键技术进行较为深入的分析，并从系统与技术角度，分别阐述工业互联网与CPS、智能制造的关系。

5.1 信息物理系统（CPS）

2006 年 10 月，美国自然科学基金委员会首次发起 CPS 专题讨论会，CPS 正式进入业界视野；2007 年 7 月，美国总统科学技术顾问委员会（PCAST）提出了以 CPS 为首位的 8 种关键信息技术，再次掀起 CPS 的研究热潮。随着德国"工业 4.0"战略的提出与全球推广，CPS 在作为国内外学术和科技领域研究开发的重要方向的同时，也成为很多企业优先选择发展的重点产业领域和应用方向。

新的信息世界观认为，世界已由传统意义上的二元世界过渡到现代的三元世界。三元融合的现代世界由实体世界、虚体世界和意识世界组成，实体世界即我们通常说的物理世界，虚体世界指信息世界，意识世界则意指人类思想世界。**CPS 的核心应用需求正是解决信息/物理二元融合的问题**。在 CPS 系统概念提出前，其实也不乏物理世界（实体世界）与信息世界（虚体世界）融合、交互的案例，例如，嵌入式计算机控制系统，通过大量传感器检测、感知实体世界并变换生成大量数据与信息的传感器网络，以及通过有线/无线通信接收远程遥控指令并执行具体物理动作的数字化机械设备等。按照学术界的看法，CPS 实际上是对嵌入式计算机系统的进一步推广和发展，它最核心的构成应包括一些计算装置的集成（可能是多个在线计算机系统），这些计算装置可以互联通信，通过外部系统（物理世界）的传感器和执行机构与控制管理对象进行交互并实现反馈闭环。在工业互联网应用场景下，CPS 可以是网络平台到现场层面的数字化、智能化系统，真正意义上系统地实现了工业生产过程信息/物理二元世界的双向交互与反馈闭环。

由于 CPS 具有上述特性，它必将是智能制造的关键基础技术，受到了工业界的广泛关注。

5.1.1　信息物理系统 CPS 的概念内涵

在提出 CPS 理念后，美国 NSF 组织了一系列学术研讨会，各国科研学者也从理论方法、涉及领域、构成、运行环境、系统设计和功能实现等各个方面对 CPS 进行了深度研究。但是，由于 CPS 继承融合了工业、信息及其他多个领域的不同技术，本身复杂度较高，加之不同领域的研究者的认知角度、研究方向各不相同，导致对 CPS 的理解也各有不同。因此即使 10 多年后的今天，产业界、学术界也尚未对 CPS 完全达成共识，未能对 CPS 进行精准而全面的定义。本书将列举相对具有代表性的定义，再总结出参考性的定义。

美国 NSF 的定义：CPS 是计算资源与物理资源间的紧密集成与深度协作[103]。Lee E 提出，CPS 是一系列计算进程和物理进程组件的紧密集成，通过计算核心来监控物理实体的运行，而物理实体又借助网络和计算组件实现对环境的感知和控制[104]。

Sastry 教授从计算科学与信息存储处理的层面出发，认为 CPS 集成了计算、通信和存储能力，能实时、可靠、安全、稳定和高效地运行，是能监控物理世界中各实体的网络化计算机系统[105]。

中国科学院何积丰院士的定义：CPS 是在环境感知的基础上，深度融合了计算、通信和控制能力的可控、可信、可拓展的网络化物理设备系统，通过计算进程和物理进程相互影响的反馈循环，实现深度融合和实时交互，来增加或扩展新的功能，以安全、可靠、高效和实时的方式检测或者控制一个物理实体[106]。

上述定义的侧重点各不相同，但总体倾向于将 CPS 定义为具备内嵌计算能力的网络化物理执行设备。本书基于上述定义与作者团队相关研究，给出 CPS 的参考定义：

CPS 是通过先进的传感、通信、计算与控制技术，基于数据与模型，驱动信息世界与物理世界的双向交互与反馈闭环，使得信息/物理二元世界中涉及的人、机、物、环境、信息等要素自主智能地感知—连接—分析—决策—

控制—执行，进而实现在给定的目标及时空约束下集成优化运行的一类系统。

5.1.2 信息物理系统 CPS 的技术特点

（1）以数据与模型为驱动。如前文所述，CPS 以实现物理与信息世界的融合为核心目标，一方面通过传感器、标识解析、采集板卡等感知前端获取物理实体数据来构建虚体世界中的数字化模型并驱动相应的计算与仿真进程；另一方面虚体模型通过智能化的仿真解算与分析决策，形成控制方法与执行指令，下达至控制部件与物理执行单元，驱动相应的系统运行。因此，数据与模型构成 CPS 实现二元融合的核心驱动。

（2）感知与控制的交互闭环。感知与控制的交互闭环是 CPS 的核心技术特色之一，也是 CPS 区别于传统传感器网络和自动化设备的重要差异。如图 5-1 所示，感知与连接重点打通物理世界到信息世界的数据上行通道，控制和执行则是将信息世界的决策指令下行反馈至物理世界，进而实现"感""控"的上下行交互闭环。

图 5-1 CPS 必须实现感知与控制的交互闭环

（3）内嵌的计算能力。内嵌运算是 CPS 接入设备的普遍特征，尤其是在 CPS 终端海量共存的情况下，依靠网络传输和云平台的集中解算难以支撑，如果把物联网视为瘦客户机/服务器，那么多数 CPS 应用都可看作胖客户机/服务器架构，具备基于内嵌计算的自治能力。

（4）严格的目标与时空约束。从控制学角度看，CPS 是典型的连续（物理量）与离散（数字量）混合的计算机控制系统，有严格的控制目标与较强的时（时间序列）空（空间范围）约束。尤其是当 CPS 系统的规模扩大、包含的各类设备与计算单元异构性越来越强时，其对时间序列的正确性要求会越来越高，即变得越来越时序敏感（Time-critical）[107]，从而要求 CPS 的分析决策与控制单元能够更好地处理不规律的指令和错误时序。

5.1.3 信息物理系统 CPS 的相关技术

对应于 CPS 的定义，CPS 的相关技术从门类上说总体包括传感、通信、计算与控制四大类技术。本节将介绍包括传感器网络、物联网、边缘计算与工业控制等主要相关技术，并重点阐述其在 CPS 中扮演的作用及进一步发展的需求。

（1）CPS 与无线传感器网络。

CPS 的作用对象的数据来自传感器，我们可以根据 CPS 的任务需要选择传感器种类，在一定区域内部署的大量微型传感器节点通过无线通信方式组成网络。这些传感器节点投放后，都具有经变换器与发送器不断向通信网络发送数据的能力，具体链接方式将根据网络协议来约定，是一种开环的感知模式。无线传感器网络的发展有效支撑了 CPS 自主感知能力的实现，但 CPS 对此提出了更高的要求，要求其克服目前大多数传感器面临的节点数量受限、电池寿命有限、价格偏高等一系列问题。

（2）CPS 与物联网。

物联网近年来在我国得到了高度重视和快速发展，其具体内容已在第三章中有所介绍，在此不再赘述。然而在产业界一直存在一类观点，即认为 CPS 与物联网在本质上是一类系统。本书认为，物联网是 CPS 系统的重要支撑，其主要差别在于：

1）物联网要有物和网，其中的物要满足以下条件：要有数据发送器和对应信息的接收器；要有数据传输通信链路；要有存储功能；要有 CPU 和操作系统；要有专门的应用程序；在网络世界中要有可被识别的唯一编号，遵循物联网的通信协议。而在 CPS 中，相关的计算模块、物理实体、通信模块、网络节点，甚至包括人自身，都可以被视为物联系统中的组件。

2）CPS 强调的是对各物理组件的远程通信和控制，是一种感控的过程；而物联网所实现的仅仅是人对物体状态的感知功能，并不能实现远程实时控制。

3）物联网的通信往往是信息的传送，物品或传感器之间并无直接通信，大多发生在物品与服务器或物品和人之间，不具备 CPS 组件的自主交互和嵌入式运算能力。

CPS 具有更好的容错性、计算管理能力、协同能力和适应能力，能够处理不确定环境下的海量异构数据。而物联网依赖传统的小型嵌入式芯片，并不强调对海量信息的提取和计算。由此可见，物联网的发展为 CPS 的实现提供了一个物物相连的网络通信环境。随着 CPS 技术在工业互联网等大规模实时服务系统中的应用和普及，未来 RFID 等物联技术将实现对工业物理资源的实时精确调度和控制，而不仅仅是完成物品跟踪和监督。

（3）CPS 与边缘计算。

边缘计算早期也叫"雾计算"，指在靠近物或数据源头的网络边缘侧，融合网络、计算、存储、应用等能力，能够就近提供边缘智能服务。云计算强化的是中心化概念，通过云平台与云中心为分散用户提供计算能力。"边缘"一词正是对应于"中心"而言的，让计算更靠近边缘末端，降低对云中心及可能有延迟的通信网络的依赖。

边缘计算强化了 CPS 的嵌入式计算能力。CPS 由于其严格的目标与时空约束，要求终端设备能够对部分任务通过嵌入式计算快速进行初步解算与预决策，而不是上传云平台后等待控制与执行指令。因此，在某种程度上，CPS 设备也必须具备计算设备所需的存储器和外部设备，甚至操作系统、语言处理系统、数据处理系统等，来支撑计算过程和物理过程的实时交互。此外，CPS 更加关注边缘计算的实时性、安全性、可靠性、防御性、保密性及自适应等能力。

（4）CPS 与工业控制系统。

工业控制系统（ICS）是一个通用术语，它涉及几种工业生产中使用的控制系统类型，包括监控和数据采集系统（SCADA）、分布式控制系统（DCS）和其他较小的控制系统配置，如可编程逻辑控制器（PLC），通常出现在工业部门和关键基础设施中。

工业控制系统是支撑 CPS 实现物理进程控制与执行的主要使能技术，但 CPS 又有别于现有的工业控制系统。现有的工业控制系统基本是封闭式系统，网络内部各个独立的子系统或者设备难以通过开放总线或互联网进行互联，通信的能力比较弱。而 CPS 是涉及信息和物理系统的智能控制系统，物理设备之间的协调离不开通信。因此，CPS 把通信放在与计算和控制同等重要的地位上。CPS 不仅在网络规模上超过现有的工控网络，也具有对网络中设备远程感知与控制的能力。

5.2 CPS 是工业互联网的重要使能

通过前述分析可以看到，CPS 的目标是使物理系统具有计算、通信、精确控制、远程协作和自治等能力，它通过互联网组成各种相应的自治控制系统和信息服务系统，完成物理空间与信息空间的有机协调，强调系统对物理世界的感知、反馈和控制作用。

CPS 的核心能力是解决物理世界与信息世界二元融合的问题，将现实的物理世界映射为虚拟的数字模型，通过大数据分析，将最优的决策数据反馈给物理世界，优化物理世界运行效率，降低成本，提升安全水平。工业互联网强调的是对工业生产系统的感知、互联和计算，实现对生产过程和产品服务的优化。CPS 能够有效运用工业互联网，实现物理实体世界与虚拟信息世界的感控闭环与双向交互，从而实现基于工业互联网的制造要素组织、集成与优化。因此，对于工业互联网与 CPS 的关系，本书认为，**CPS 是工业互**

联网的重要使能。本节将从技术维度、系统维度和业务维度，对此观点进行论述。

5.2.1　技术维度：CPS 是工业互联网实现感控反馈回路的关键技术

从技术视角来看，CPS 通过在物理系统中嵌入计算与通信内核，实现计算进程（Computation Processes）与物理进程（Physical Processes）的一体化，实现嵌入式计算机与网络对物理进程可靠、实时和高效的监测、协调与控制。

传感器网络、物联网等技术的发起与研究均早于 CPS，然而在工业场景的应用中却显著落后于 CPS，其重要原因之一就是无法从技术本质上实现感控反馈回路，导致必须通过人工操作实现从感知检测数据到设备执行指令的转换。早期的工业互联网技术侧重于打通工业现场设备在工厂外更大范围的互联通路，如 GE 公司的发动机参数采集项目。

然而随着工业互联网发展的逐步深入，计算进程与物理进程的交互反馈要求越来越强，CPS 已经成为工业互联网实现感控反馈回路的关键技术。相应的感知设备通过感知、处理设备状态和环境信息数据，并将信息数据发送到信息层，信息层结合用户需求的改变，调整模型，将指令传送给物理层相关组件，通过实体间的自主协调，执行系统要求的操作。

5.2.2　系统维度：CPS 是工业互联网联接物理执行系统的核心部件

CPS，从广义上来理解，就是一个在对环境和状态感知的基础上，深度融合了计算、通信和控制能力的可控、可信、可扩展的网络化物理设备系统。CPS 不仅由传感器节点构成，还包含执行器、作动器，以保证 CPS 在监控时实时完成闭环交互控制，以安全、可靠、高效和实时的方式监测或者控制物理实体。

实际上，在工业应用场景下，多数时候 **CPS 是工业互联网联接物理执行系统的核心部件**。工业互联网建立的工业网络能够有效实现工业要素（包括物理系统与工业资源能力）的互联互通，如图 5-2 所示。工业互联网的工业网络与工业云平台能够从系统角度实现对非执行物理系统（如传感器网络、数据采集设备等）及工业资源能力（如模型、信息系统、知识产权）的服务接入、资源调度、数据处理、分析决策等活动，但必须依托 CPS 实现面向机器/现场设备/生产线等物理执行系统的计算、控制与指令执行。工业互联网在云平台与物理执行单元之间都会构建适宜的 CPS，将物理执行单元改造成具有状态数据上报与控制指令接受功能的智能单元，进而实现更复杂的制造应用。

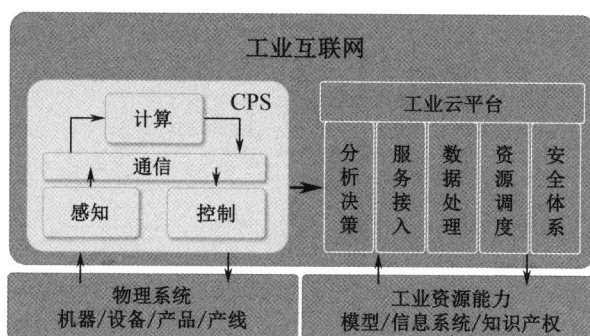

图 5-2   CPS 是工业互联网联接物理执行系统的核心部件

5.2.3   业务维度：CPS 是工业互联网面向机器设备运行的优化闭环

从业务角度看，CPS 的终极目标是构建一个可控、可信、可扩展并且安全高效的 CPS 网络，实现信息世界和物理世界的完全融合，改变人类构建工程物理系统的方式。然而在现阶段的技术条件与应用深度下，CPS 的主要业务功能还只是实现机器设备等具备执行能力的物理系统的智能运行与动态优化，并可以逐步扩展至生产线、车间乃至工厂级。

我们结合月球车的例子对此进行说明。月球车是一种在月面环境下执行探测任务的自主运动系统，其控制模式是在深空遥控操作下的自主行走控制模式。月球车自主实现了环境识别、行走避障、姿态控制、深空通信等功能，其组成包含多摄像头等感知设备、实时任务计算机、内部网络通信与外部数据链通信及六轮协同运动等子系统。其环境感知、数据处理与轮系控制紧密交互、深度融合，是一个典型的 CPS 系统应用实例。在理想模式下，月球车能够通过天地一体化网络接收远在地球的航天控制中心的远程指令并进行活动，形成基于工业互联网的深空遥控操作，如图 5-3 所示。然而受限于天地一体化网络的通信时效，月球车需要采取自主控制的运行方式进行活动，其内部形成了包含感知、采集、计算、控制等核心环节的 CPS 运行与优化的闭环系统。这套闭环系统也成为深空遥控操作的模式延伸。

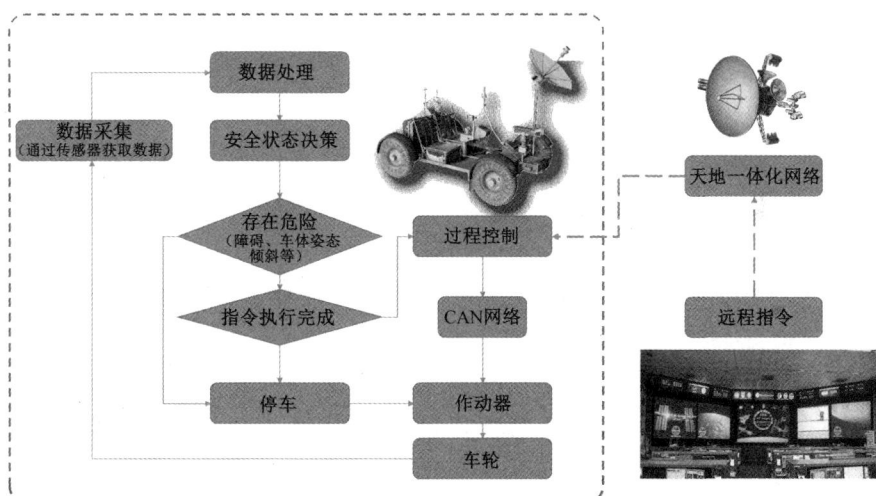

图 5-3　月球车自身构成了天地一体化工业互联网中的 CPS 闭环

我们在第二章中介绍工业互联网时提到了三大闭环，即面向机器设备运行优化的闭环、面向生产运营优化的闭环及面向企业协同、用户交互与产品服务优化的闭环。其中第一层面向机器设备运行优化的闭环是工业互联网与物理层要素关联的主要业务环节，其核心是基于对机器操作数据、生产环境数据的实时感知和边缘计算，实现机器设备的动态优化调整。工业互联网在这一层次的闭环，主要依托 CPS 来实现。因此，我们认为，CPS 是工业互联网面向机器设备运行的优化闭环。

5.3 智能制造是工业互联网的关键应用

作为当前新一轮产业变革的核心驱动和战略焦点，智能制造是贯穿于设计、生产、管理、营销、售后等各环节，融合了物联网、互联网、大数据、云计算等新一代信息技术，具有信息深度自感知、智慧优化自决策、精准控制自执行等功能的先进制造过程、系统与模式的总称。智能制造具有以智能工厂为载体、以生产关键制造环节智能化为核心、以端到端数据流为基础、以全面深度互联为支撑四大特征[108]。

智能制造与工业互联网有着紧密的联系，智能制造的实现主要依托两方面的基础能力，一是工业制造技术，包括先进装备、先进材料和先进工艺等，其是决定制造边界与制造能力的根本；二是工业互联网，包括智能传感控制软硬件、新型工业网络、工业大数据平台等综合信息技术要素，其是充分发挥工业装备、工艺和材料潜能，提高生产效率，优化资源配置效率，创造差异化产品和实现服务增值的关键。因此我们认为，**智能制造是工业互联网的关键应用**，是工业制造转型升级的重要模式。我们能通过工业互联网实现工业设备、资源与能力的接入、调度与协同，驱动制造活动的智能化实施。

5.3.1 技术维度：智能制造依赖工业互联网实现工业要素的自组织

作为支撑智能制造的关键综合信息基础设施，工业互联网将机器、人、控制系统与信息系统进行有效连接，全面深度感知、实时动态传输工业数据，通过高级建模分析，进行智能决策与控制，驱动制造业的智能化。在工业互联网几大要素中，网络是基础，数据是核心，安全是保障。基于网络的实时传输、高效的数据分析，在安全可信的前提下，工业互联网支持实现单个机器到生产线、车间、工厂乃至整个工业体系的智能决策和动态优化。

工业互联网结合了新一代信息技术与先进制造相关的软硬件技术,将信息连接对象由人扩展到有自我感知和执行能力的智能物体,属于信息通信技术创新成果的集中体现和互联网演进、发展的新阶段。

通过工业互联网将无处不在的传感器、嵌入式终端系统、智能控制系统、通信设施等集成互联,使人与人、人与机器、机器与机器及服务与服务之间能够智能互联。智能制造实现了关键制造环节与工厂的设备、系统和数据的集成优化,以及制造流程与业务数字化管控的智能化制造模式。因此,工业互联网成为支撑智能制造实现工业要素互联互通和自组织的核心技术。

5.3.2 系统维度:智能制造依托工业互联网建立平台应用生态

智能制造是信息化和工业化深度融合的主攻方向,是适应新一轮科技革命和产业变革的必然要求。实施智能制造离不开工业互联网这一关键基础设施的支撑。

为了构建能够实现工厂内设备、关键制造流程、制造系统和过程数据的集成优化及业务数字化管控的智能制造系统,必须解决两个方面的问题:一是实现工厂内各类设备、产线等制造单元的网络化互联;二是在智能制造系统中动态调用集成于工业互联网平台上的制造资源与能力服务。以基于航天云网实现的某工厂智能制造系统架构(如图 5-4 所示)为例,依托企业互联网络与通信模块,在数据采集与智能控制单元的支持下实现各类设备与资源接入底层 OT 层;通过系统集成,基于 INDICS 平台的微服务接口,应用层可以调用协同研发、协同管控及协同服务等上层应用。因此,从系统维度来看,工业互联网在智能制造系统中扮演了"机器+平台+应用"的系统架构与平台生态。

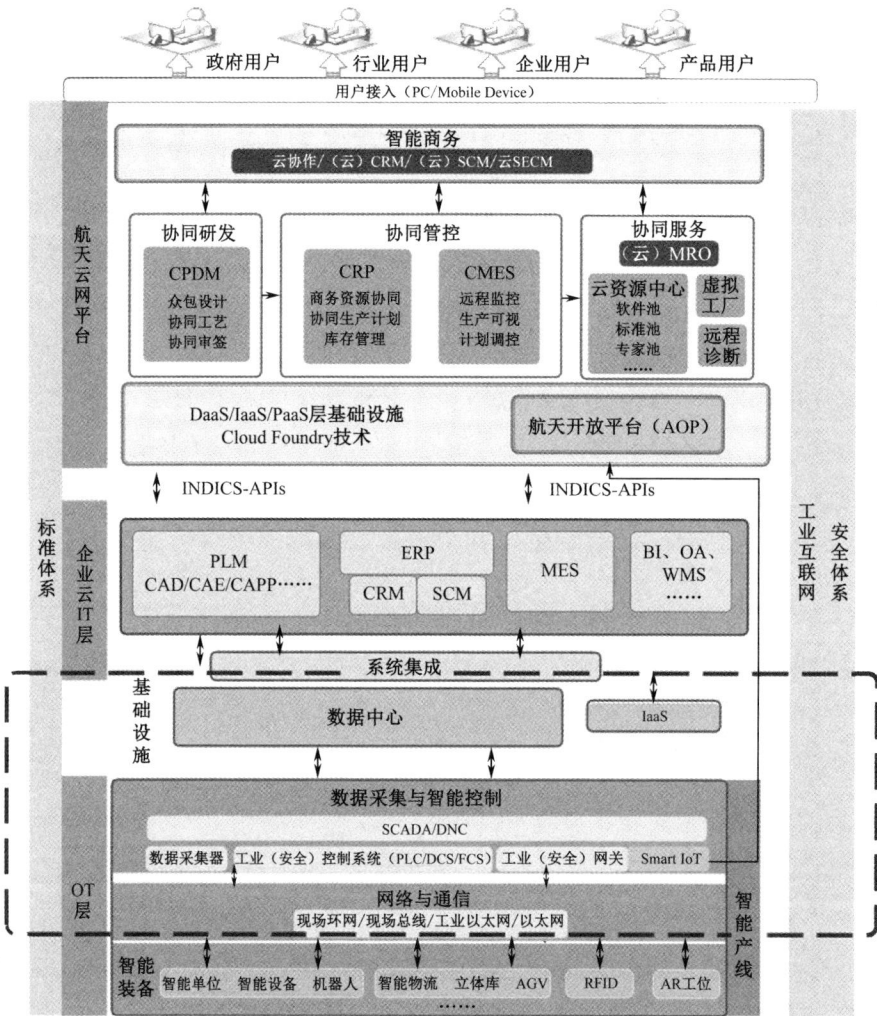

图 5-4　基于航天云网实现的某工厂智能制造系统架构

5.3.3　业务维度：智能制造依靠工业互联网实现工厂内部智能化运行

本书第四章提到，智能制造、协同制造及智慧云制造均是工业互联网的关键应用模式，是"两化融合"的延伸，是"互联网+制造业"的具体表现形式，都需要基于信息技术构建网络或平台，落脚点都是通过运用互联网技术推动并实现制造业的转型升级。

从业务维度来看，智能制造是智能化的制造过程、生产系统与运行模式的总称，通常局限于企业内部，可以在一台设备、一条生产线、一个车间或一个企业内部实现。

协同制造则聚焦于跨企业、异地和多专业的协作。协同制造并不是新鲜概念，传统的制造业就存在协同制造的形态，比如若干企业相互协作，制造出单一企业无法独立制造的产品。只不过互联网经济时代所称的"协同制造"具有特定的意义：通过工业互联网 OTO（线上线下结合）的方式协同制造某一企业无法独立制造的产品，不仅更高效，而且协作配套过程更便捷，协作配套的选择余地更大。

云制造的概念则更加社会化。协同制造所对应的制造过程一般具有特定的、相对固定的协作配套关系，而云制造是在智能制造和协同制造的基础上再前进一步：制造过程的协作配套关系是随机的、不固定的，一旦任务完成即可解除配套关系。云制造真正反映了"工业互联网"的互联网特性。

由此看来，智能制造、协同制造及智慧云制造都需要通过工业互联网实现分布、异构的人、机、物各类工业要素的互联互通与优化运行，但其业务实施与资源整合的范围有所不同。

智能制造的核心业务目标，正是依靠工业互联网，实现工厂内部的智能化运行，如图 5-5 所示。

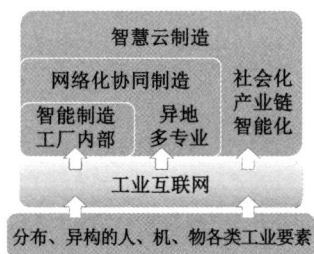

图 5-5 智能制造、协同制造及智慧云制造均是工业互联网的关键应用模式

参考文献

[103] Austin. NSF Workshop on "Cyber-Physical Systems" [EB/OL]. (2006-10-16)[2006-10-17]. Proceedings available online at http://varma.ece.cmu.edu/CPS before 2016.11.

[104] Lee E. Computing Foundations and Practice for Cyber-Physical Systems：A Preliminary Report，Technical Report UCB/EECS-2007-72[R]. USA：University of California，2007.

[105] Springer. Sastry S. S. Networked Embedded Systems：From Sensor Webs to Cyber-physical Systems[R]. Berlin：In Proceedings of the 10th International Conference on Hybrid Systems：Computation and Control，2007.

[106] 何积丰. Cyber Physical Systems[J]. 中国计算机学会通讯，2010，6(1)：25-29.

[107] Patricia Derler，Edward A. Lee，Alberto Sangiovanni Vincentelli. Modeling Cyber-Physical Systems[J]. Proceedings of the IEEE，2012，100(1)：13-28.

[108] 工业互联网体系架构（版本 1.0）[R]. 北京：工业互联网产业联盟，2016.

第六章

工业互联网应用解决方案

面向企业应用的智能云工厂解决方案

面向园区应用的园区云解决方案

面向行业应用的行业云解决方案

面向区域应用的工业云解决方案

工信部从"两化融合"的角度对"互联网+"行动计划进行了解读，既总结了德国"工业 4.0"对智能工厂的描述（利用物联网及大数据实现生产环节的数字化、网络化和智能化），还包括将工业与消费互联网融合创新，实现以消费驱动生产和销售的精准营销及个性化定制，进而重塑生产过程，推动制造业的服务化延伸发展。

经过几年的发展，工业互联网作为新一代信息技术与工业深度融合的产物，其应用效果已初步显现，基于工业互联网的智能工厂、园区云、行业云、区域云解决方案，针对不同层级、不同角色的业务场景提供了一系列的工具、产品和服务，极大地推动了企业、园区、行业和区域的数字化、智慧化转型及政府数字化治理能力的提升。

目前，传统产业领域的骨干企业、消费互联网巨头及代表性 IT 企业凭借各自优势，从不同角度切入市场，提供不同场景下的各类工业互联网解决方案。根据应用主体的价值侧重点及主要应用场景的不同，这些方案基本上可以归为企业级、园区级、行业级、区域级等几类。智能工厂是工业互联网在企业层面最典型的应用，也是其他不同层级解决方案的基础。智能工厂解决方案从智能设备、智能生产线、智能生产与服务等不同的方面，为有实力的大中型企业数字化、智能化转型提供支撑。面向不同类型产业园区应用的园区云解决方案则以工业互联网平台为依托，提供资源共享、安全管理、能源管理、环保管理等应用服务，并为园区提供经济运行监测和产业分析，帮助园区管理机构集聚资源，更好地服务企业，提高园区竞争能力。工业互联网行业云解决方案为智能工厂及产业协作中的新产品、新模式、新业态的萌芽与发展提供动力，推动行业资源配置优化和产业生态的形成。例如，其可以提供云设计、规模化定制、网络协同生产、远程服务及各种其他智能硬件产品服务。面向地方政府和企业的工业云解决方案为政府引导不同类型企业产品上云、能力上云、业务上云提供抓手，促进区域经济转型升级。

6.1 面向企业应用的智能云工厂解决方案

智能制造以智能设备为基础，以智能云工厂为突破口，依赖从设计、供应链、制造到服务的产业协作，进行产业发展能力的提升。

智能云工厂利用互联网络，通过设备监控、先进传感器、大数据等手段，达成工厂不同层级和软件系统的互联互通，形成"状态感知—实时分析—自主决策—精准执行—学习提升"的生产模式。智能云工厂强调制造资源与制造能力的优化配置及制造过程的智能化，旨在提高生产过程的柔性与可控性，减少生产线人工干预，从而实现人与机器的协调合作。其核心理念是智慧云制造（云+智能工厂），建设智能云工厂是实现智能制造的重要步骤。

6.1.1 智慧工厂典型应用场景

1. 生产规划与仿真优化

智慧工厂解决方案提供基于工业互联网平台的数字孪生 App。以企业生产能力规划或改造方案为输入，搭建生产线仿真模型，通过运行生产线规划设计数据，实现对生产线配置方案、生产工艺方案等的预先仿真分析，识别生产线设计的瓶颈环节，验证生产计划的合理性；通过虚拟设备调试机械手、确定 AGV 调度系统算法的正确性和合理性；通过输出生产线全流程数据的图表对生产线建成后的生产情况进行预先展示、预先验证、预先评估，从而获取产品生产最优方案，避免企业在投入建成后再发现问题，造成经济损失。

2. 设备管理和预测性维护

建立设备管理知识库，对设备及关键部件基础数据、运行环境数据、设备状态参数、维修保养记录及生产历史记录等数据进行关联分析，形成设备故障预测模型和设备故障诊断模型。通过各类传感设备、通信网络完成设备与系统的互联，支持设备运行和故障相关数据的实时上传及平台模型自动分析诊断，实现设备故障预警、设备故障诊断、远程运维等在线运行，解决制造过程中设备故障排查难、故障待修停机、维修时间长等问题。同时根据备件更换时间、使用周期及设备故障维修频次，通过共享制造系统与供应链系统数据实现备件库存科学管理，在满足设备维修对备件及时性需求的同时降低备件库存成本。

3. 柔性生产管控

利用数字化技术将通过仿真优化形成的产品生产最优方案固化为生产执行系统、供应链管理系统、资源管理系统的作业指导和算法模型，根据方案在车间导入自动化流水线、自动化工艺流程、AGV 等车间物流自动化设备，利用传感器、嵌入式终端等设备和信息通信技术，使设备与设备、设备与产品、物理系统与互联网平台生产执行系统、供应链管理系统及资源管理系统等智能互联，实现所需生产状态、质量参数等关键参数信息自动采集、预警报警信息自动推送、生产装配指令自动发送、工艺参数自动调节。并通过生产模块单元的引入，提升自动化生产线的可重构性，将市场个性化订单中共性需求抽取整合，与生产模块灵活配置，兼顾智能生产线规模生产效率和个性化需求的快速响应，从而解决目前工厂普遍面临的订单波动大、定制成本高、设计频繁变动带来的生产效率损失、定制成本难以控制等问题。

4. 全面质量管理

构建全面质量追溯系统，建立质量控制指标体系，并基于指标进行质量管理。通过在关键工位、关键设备和工艺环节安装自动视觉识别设备、虚拟量测、质量安灯等设备，并与质量管理系统、生产管理系统互联，实现与质量控制相关的关键设备、工艺参数或工艺环节数据自动采集。基于实时采集的数据，通过质量判异和过程判稳等在线质量监测和预警模型实现工艺参数自动调节、质量管控及时响应。同时通过将产品赋予条形码、二维码、电子标签等唯一标识，以文字、图片和视频等方式追溯产品质量所涉及的数据，如用料批次、供应商、作业人员、作业地点、加工工艺、加工设备、作业时间、质量检测及判定、不良处理过程等，完成质量评估与追溯。通过智慧工厂生产过程基于指标和实时数据的质量监测、工艺调整和生产过程追溯，解决传统制造企业生产过程事后调整和产品质量无法追溯的问题，实现在线PDCA持续改善，提高生产效率和产品质量[109]。

5. 供应链优化管理

供应链优化管理覆盖计划、采购、生产、厂内物流、存储、交付及销售全过程，将上游供应商、下游经销商和客户纳入供应链体系中。基于云端汇集的生产订单、产品工艺路线、工厂实时产能、外协进度等信息，将供应链管理系统与制造执行系统、物流系统、ERP系统及云平台之间的信息共享并实现业务协同，应用云排产工具进行有限产能排产和产值监控，实现多用户订单与工厂产能的最优匹配，充分利用企业内能力及外协能力缩短制造周期，实现资源均衡调度，保证产品完成交付。同时通过ERP、MES与智能产线及AGV等系统集成，使用RIFD、二维码等物体标识技术，支持产线自动叫料、AGV自动补料、半成品与产成品自动入库、库存信息自动更新，从而实现信息流和物流的统一，确保在满足订单产品交付时间和生产原料供应时间的同时将工厂库存成本降到最低，克服了传统企业中管理系统与现场设备数据交互不及时造成的订单无法按期交付、库存积压或库存短缺等问题。

6. 协同制造

基于云平台和工业大数据引擎技术，运用数字孪生制造技术、群体智能协同技术，打通企业"生产计划、BOM及工艺路线、企业数据"三类业务链，实现制造企业内部各生产模块、各车间及多生产基地之间资源和流程的业务协同，以及制造企业与设计提供方的设计协同。建设云端设计与工艺的协同系统，支撑产品三维数字化模型包含的数据信息在工艺和制造环节中的有效传递，实现设计信息与生产信息的高度集成，支持"三维设计—工艺仿真—柔性生产—过程监控"全流程的数字化和基于三维模型/图文档的跨地域、跨企业协同设计。在云制造模式下，基于云平台上的多用户订单，驱动生产执行系统、定制化生产线柔性重构，提供资源协同、外协外购协同等增值服务，实现跨车间、跨厂区的库存、制造设备、生产辅助工具等生产要素资源的信息共享，支撑不同生产单元资源计划协同。根据协同方案下达排产计划，驱动企业 MES 系统，实现订单驱动。基于有限产能、企业资源（产能、库存、人员等）的车间级优化生产排程，实现数据驱动的网络化、智能化混线生产，有效均衡企业库存、产能等资源，提高生产效率和计划完成率[110]。

7. 能源消耗管理

能源消耗是企业的重要成本构成，节能降耗更是生态文明建设的重要国策。我们要建立能源消耗管理系统，对企业能源要素进行分解，基于单位产品制造所消耗的各类能源历史数据建立能源消耗算法模型，并开展生产规划与仿真优化，确定生产线改造后能耗指标体系，建立能耗指标与生产指标的关联。通过在关键设备、能源介质中安装智能电表、水表、气表、流量计、压力计及物联网智能硬件采集设备，将能耗端实时运行数据采集上传至云平台，实现流量监测、气压监测、水、电、气等能源的消耗监测。应用预先部署在平台上的智能算法和模型对产线能源消耗进行实时预测分析，为工业现场提供能耗系统异常识别与预警、原因追溯分析及模型调优，实现工厂能耗精细化管理，降低制造企业特别是流程性制造企业能源消耗。

6.1.2 智能云工厂解决方案价值

1. 整体目标

智能云工厂通过基础云平台、企业云、工业互联网络、智能生产线和数据中心等建设，满足企业内部产品设计、生产、资源调度、运营管理、智慧决策、物流等各应用场景的需求，打造涵盖智能制造及协同制造的"云制造"业务模式。并在此基础上形成由"一软（云端工业核心软件、数据中心）""一硬（工业控制、感知和智能化）""两类制造资源（硬制造资源和软制造资源）""一网（工业互/物联网络）"和"一平台（工业云制造平台）"构成的新工业基础设施。

2. 解决方案价值

基于云平台的智能云工厂的价值主要体现在以下三个方面：

（1）工厂/企业层面：快速有效地获取用户的个性化定制需求，根据个性化需求完成产品设计和生产管理；快速组建跨企业生产协作配套，进行跨企业排产调度管理，支持社会化制造；同时利用社会上广泛的设计、生产能力，以服务化的形式向外提供自身的制造资源和能力，实现资源共享、能力协同；通过将供应商和客户纳入供应链体系，实现订单驱动的产品生产组织和基于现场生产数据的采购、库存、销售优化管理。

（2）产线/车间层面：针对不同的生产任务，支持智能装备的自适应操作和生产线的动态柔性化构建，实现高效的生产协作控制；对生产状况进行自主决策，合理有效地控制生产节拍，实现精益制造。

（3）装备/设备层面：支持设备根据生产环境的变化进行自适应调整；通过识别相应的生产任务信息，支持人/机协同作业，优化、提高生产效率，降低生产作业的复杂程度，降低岗位对工人的技术要求，减少培训时间和培训费用；通过智能设备的预测性维护和智能故障诊断提高设备运维效率，降低停机损失。

6.1.3 智能云工厂产品与服务体系

发展智能云工厂，旨在融合目前"互联网+智能制造"的新技术，通过"工业互联网平台+企业云制造支撑系统"的建设，打造工业互联网平台及生态环境，构建产业链生态体系。因此，要培育形成面向云服务、高效低耗、基于知识的网络化敏捷聚合的云制造新模式，建构"线上与线下相结合、制造与服务相结合、创新与创业相结合"的新业态，为政府、行业、企业、消费者等提供产品定制服务和相关信息、数据及分析服务。

基于云平台的智能云工厂主要包括公共产业云平台、企业云平台、智能生产线、工业网络、数据中心及标准体系和安全体系的建设。

1. 公共产业云平台

这里探讨的产业云平台是指以公共互联网为基础环境，以工业互联网的应用为依托，以生产制造业务为核心，以用户订单为驱动，利用 Cloud Foundry、容器技术、大数据技术、微服务技术、人工智能技术等新一代技术，提供协同研发、智能管控、共享服务和电子商务等制造业的全产业链云服务，继而结合企业经营策略，逐步牵引企业底层（设备、岗位、工厂）作业现场端进行数字化、网络化、智能化建设，最终达到建设智能云工厂的目标。

（1）云平台通过 CPDM 与企业 PLM 系统的集成，帮助企业管理基于网络平台开展的所有项目，实现协同设计、协同工艺、协同签审等业务的协同。

（2）云平台通过 CRP 与企业 ERP 的集成，基于云端的协同销售与售后服务、协同生产计划管理及云商务适配器，使客户通过在线下单缩短生产交易的时间，在线匹配外协外购供应商以缩短供应商选择周期，从而提高管理效率，降低运营成本。

（3）云平台的 CMES 模块为企业提供轻量级 MES 应用云服务。该服务立足于企业间协同生产的业务需求，提供企业生产现场的远程监控、生产场景可视、跨企业计划调度的功能，实现生产执行的过程管控。

（4）云平台通过数据采集工具或网关获取制造现场的设备、设施、产品等的数据，基于云端的智能诊断服务，形成服务知识库和诊断规则，从而进行设备或产品的实时状态分析，优化设备使用方法，进行设备预防性维护。

2. 企业云平台

企业云通过对 ERP、PLM、MES、OA 及人工智能等现有技术的集成，整合企业信息资源，优化管理流程，提供基于企业云的精益生产、全生命周期管理、透明管控等解决方案。

企业云平台包含产品全生命周期管理系统、企业资源计划管理系统、制造执行管控系统、供应链管理系统、客户关系管理系统五大系统。企业云平台通过建立以 PLM 为核心的并行设计研发体系、以 ERP 为核心的经营管理顶层体系、以 MES 系统为核心的生产管控体系等生产信息化标准体系，达成与云平台的协同交互。通过系统间的数据交互和资源优化，实现企业内部信息流的透明化，并形成企业外部信息、资源与企业内部生产联动的模式。

（1）产品全生命周期管理系统支持需求分解、产品设计、工艺设计、设计工艺协同、BOM规划、BOP设计、仿真分析（包括设计、工艺、装配仿真、工厂仿真、物流仿真等）、试验验证、项目管理、样机制造等产品全生命周期业务过程。

（2）企业资源计划管理系统能够使企业经营管理过程中的业务操作、审核、传递处理更加标准化、规范化，避免业务重复操作，做到信息共享，实现以销售订单为主线的全程供应链管理。

（3）制造执行管控系统能够接收 ERP 系统下发的客户订单并优化生产流程，梳理制造工艺、质量管控、设备管理、物料配送、人员管理等业务流程，通过排产运算形成精细工单指导现场生产过程，并通过生产过程控制对生产进度、产品质量、设备状态进行实时监控和反馈。

（4）供应链管理系统对供应链各个环节中的物料、资金、信息等资源进行计划、调度、调配、控制与利用，实现对用户、零售商、分销商、制造商、采购供应商的过程管理功能。

（5）客户关系管理系统通过对客户详细资料的深入分析，提高客户满意程度；对公司的人员、业务流程与专业技术进行有效整合，使企业可以根据市场需求低成本、高效率地研发更为优质的产品，并形成企业与市场的学习型关系和点对点的营销模式。

3. 智能生产线

通过引入生产单元模块、自动流水线及自动化生产物流设备，搭建柔性、混线生产线，快速响应、适应不同的生产工艺及生产线带来的变化，提高不同种类产品的生产效率，大幅提高设备利用率，自主地判断、调节产线的生产节拍、进度，实时采集生产数据进行学习分析，对优化产线性能做出指导分析，同时在生产过程中自主判断并绕开产生故障的生产设备，以保证稳定的生产能力。

智能生产线建设包括以下内容：

（1）智能生产加工装备。

智能装备设备已具备数据接口及控制器，可接受并执行中央控制系统的命令；智能装备设备的状态和数据反馈至控制系统，控制系统可根据设备状态制订工作计划，还能将重要数据存储起来；智能装备设备之间的数据和状态信息通过工业以太网、现场无线网络或混合网络互相传递，使在线生产的零件在不同生产设备之间的流转具有"连续性"，进而形成离散型制造的"流水线"。

（2）工业机器人。

工业机器人是面向工业领域的多关节机械手或多自由度的机器装置，可以靠自身动力和控制能力来实现各种功能，自动执行工作。工业机器人正逐渐取代生产现场的操作工人，被应用到了焊接、刷漆、组装、采集和放置、产品检测和测试等各个方面。根据制造工种分类，主要可分为切割机器人、自动装配机器人、物流机器人、智能手持设备等。

（3）在线检测。

在线检测模块由视觉系统、图像传感器、专用测试仪器、工业网络等组成。根据产品生产工艺要求，在线检测模块利用专用测试仪器或视觉系统对产品质量控制点进行识别和检测，对检测结果进行分类、记录、分析和统计，向控制系统和质量管理系统传送检测数据和检测结果。

（4）智能工位。

操作工人通过 HMI 反馈工位对工件、物料、辅助工具、计划文件、作业指导等的需求，产线控制系统及时驱动设备及子系统工作以满足需求；车间人员可在智能工位上查看工位的生产计划、生产任务、生产文件、工艺文件、物料及工具清单、检测文件等，为人工参与的生产环节及活动提供作业指导。

智能工位模块还能够向上层系统实时反馈工位的工作状态、生产、质量、过程数据；看板系统对反馈信息进行展示、统计与分析；控制系统根据反馈信息对生产线运行状态进行调整。

（5）安全报警设备。

安全报警设备由急停按钮、复位按钮、警示灯、分布式 IO 组成。

当生产线设备、子系统发生故障或产品质量发生严重问题时，报警系统接收来自设备的故障信息和手动报警，自动上报报警状态，并以警示灯提示报警。生产线控制系统对报警状态进行统一处理，看板系统显示生产线异常的详细状况，并通知相关人员进行故障排除。

（6）智能物流仓储系统。

智能物流仓储系统由智能仓库、AGV 系统和配送系统组成。智能物流仓储系统以实现原料/坯料的出库、半成品/在制品的流转、成品入库、工装/工具的流转等环节的精准配送为目标，实现进出库、运输的自动化及配送时间、地点的精准化。

（7）生产辅助系统。

生产辅助系统主要是指为了车间（生产线）生产的精益管理而配套的相关系统，主要包括编码系统、Andon 系统及防错系统。其中编码系统对企业所有物品（原材料、成品、半成品等）进行管理，生成唯一的识别码，从而实现数据采集的自动化和精准化；Andon 系统针对生产设备的状况、生产加工的情况进行报警或提示；防错系统防止操作者因疏漏或遗忘而发生作业失误及由此所致的质量缺陷，从而大幅提高产品的质量和作业效率。

4. 工业网络

工业网络主要是为工业互联网络中的各种设备、系统之间互联互通和运行数据与操作指令传送提供网络环境。涉及现场级、车间级、企业级设备和系统之间的互联，以及企业信息系统、产品、用户与云平台之间不同场景的互联。在针对现有工业系统进行改造时，既包含现有设备与系统的信息采集、变换和接入网络的网络化改造，又包含新型制造系统网络和已有网络系统的连接、适配等，实际实施情况相较全新系统建设更为复杂。从综合的网络环境看，完整的工业网络应包括互联网、局域网、工业以太网、工业物联网、现场无线通信网等多种网络，其核心部分包括工业以太网、工业物联网、现场无线网络等与生产制造过程直接相关的网络。

（1）企业内部网络。

智能云工厂车间内网络呈现"两层三级"的结构。"两层"是指"工厂IT 网络"和"工厂 OT 网络"两层技术异构的网络；"三级"是指根据目前工厂管理层级的划分，可将网络划分为"现场级""车间级""工厂级/企业级"三个层次，每层之间的网络配置和管理策略相互独立。

工厂 OT 网络的主要实现技术包括现场总线、工业以太网及工业物联网等网络种类，用于连接生产现场的控制器、传感器、伺服器、监控设备等部件；工厂 IT 网络通过网关设备实现与互联网和现场网络的互联和安全隔离。

（2）智能云工厂 OT 层网络。

智能云工厂建议使用工业以太网及下环形网络拓扑结构，以保证车间内部网络的稳定性与可靠性。整个工厂的生产网络及车间内部各主控 PLC 以冗余环形拓扑结构连接，从而保证整个网络的实时性、可靠性。此网络通过与 MES 服务器与 SCADA 服务器的连接，完成产品工艺数据的下载、设备状态诊断、能源数据的采集和监控等，以及生产车间大屏的实时显示。

（3）企业网络与云平台互联。

企业网络与云平台互联主要是指通过系统集成和工业物联网网关两种方式实现互联与数据交换。

IT 系统集成方式通过开放企业网络中的 ERP 系统、MES 系统及 SCADA系统、DNC 系统中的数据，利用云平台的接口对系统数据库中的数据进行调用与集成。

工业物联网通过在工业网络中安装工业物联网网关，在企业内部网络中采集传感器、控制系统、IT 系统中的相关数据，将其进行预处理后与云平台进行数据交互。

5. 数据中心

云平台数据中心架构（如图 6-1 所示）由五个相对独立又相互联系的层

次组成，自下而上为：业务数据层、数据采集层、数据管理层、数据服务层和数据应用层。

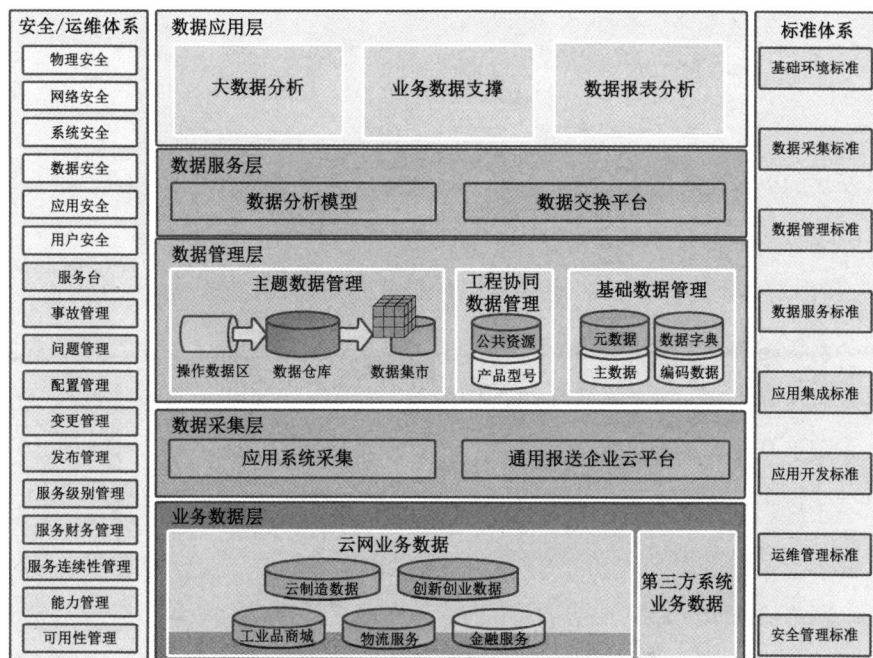

图 6-1 云平台数据中心架构

（1）业务数据层：是指各类管理、生产信息系统，以及这些业务系统中的数据资源。

（2）数据采集层：包括通用报送企业云平台和应用系统采集两大功能，其中应用系统采集主要通过 ETL 等工具实现。数据采集层可以实现业务数据的自动获取和及时上报。

（3）数据管理层：包括对以业务主题数据为对象的主题数据管理，以元数据、主数据、数据字典、编码数据为对象的基础数据管理，以及以工程协同数据为对象的工程协同数据管理。

（4）数据服务层：包括数据交换平台和数据分析模型两个部分。数据交换平台能够实现业务数据、基础数据及主题数据等的横向交换和纵向交换。

（5）数据应用层：包括大数据分析、业务数据支撑、数据报表分析，并提供 OLAP 分析和数据挖掘等功能。

6. 标准体系和安全体系

为了保障智能云工厂信息系统安全、稳定地运行，智能云工厂还需构筑多层次的纵深防御安全体系，包括主机防护、网络防护、运行防护、物理防护、策略防护五层防御体系。

（1）主机防护。

主机防护层主要负责及时升级操作系统、数据库的补丁程序，关闭不必要的服务、端口，降低主机受攻击的风险；部署病毒防护系统、主机入侵检测系统以检测并响应病毒、木马的攻击；采用应用程序白名单技术，阻止恶意程序的运行。

（2）网络防护。

网络防护层使用工业防火墙、工业隔离网关等安全设备保护进入工业控制系统的入口点与横向边界；通过身份认证系统规范外部安全域用户对内部安全域的访问；采取 VPN、数据加密等措施，保护工控远程通信安全；安全态势感知平台通过收集安全防护设备的数据，可以及时发现外部的攻击与危害行为并进行应急响应。

（3）运行防护。

运行防护层通过对数据库重要数据、网络设备配置参数、工控设备控制程序等数据的备份，保证发生故障时数据的可靠性；预先确定应急响应策略，确保在受到外部攻击或遭遇自然灾害时损失最小化；通过变更控制、规范网络设备与应用系统规则设置、权限修改等操作，按照岗位职责对各类信息系统的用户实行分级授权管理，进行细粒度的访问控制。

（4）物理防护。

物理安全是智能云工厂系统信息安全的前提。通过对环境、设备、介质的管控，确保智能云工厂的信息网络、设备具有严格的访问权限，需要访问的人员必须经过授权才可接触。通过温度和湿度控制、电源和设备过载保护、防电磁泄漏与干扰、加压电缆保护等物理防护技术及相关设备保障智能云工厂系统环境、电源、设备、线路等的安全。在所有物理防护技术手段中，物理隔离是最重要的手段，通过隔离卡、存储卡、网闸等硬件设备和技术可保证处于不同安全域的网络之间不能以直接或间接的方式相连接，用户在同一时间只能连接到一个网络。

（5）策略防护。

策略防护层通过建立完善的安全策略、高效的日志和事件管理机制，有效管理和使用软件补丁，并针对企业设备技术人员和信息人员开展信息安全培训，提高他们的安全防范意识，扫除安全事故隐患。

通过建立"多层架构，立体防御"的智能云工厂信息安全架构，根据企业的实际需要从主机防护、网络防护、运行防护、物理防护、策略防护五个层次构建立体防御体系，为智能云工厂制定相应的防护策略，部署必要的信息安全防护产品，从而提高整个智能云工厂信息网络的信息安全等级。

6.2 面向园区应用的园区云解决方案

各类产业园区通过招商引资完成了产业资源初步聚集后，园区管理和运营机构往往会面临如何持续高效地进行管理、服务、运营的问题，同时园区企业也希望在入驻园区后能享受到更多的园区服务支持，与园区内其他企业协同发展。园区云解决方案融合新一代信息与通信技术，构建园区基础设施，集成各类应用系统，支撑园区各类载体、资源的高效融通，提高园区精细化管理能力和专业化服务水平，通过为入园企业赋能和涵养园区产业生态形成园区升级发展引擎，实现提升园区产业集聚能力、企业经济竞争能力和园区可持续发展能力的目标[111]。

6.2.1 园区云应用场景

智慧园区解决方案针对不同主体需求，在基础设施和业务支撑平台基础上提供各类应用服务，全面覆盖园区监管、园区运营、园区公共服务及企业赋能服务各类场景，适用于工业园区、产业集聚区、智慧社区等。

1. 园区资源共享服务

园区管理机构可以利用平台提供的三维可视化地图、园区资源库等基础功能，实时掌握园区场地、公用设施、展厅、信息公告屏等基础资源的状况，并为园区企业提供上述一系列基础资源共享服务的在线申请，提高资源管理水平和使用效率，满足园区企业对园区基础服务的需求。

2. 园区公共服务

依托园区基础网络建设及物联网、云计算、大数据、BIM 等多种技术手段，通过采集、传输和处理园区安防、消防、智能监测设备、智能建筑设备运行等数据信息，结合上层智慧安防、智慧环保、智慧楼宇等应用系统，支撑园区管理机构及人员对园区人员、车辆、场地、资产、环境、能源等各要素资源进行实时监督管理，并与园区安监、消防、环保等管理部门实现联动，及时发现园区各类安全、环保隐患，提升对突发事件的应急处理能力，为入驻企业打造"安全、智慧、低碳"的生产和生活环境。

3. 企业智能转型赋能服务

通过园区云设备接入中心、智能制造中心、工业资源中心、产业链协作中心等板块，面向园区企业和个人提供全产业链支撑服务，园区企业可以利用平台供需对接和集中采购服务功能，提高销售效率，降低采购成本；可以在工业应用市场以低成本获得应用软件支持；可以利用平台提供的设备接入和智能服务，实现设备远程监控和机床 4S 服务，提高设备运维效率。通过园区企业赋能服务，满足工业园区主要产业普及数字化装备的需求，推动企业信息管理系统集成应用，加强智能制造关键技术创新应用，培育智能制造新模式，使园区企业加快向智能制造转型发展。

4. 园区产业分析及生态建设服务

依托工业互联网平台提供的数据采集、交换和分析及数据可视化展示服务，园区管理机构可以直观地掌握园区入驻企业的基本情况，如经营状况、重点产业发展状况、产业链断点堵点状况、周边经济状况等，并有针对性地开展招商服务和园区产业生态建设，引进园区重点产业发展所需要的配套资源，优化园区产业结构，并汇聚政府机构、投融资机构、人才招聘与培训机构、物流服务机构、产学研创新服务机构等公共服务资源，形成园区综合服务生态。园区企业可以在园区云平台一站式获得政策、资金、项目、人才、物流等生产经营要素资源和相应的服务。

6.2.2 园区云解决方案价值

1. 整体目标

依托园区实体基地，以创新园区管理、服务产业发展为主线，面向园区管理机构、园区企业、服务机构、园区运营方等不同主体，综合运用互联网、物联网、云计算、大数据、人工智能等新技术，大力推进园区基础设施网络化、建设管理精细化、服务功能专业化和产业发展智能化，形成集运行监测、用地管理、环境监测、安全监管、融资服务、产能共享、协同创新、协同物流等功能于一体的智慧园区管理和服务平台体系，构建促进经济发展、提质增效的智慧园区，促进园区产业转型发展。

2. 园区云解决方案价值

园区云解决方案基于园区管理机构和园区入驻企业两类用户的需求，通过工业互联网平台的建设，支撑产业园由物业驱动的传统管理服务模式向数据驱动、智能驱动的管理服务模式转型。

从园区管理机构角度看，通过云平台的建设和数字化技术的应用，园区管理者可以实时采集园区各项运行数据，构建园区基础数据库，实现基于数据的园区产业分析、精准招商与生态建设，形成产业集聚与资源共享生态，打造个性化智慧产业园区。同时通过平台门户加强园区与入驻企业的商务关系，满足企业经营过程中的共性需求及园区内部企业间资源共享与能力协同需求，提升园区对入驻企业的全方位服务能力。

从入驻企业的角度看，基于园区云的产业集聚生态能为企业提供良好的发展氛围。通过园区云平台提供的供需对接、智慧仓储物流、产融结合等服务，企业可以便捷地获得发展所需的产业资源与配套服务。而基于工业互联网的设备接入和上层应用服务、适合园区企业的通用云化软件等，企业可以低成本地获得上云服务支持，结合园区数字工厂示范、线下智能改造服务及配套政策支持，企业更容易融入数字经济浪潮中，向数字化、网络化、智能化发展。

6.2.3　园区云产品与服务体系

1. 园区云平台总体架构

园区云平台解决方案以基础云平台为核心，覆盖设施端到应用端的产品和服务。

园区云平台总体架构自下而上分为五层：感知层、基础设施层、平台层、应用层和门户层，以及为保证云平台安全稳定运行建立的相关保障体系，如图6-2所示。

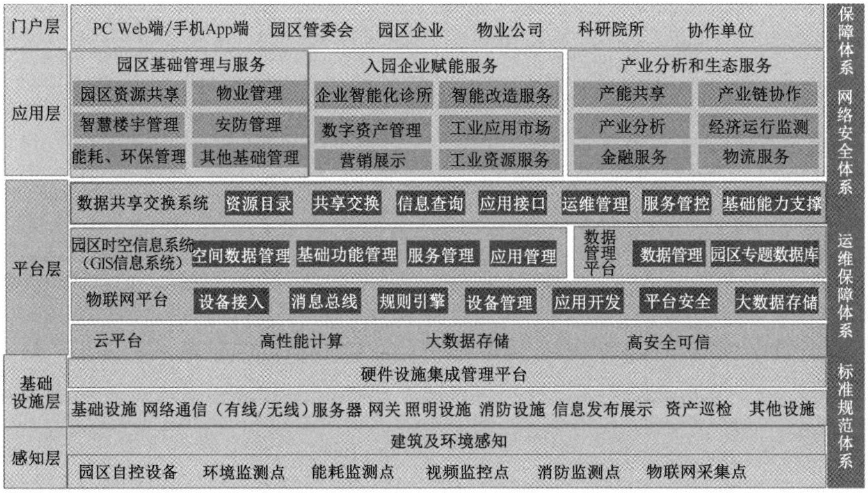

图6-2　园区云平台总体架构

（1）感知层主要融合视频、射频、传感等感知单元，实现大气微站、能耗智能监控、环境质量自动监控、污染源自动监控、安全视频监控等在内的物联传感设备信息的感知，为产业园区安全、环保、能源等管理提供数据来源。

（2）基础设施层包括园区宽带网络、5G 通信网络、信息发布屏、智慧灯杆等信息基础设施和硬件设备及涵盖产业园在线监测、视频监控、互联互通的园区物联网设施。物联网设施包括服务器、PC 机、笔记本、防火墙、路由器、交换机、UPS、磁盘阵列等在内的硬件设施及操作系统、数据库软件、网络防病毒软件、存储备份软件在内的基础软件环境。

（3）平台层包括虚拟化服务器的硬件计算资源及以容器技术、数据库技术、GIS 平台、数据共享交换系统和数据管理平台等为核心的 PaaS 平台。

（4）应用层包括满足园区管理机构、入驻企业、服务机构等各类用户需求的管理和服务系统，涵盖园区基础管理与服务、入园企业赋能服务、产业分析和生态服务等功能。

（5）门户层提供 PC Web 端和手机 App 端等登录方式，方便各类用户登录、使用平台各类服务。同时采用 BI 工具、报表、地理信息系统等可视化工具，将业务数据图形化、表格化，实现业务数据归集及展示，提供多样、快速的信息统计访问通道，为园区管理提供决策支持。

（6）网络安全体系是系统正常运行和应用的安全保障。它由信息安全软件和硬件设施构成，其主要内容包括计算机网络安全设施（包括内外网）、计算机硬件安全设施、计算机软件安全设施、数据安全设施（包括数据采集、传输、存贮、使用安全保障制度等）等。环境信息安全体系建成后将保证系统数据的安全、业务系统运行的安全、计算机网络体系的安全、数据共享的安全、信息发布的安全。

（7）运维保障体系包括系统维护体系、管理模式、运行制度、系统日常管理等信息化运维体系，为业务运行提供稳定、可靠、高效的计算环境，保障信息化系统运行、管理、控制和维护的稳定与高效。

（8）标准规范体系是园区云平台项目设计、建设和运行的依据，因此需借鉴国家和地方及行业相关的法律法规和标准规范。为了确保系统的规范性和前瞻性，系统将重点参考国家发布的适合环保、安全、应急建设相关的法律法规、专用于平台建设的标准规范及现有信息技术的标准规范等内容，确保项目的设计、建设和运行"有法可依、有规可循"。

2. 园区云应用服务体系

园区云平台应用功能是面向园区管理机构、园区入驻企业及服务机构等不同角色的应用服务需求，通过基础平台与开放接口实现各类应用系统集成及与前端感知设备的连接，实现基础设施可视化、生产运营透明化、公共服务智能化、产业决策科学化。除了园区宣传服务门户，主要应用服务体系涵盖基础服务、入园企业赋能服务和产业服务三个层面，为园区智慧管理和服务提供支撑。典型的园区云应用服务体系见表6-1。

表6-1 园区云应用服务体系

服务层次	服务类型	服务内容
基础服务	基础资源共享	实现园区厂房、写字楼、会议室、场地、展厅、设备、电子屏等基础资源的在线展示，包括租金查询、空间资源预定、申请材料提交、租金支付等
	物业服务	实现建筑管理、人员管理、收费管理、维修管理、租售管理、停车管理、抄表管理、巡更管理等功能集成展示，提供系统入口，并支持在线合约签订、物业报修，缴费等操作
	智能楼宇管理	基于工业互联网平台建立智能楼宇中央控制中心，对来自空调机组、新风机组、照明系统、给排水系统等分站的数据进行实时监测，提供预警、报警、控制等功能
	安防管理	通过环境监测设备采集数据，进行入侵监测、风险预警、报警与联动处置
	能耗管理	支持用电、用水、排水等能源消耗的分户计量，提供基于指标的智能预警和能效分析，帮助园区管理机构及入驻企业实时掌握能源消耗情况
	环保管理	通过实时采集污染源排放因子、环境质量等信息，全面掌握园区重点行业、重点企业污染整治情况，实现对园区环境质量的综合分析和预警及重点企业的环保事件追溯

续表

服务层次	服务类型	服务内容
基础服务	安全生产管理	通过企业安全基础信息维护、应急预案发布、安全作业管理、安全统计分析等实现安全隐患排查及应急处理
入园企业赋能服务	智能化诊断	企业可以通过专业的诊断模型，了解自身智能化水平及问题
	智能制造	线上展示智能制造相关产品、设备、解决方案、案例，供企业了解、学习、选择。线下对有需要进行智能制造的企业开展智能诊断服务，提供智能制造解决方案
	营销展示	建立园区企业在园区平台上的展示空间，能够自定义编辑并展示企业相关内容，打造企业的园区名片
	企业数字资产	将企业贵重设备接入园区物联网平台，提供企业设备资产管理、资产监控、数字化资产可视化功能
	工业应用市场	部署覆盖园区重点行业及产品全生命周期管理、经营管理等方面的云化 App，企业可以在线查看、试用和购买
	工业资源中心	汇聚工业领域专家资源、专利资源、标准资源，提供在线展示、多维度检索、在线预览、咨询、免费或付费下载等功能
	开发者服务	建立云端应用快速开发工具，支持云端工业应用快速构建，提供可视化模型编辑功能，以图形化方式进行集成开发，提升企业开发效率
产业服务	产能共享	通过对园区内企业产能信息的大数据采集，对园区各产业产能情况进行分析和发布，实现剩余产能的分享，提供资源能力发布、询报价、优选、支付等功能
	产业链协作	围绕园区主导产业和特色产业，整合产业链上下游资源，实现园区内产业链配套协作。引入更多优质服务商，支持企业设计、检测、3D 打印等在线服务供需对接
	产业分析	采用电子地图或数据可视化方式，对园区企业发展、产业规模、产业结构、地块经济贡献、园区税收情况、企业园龄、智能化情况等指标进行分析和展示
	经济运行监测	通过园区重点经济指标统计查询、经济运行专报、经济运行监测与分析、经济预测分析、产业要素分析、产业发展专题分析等，实时了解园区经济运行情况，方便管理机构经济决策

续表

服务层次	服务类型	服务内容
产业服务	金融服务	整合各类金融资源，打造集金融产品投放、政策支持、融资需求发布、融资方式介绍、融资辅导、对接服务于一体的融资服务
	物流服务	整合园区内部、周边物流服务机构，提供车源及货源信息发布、查询、匹配、报价、撮合担保等服务

6.3 面向行业应用的行业云解决方案

行业云是面向食品、软件、化工、电子、模具等重点行业而搭建的平台，行业云板块可以基于工业云的平台能力，针对这些行业的实际需求进行"增链""强链""补链"，为这些行业提供个性化的产品和服务，实现行业资源与能力的协同共享，促进这些行业数字化、网络化、智能化水平的整体提升。

作为公有云的重要组成部分，行业云有效地实现了行业内的数据共享及数据活化，提供了更好的公众服务，为社会生产力的发展助力。同时，行业云也可以帮助行业数据拥有者将数据转化为服务能力，提升业务价值。

行业云的特点：

（1）服务公众，但是数据对于特定行业价值较大。

（2）服务涉及的数据资源具有垄断性和不可替代性。

（3）对行业云而言，数据就是第一生产力，是行业云的核心资产。

（4）行业云的功能在于实现从数据到服务的转化。例如，在地图导航业务中，通过导航设备收集到的车流量等海量数据，经过挖掘分析和多点碰撞处理，我们就可以得到交通流量、交通预警等信息，进而提供给交通管理部门及社会大众使用，为社会管理和大众出行提供服务。

6.3.1　行业云典型应用场景

行业云平台的典型应用场景覆盖产业链设计、采购、生产、销售、售后服务各个环节，通过云平台汇聚的资源和提供的工具为行业内企业间、企业与行业服务机构之间、企业与终端用户间建立信息沟通、资源共享、能力协同的便捷渠道，实现行业资源泛在连接、弹性供给和高效配置，提升行业整体效率。

1. 协同设计

协同设计包括产品设计、数控编程、仿真模型分析等。核心制造企业通过平台发布设计需求，包括工艺、模型、代码、工期、检测、试制要求等，各类设计工程师通过平台响应需求。设计方借助平台提供的设计工具完成设计工作并将程序、模型、设计文档上传平台，并由平台整合第三方评价、金融、保险等机构为设计交易订单提供辅助服务。

2. 跨企业协同生产

针对生产企业产能不足或产能瓶颈等问题，满足跨企业联合生产的需求，开展工业互联网平台与多企业异构信息系统的集成，打通生产环节的数据通路。用户能够即时获得不同企业的产能信息，并根据订单要求，线上线下磋商，确定合作模式。应用云端有限产能排产工具，实现订单与多工厂产能的匹配，根据工期、物流距离等约束条件将订单最优分配给多家企业联合生产，最快实现订单交付。

3. 供应链协同

平台汇聚的行业上下游供应商、服务商，为制造企业提供原辅材料的采购与外协加工对接服务。支持企业开展能力匹配和需求匹配，寻找最优的解决方案，并提供供应商管理、供应链过程管理等服务，支持跨企业供应链协同。

4. 社会化协同制造

平台聚集了大量的行业制造资源，包括工业设备、制造能力和服务，平台上的用户能够应用这些资源开展生产。用户可以通过工业互联网平台获取订单，并通过平台配置的涵盖设计、仿真、生产的全过程 App，进行订单的生产、外协及交付等工作，实现社会化协同制造。

5. 服务型制造

制造企业通过提高自身产品智能化水平，利用标识解析、传感器等技术实现产品与平台的连接，及时获取产品出售后的运行状况。除了实现基于数据的预测性维护、远程运维、设计优化，还可以整合上下游资源，拓展产品与其他要素的连接，帮助下游用户进行产能共享、"产品+服务"等商业模式创新，更充分地发挥智能产品的价值。

6.3.2　行业云解决方案价值

行业云通过引入工业互联网平台技术及运营服务商，实现整个行业生态、业态的改变。平台既支持大企业突破企业边界，实现更大范围的行业资源开放与协同，又支撑中小企业作为产业链的组成部分，更好地融入行业体系中，发挥分工协作作用。同时不同行业平台更容易形成具备行业特色的"政、产、学、研、金、用"资源积累，多方面激活各参与方的潜在价值。行业云是各个行业资源的汇聚，以在线服务的形式服务于企业，以解决资源和信息严重的不对称问题，特别是行业云可以促进资源信息（数据）在行业内部的聚集和共享，还可以帮助行业数据拥有者将数据转换为服务，提升业务价值。

从行业发展角度看，行业云平台的建立打破了行业内信息孤岛、资源分散的局面，通过产业链资源整合支撑产业链上下游业务分工协作，减少产业资源浪费，提高行业整体效率。

从社会的角度看，未来的行业云将是一种引导性的社会服务。现代经济社会是以信息公开和快速流动作为前提的，人们对于信息、信息服务的需求不断提高。相比公众云，行业云能提供更加丰富的信息服务，如针对商业组织的市场情报与服务，针对农林牧生产的地理、气象信息和服务等。过去，企业内部分支机构往往是信息孤岛，行业云可以实现数据共享和信息互联，从而连接孤岛，让企业内部形成小型生态圈。当诸多同一行业的企业聚集于一个行业云时，有利于促进整个产业链的协同发展，互利共赢。

6.3.3 行业云技术架构

面向行业应用的工业互联网平台能够用于构建行业产业链生态体系，实现产业链各环节的要素资源汇聚和业务协同，形成行业协同制造、衍生服务等新模式。

如图 6-3 所示，行业云的技术架构主要有基础设备、服务层、应用层三层。基础设备层是将各类计算资源、存储资源、网络资源等资源池化；服务层整合数据管理、部署管理、安全管理、资源虚拟化、资源调度管理等各模块，通过标准化的服务接口（RESTful API）为应用层上的各行业提供专业的服务。

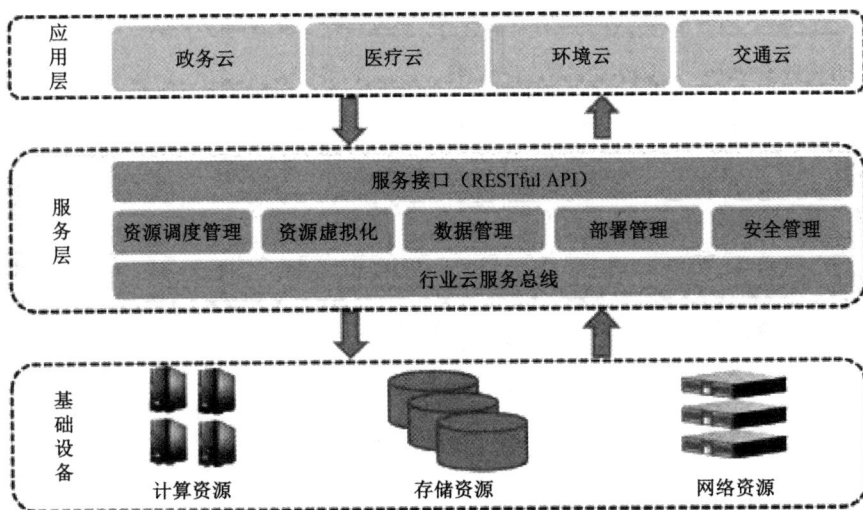

图 6-3　行业云的技术架构

行业云的特点在于既发挥了网络的协同共享作用又能保持数据的独立性。作为我国云计算应用的突破口，行业云的落地较好满足了国内企业对性能与安全的双重需求，目前国内相关企业已在建筑、化工、医疗、军工、金融、通信、电力及公安、医疗、交通、税务等诸多领域推出了解决方案。

6.3.4　应用服务体系

行业云是针对行业有偿或无偿提供服务的平台，根据不同的行业提供不同的技术和服务。行业云解决方案主要包括云设计、云协作、供应链云服务、云生产、营销链云服务、售后链云服务等方面的应用服务。

1. 云设计

云设计通过云平台，整合行业中设计活动的计划、流程、数据、软件等各类设计资源，提供云端服务，帮助企业完成设计、分析、工艺等业务活动。

云设计中心的功能主要包括任务管理、数据管理、在线设计/分析、在线工艺设计及专家在线咨询等。任务管理功能可以分发或众包用户提交的设计任务，实现分工协作，并对任务进度实时跟踪；数据管理功能主要是指对产品的零件信息、设计文件和相关的配置等数据进行云存储与管理，以及企业内部和跨企业的会签流转和模型管理功能；另外，云设计中心提供资源池内设计/分析软件的在线使用，提供参考模型与典型案例的分析、集成、共享及管理；提供 CAPP 等工艺类软件，使用户能进行在线设计和工艺分析；专家在线咨询功能为用户提供资源池里存储的专家信息，用户根据需要选择专家，在线上进行实时的设计、分析及工艺等方面的咨询。

云设计中心的客户价值在于：

（1）实现分布、异地设计团队协同开发。

（2）规范企业内外业务流程管理，维护数据一致性。

（3）PDM、CAD、CAE 等软件改买为租，降低建设与运维成本。

（4）资源池为企业所用，降低人力与组织成本。

2. 云协作

云协作整合面向制造过程全生命周期的制造服务，提供服务的在线发布、搜索、选比、评价等对接交易支撑功能，吸引、整合社会化专业资源形成 3D 打印云服务、工程仿真云服务、软件外包云服务等工业云服务，供用户在线使用，同时提供软件、知识产权、标准规范、专家等在线资源，集中经营、共享使用。云协作中心的客户价值是，帮助企业突破自身资源能力的限制，消除信息不对称，找到优质制造服务商；帮助制造服务商找到商机，拓展市场渠道，释放闲置产能；降低企业配置、交易和使用资源/服务的风险和成本。

3. 供应链云服务

供应链云服务提供对企业内部进/销/存的管理及企业间进/销/存业务交互的服务。企业实现从计划、物料申购、采购到出入库、结算等全部环节的业务流程数字化和规范化管理。通过供应链云服务打通企业间采购、销售、仓储管理等数据接口，实现企业间协同和无缝对接。

供应链云服务可以借助往来的业务信息，管理供应商信息、资质，建立信用评级制度，更好地掌控产业供应链；提供直接下单、询报价、招投标等多类采购业务模式，完成交易撮合，降低采购成本；严格管控采购计划、订单和合同，规范企业内部流程；完成扫码出入库和动态库存管理，对货物进行应收付管理。

供应链云服务的客户价值在于：

（1）针对客户需求，为客户动态、敏捷地构建供应链。

（2）对价格、订单、应收应付等严格管控，为客户提供供应链精细化管理。

（3）提高库存准确率，缩短采购周期与销售周期，加快库存周转率。

（4）提供移动办公方式，使客户能够随时随地办理业务。

（5）提供各类统计分析报表，为经营决策提供数据支持，提高业务精细化管控水平。

4. 云生产

云生产中心通过生产任务管理、云排产调度、云 ERP、云设备等功能，整合生产活动的设备、工具、量具等资源信息，集成计划、流程、数据、软件等，帮助企业优化生产资源配置，使企业能够高效共享各类资源，降低资源闲置率。

企业通过云排产协调调度生产资源，实现跨工厂生产计划排程，可以解决自身生产能力不足的难题；通过生产任务管理，统计分析各产线、各厂区当前生产任务的情况；通过云设备在线远程监控、操作各类机器设备；通过在线租用云 ERP、云 MES 系统，降低建设维护的费用。

云生产中心的客户价值在于：

（1）帮助企业打造面向生产的动态协作网络，实现生产业务过程的柔性重组、自动衔接、全局优化。

（2）降低企业信息系统（ERP、MES）建设、运维成本，变买为租。

（3）向用户提供最优质的社会化加工、检测等设备。

（4）帮助生产企业释放产能，提高生产、加工资源利用率。

5. 营销链云服务

营销链云服务主要实现对营销业务的全程管控，主要功能有：

（1）实现订单管理、费用管理、价格管理、推广促销、竞品分析等多维度管控。

（2）从批发到零售的基于二维码的全过程跟踪。

（3）总部、区域、经销商、销售网点等多级管理。

营销链云服务的价值在于：

（1）覆盖销售过程各个环节，全面掌握企业销售经营情况。

（2）支持传统营销、移动终端营销、微信营销等多种营销模式。

（3）降低企业营销成本，提高营销效率。

6. 售后链云服务

企业通过售后链云服务快速响应用户反馈，改变传统服务模式，提升用户满意度。售后链云服务的主要功能有：

（1）支持企业用户管理、配件管理、库存管理、安装管理、维修管理、回访管理、结算管理等多重管控。

（2）从销售订单到售后服务接单的自动化流转。

售后链云服务的价值在于：

（1）基于行业客户提供个性化、终端化管理。

（2）自动化接单，快速响应用户反馈，提升用户满意度。

（3）实现从售后服务单到生产订单自动化流转，基于用户反馈定制产品，改变传统服务模式。

6.4 面向区域应用的工业云解决方案

工业云是一种新型的网络化制造服务模式，融合先进制造技术和互联网、云计算、物联网、大数据等信息技术，以公共服务平台为载体，通过虚拟化、服务化和协同化方式汇聚分布、异构制造资源和能力，在产品制造全生命周期各个阶段提供优质、及时、低成本的服务，实现制造需求和社会资源的高质高效对接[112]。其主要特征包括：

（1）制造资源高度集成和共享。工业云服务平台整合产品的研发设计、生产销售、使用、维护保养等全生命周期各个阶段的资源信息，为用户方便、快捷地提供各种制造服务，以实现社会化制造资源的充分共享、制造能力的高度协同、全产业链的开放协作。

（2）面向网络的制造。任何企业、个人都可以向工业云平台贡献制造资源、制造能力、制造技术和知识；任何企业、个人都可以在平台上获取所需的制造资源、制造能力、制造技术和知识，开展活动。

（3）按需提供服务。工业云平台上的制造资源、制造能力、制造技术、制造知识等都能作为服务提供给用户，还可以随时随地组织相关服务商为用户提供所需的服务，实现"制造即服务"。

6.4.1　区域工业云典型应用场景

企业上云是工业互联网推广应用的落脚点。区域政府管理机构希望借助工业互联网平台的建设和运营引导区域内企业使用云平台提供的产品和服务，更快地完成信息化、数字化转型升级；同时通过引导企业上云，形成区域制造资源集聚或数据汇聚，从为单个企业赋能逐步发展到为区域经济发展赋能。针对企业和政府两侧需求，区域工业云典型应用场景包括产品与能力供需对接、云化软件、设备上云、业务上云、经济运行监测分析等。

1. 工业品供需对接

区域工业云基于平台电子商务为制造企业提供产品采购、销售、易物、租赁等制造资源供需对接服务。产品供应方对工业产品进行描述和发布，需求企业可在线购买，完成线上交易；需方发布工业产品采购需求，供应商可快速查找并响应需求，完成线上交易。这对产品供方来说，可线上拓展产品的销售渠道，实现产品的智能推送，提高交易的精准度和效率；对需方来说，可更大范围获得优质产品，缩短产品的采购周期，降低采购成本。

2. 通用云化软件在线使用

覆盖研发、设计、生产、管理、运营各环节的通用软件云化部署改变了传统软件服务模式。软件服务商通过平台提供的 App 部署环境和工具实现软件的云化部署，并通过平台提供的运维工具实现软件维护。中小企业用户通过平台提供的"在线选购""即需即用"等软件服务，可实现在线租用、按模块在线购买、下载使用、在线对接、支付等，大大降低企业使用工具类软件的成本。

3. 设备上云与资产数字化管理

制造企业通过平台提供的智能网关、工业现场协议、主流网络传输通信协议实现生产设备、智能产品和工业服务接入云平台，对设备/产品运行数据进行实时监控分析，实现设备资产数字化管理、预测性维护、远程运维和工艺设计优化，解决企业设备运行维护效率低、成本高及因停工维护造成的损失等问题。同时通过设备上云，将企业内部 IT 系统、OT 系统与互联网连接，可以为企业进一步数字化转型升级打好基础。

4. 区域产融结合服务

工业云平台可以整合金融机构资源满足平台用户资金需求。利用平台归集的政府数据、外部数据和企业用户在使用平台服务过程中的沉淀数据，平台可以联合金融机构共同完成对企业的画像，从行业、能力、信用等不同维度对企业进行模型建模、信用评估、分析评估结果，支持中小企业在线提交资金申请，快速获得金融机构授信结果。

5. 政府管控专区

通过区域工业云平台对企业各类数据的汇聚，以及大数据和人工智能技术的应用，政府管理部门可以方便地对区域重大产业、工业园区和规划投资、重点企业的发展进行监测，通过对平台供需撮合成功率及企业其他数据的分析，确定产业链断点堵点，帮助政府管理部门及时了解区域工业经济发展状况，并制订基于数据的区域经济政策和发展规划。

6.4.2 工业云解决方案价值

2013 年，北京、天津、河北、内蒙古、黑龙江、上海、江苏、浙江、山东、河南、湖北、广东、重庆、贵州、青海、宁夏 16 个省市被工信部确定为首批工业云创新服务试点，建设工业云服务平台，推进制造需求和社会化制造资源的高质高效对接[113]。2021 年 1 月，工信部印发的《工业互联网创新发展行动计划（2021—2023 年）》将区域工业云的建设列为重点任务之一，"面向制造资源集聚程度高、产业转型需求迫切的区域，打造区域特色工业互联网平台，推动平台在'块状经济'产业集聚区落地"。在区域应用中，工业云发挥的重要作用包括：

（1）降低企业信息化应用门槛。工业云模式为企业提供了一种全新的产业生态环境，企业既能够方便、灵活、低成本地从工业云平台在线获取所需资源和工具，又不必利用大量的资金和人力成本来购置和维护，降低了企业尤其是中小微企业利用信息化开展创新的成本和门槛，推动了"两化融合"水平的提升，增强了企业市场竞争力。

（2）促进企业创新能力提升。工业云平台有效整合、汇聚个人和企业创新资源和成果，为企业创新提供智力和资源支持，推动企业创新模式变革，提高企业研发效率，充分利用社会化智慧来增强企业创新能力。

（3）推动企业生产方式和产业组织创新。工业云推动生产互联化和社会化制造资源共享，盘活存量制造资源，解决制造能力地区发展不平衡和不协调的问题，提高资源利用率，降低社会整体的资源使用成本。通过工业云平台，企业能准确把握用户的需求，抓住市场机遇，拓宽企业业务渠道，提升企业的运营效率，发挥"1+1>2"的协同效应。

（4）为区域政府推动企业上云和区域经济转型升级提供抓手，实现基于数据的经济分析和决策制定。

6.4.3 工业云产品与服务体系

1. 工业云架构

工业云面向"两类用户"（企业及公众用户、政府用户）提供"三类服务"（企业云服务、产业云服务及区域云服务）。工业云平台由资源层、网络层、基础层、平台应用层、门户层五部分及安全体系、标准体系两大服务体系组成，如图6-4所示。

（1）资源层。

资源层主要包括工业资源与数据资源两大类：工业资源主要包括高性能计算/存储资源、工业软件资源、企业信息化系统资源及工业设备资源；数据资源主要包括来自各类型企业的企业数据资源、来自互联网的公共数据资源及来自各级政府平台的政府数据资源。

（2）网络层。

各类资源通过网络层的公共互联网及政务外网进行联通，并为上层应用提供资源与数据支持。其中政务外网主要集成各级政府及医疗、水电等企事业单位平台的非密敏感数据，经过过滤后通过互联网为工业云提供服务。

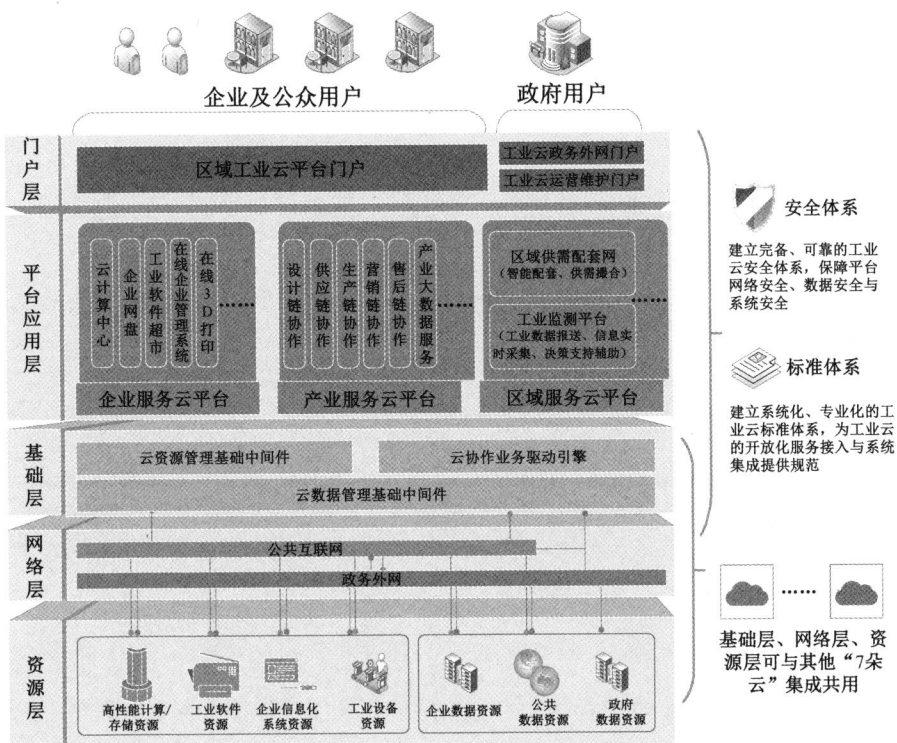

图 6-4　工业云平台架构

（3）基础层。

基础层包括云数据管理基础中间件、云资源管理基础中间件及云协作业务驱动引擎三部分。

云数据管理基础中间件集成并实时采集来自各企业的企业数据资源、来自互联网的公共数据资源及来自各级政府平台的政府数据资源，并为工业云上层应用服务提供数据支撑。

云资源管理基础中间件通过云计算、SOA 等技术手段实现计算、存储、网络、软件等信息资源的集中管理、调度、监控和使用，为上层应用提供统一基础设施支撑和负载均衡、高可用、互操作、认证授权、计量、开放测试等应用支撑。

云协作业务驱动引擎通过工作流的方式驱动各类研发链、供应链、生产

链、营销链及服务链上企业间业务数据、表单按流程、按角色流转，并基于云
架构的多租户方式，为不同企业、不同用户提供个性化、按需的系统服务。

（4）平台应用层。

企业服务云平台：主要提供包括高性能计算/存储资源、工业软件资源、
企业信息化系统资源及工业设备资源等各类资源服务在内的企业应用服务。

产业服务云平台：为企业用户提供各类研发链、供应链、生产链及营销
链、服务链上的跨企业协作服务，并基于工业云平台采集的各类大数据为企
业提供产业大数据服务，以及面向产业的金融、物流等配套服务。

区域服务云平台：一方面以省级配套网为基础，结合大数据及人工智能
技术，为企业提供智能化的区域性配套与供求撮合服务；另一方面以省级产
业市场监测平台为基础，利用物联网技术实现工业运行数据实时采集，实现
区域性工业经济管控与基于数据的决策辅助等相关功能。

（5）门户层。

工业云平台在面向政府、企业及公共用户时提供界面友好、风格统一的
区域工业云平台门户，将工业云平台服务分类开放给各类用户。包括基于政
务外网、面向政府的产业监测平台门户和基于互联网、面向企业和个人用户
的工业云平台门户。工业云门户同时支持互联网、移动互联网等多种访问渠
道，支持 PC 端、手机端等丰富的访问终端。

（6）安全体系。

工业云平台贯穿企业的生产、研发、销售等核心业务过程，涉及设计图
纸、生产 BOM 数据、订单信息、客户关系、财务、人力资源等核心数据。
因此，需要从技术、管理、外部保障三个角度，从网络、数据、应用三个层
面建立一套"可防、可控、可查"的全方位的安全规范体系。

（7）标准体系。

工业云平台是一项体系架构复杂、涉及面广、建设周期长、需要多方合
作共建的大型系统工程，且工业云平台建成后要走市场化运营的道路。因此，
从组织、建设到运维、管理，再到市场化运营，都离不开主管部门、参建单

位、合作企业及运营机构的组织和协作，建立配套、完善的标准规范体系则是平台建设开发和运行管理规范化、制度化的保障。

标准规范体系涵盖工业云平台的建设、推广和运营过程，主要分为技术规范、数据标准和管理制度三类，如图 6-5 所示。

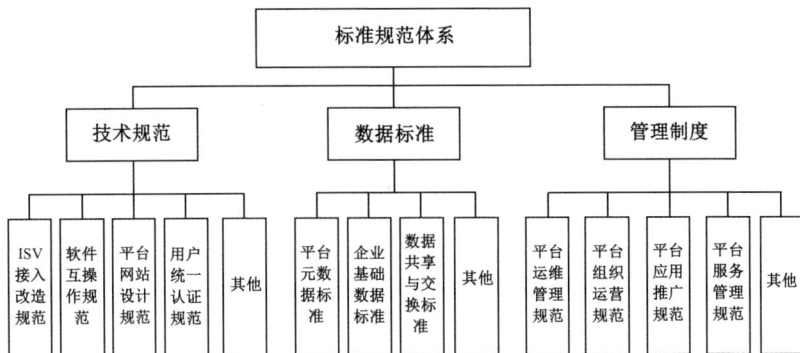

图 6-5　标准规范体系

技术规范：主要用于规范平台自身的研发过程和平台各类服务的接入及互操作过程，主要包括第三方软件（ISV）接入改造规范、软件互操作规范、平台网站设计规范、用户统一认证规范等。

数据标准：主要用于维护工业云平台在数据层面的统一性，从而便于各类服务之间的信息共享与交换，主要包括平台元数据标准、企业基础数据标准、数据共享与交换标准等。

管理制度：主要用于规范平台自身的运营推广和对外服务，主要包括平台运维管理规范、平台组织运营规范、平台应用推广规范、平台服务管理规范等。

2. 工业云应用服务体系

工业云应用服务体系大体分为四个层次，包括面向企业、产业、区域的工业云基础服务，以及以大数据为核心的工业云增值服务，如表 6-2 所示。

表 6-2　工业云应用服务体系

层次	服务类型	服务内容
企业云服务	云计算中心	整合各类计算中心能力，为企业提供在线云计算服务
	企业网盘	为企业提供数据、文件安全存储备份的网盘
	工业软件超市	集成整合，并在线化、商品化工业软件应用服务
	在线企业管理系统	为企业提供在线 OA、ERP、CRM 等信息化服务
	在线 3D 打印	提供 3D 打印设备的在线应用
	......	
产业云服务	研发链协作	为跨企业开展在线协同研发、模型会签等设计协作提供在线系统支持
	供应链协作	提供按需、动态的跨企业供应链管控服务
	生产链协作	支持企业产品委外加工、云排产等在线协作
	营销链协作	提供完备的跨企业营销渠道管控服务
	服务链协作	提供完备的跨企业售前、售中、售后管控服务
	......	
区域云服务	智能配套与供求撮合服务	为省内企业提供智能化的企业供求关系匹配与撮合服务
	工业/产业监测服务	为政府提供实时采集的工业运行数据与统计分析、决策支持
	......	
工业云增值服务	产业大数据服务	基于公共数据、企业业务数据及政府行业数据，为企业提供精准营销、BI/II 等大数据增值服务
	金融物流配套服务	提供支付、金融信贷、第三方物流等配套服务
	......	

参考文献

[109]　2020 工业富联灯塔工厂白皮书[R]. 工业富联、亿欧智库及腾讯云. 2020.

[110] 李伯虎，柴旭东，张霖等. 智慧云制造：工业云的智造模式和手段[J]. 中国工业评论，2016，No.13(Z1)：60-68.

[111] 王文利. 智慧园区实践[M]. 北京：人民邮电出版社，2018.

[112] 李潭，张京楠. 全国工业云平台调查[DB/OL]. 航天云网内部资料，2016.

[113] 肖琳琳. 工业云的创新服务模式[J]. 新产经，2015：70-71.

云制造

7.1 应用需求

在当前全球新一轮技术革命和产业革命蓬勃发展的大背景下，我国正处在产业从价值链低端转向中高端、从制造大国向制造强国转变的关键时期，迫切需要一种新的制造模式促使制造流程、制造手段、产业生态系统等发生根本性变化。云制造是一种基于网络、面向服务的制造新模式，基于云制造理念、模式和手段构建的云制造系统，能够满足国家制造业数字化转型升级、大型企业/集团企业制造服务模式转型、中小微企业产业聚集协同发展等多应用主体、多层次、全方位、系统化的应用需求。

7.1.1 支撑国家制造业数字化转型升级，满足制造行业重构发展模式的应用需求

目前我国处于制造转型的最重要时期，我国制造业在国际分工中仍处于"制造—加工—组装"低技术含量和低附加值环节，高档数控机床、高端工业软件等工业行业关键装备和软硬件大多依赖进口，自制产品仍处于全球产业链的中低端，并面临发达国家和其他新兴经济体双重挤压的严峻挑战，传统产业的结构化转型升级迫在眉睫，中国制造业必须尽快形成自己的特色优势，实现向"服务型制造""绿色制造""中国创造"的转变[114]。云制造相关技术的研究与应用能够促进我国制造业向以用户为中心，以"产品+服务"

为主导的"集成化、协同化、敏捷化、绿色化、服务化、智能化"的新经济增长方式发展[115],并对各类行业、企业的组织结构、研发生产流程、运营管理方式进行重构,以满足各行业对大规模个性化定制、智能化生产、网络协同制造、服务型制造等新模式的应用需求。因此需加快推进云制造模式在传统制造企业的推广和落地,服务于国家制造业数字化转型升级,革新制造业发展模式,提升全要素生产率,构建和完善制造业创新生态系统,构筑竞争新优势。

7.1.2 满足大型企业/集团企业制造服务模式转型与业务高效协作的需求

随着大型企业、集团企业的产业规模不断扩大,生产经营的难题也逐渐显现。一方面,跨地域、跨企业、跨车间的数据、信息、生产资源等很难打通,碎片化严重,各业务环节协同不畅,企业内部资源/能力整合和优化配置能力不足;另一方面,为应对越来越激烈的市场竞争,企业模式需由单一产品向"产品+服务"进行转变,同时要能为用户提供个性化的体验。因此,急需通过云制造系统将企业内制造资源和制造能力上传到云平台的虚拟化云池,以便企业进行统一、集中管理和调度,并且基于系统所提供的门户界面、开发工具、工业应用软件、工业机理/数据/业务模型、集成中间件等服务,打通企业内外从研发、生产到销售、售后等全业务流程环节,满足企业高层管理、生产经营、执行监控等各类人员的应用需求,以及企业与客户间的高效协作的需求,带动生产组织和制造模式的智能化变革。

7.1.3 支撑为中小微企业提供公共服务的平台建设,促进资源聚集的产业生态发展

中小微企业因资金规模有限、技术实力和创新能力不足,面临销售采购渠道不畅、资源组织协作效率低、定制化开发工业应用门槛高等问题,急需公共服务平台提供 IT 基础设施资源、供需撮合、云端应用软件、融资、智能化改造等各种专业服务,降低企业配置、交易和使用资源/服务/产品的风

险与成本。云制造系统向下支持各类工业设备、工业服务等资源的接入，向上支撑产品全生命周期活动，提供各类应用软件工具集，并可为中小微企业及个人创业者提供所需的开发环境，通过云制造系统能够支撑政府建设中小微企业公共服务平台，实现中小微企业产业聚集，形成中小微企业合作共赢的协同发展生态体系，使中小微企业拓宽销售渠道、降低运营成本、提高生产管理效率。

云制造系统是一种基于泛在网络及其组合，人、机、物、环境、信息深度融合，提供智能制造资源、能力和产品，并能够随时随地按需服务的一种"互联网（云）+制造资源与能力"的智能制造系统[116]。云制造系统是一种"人、信息（赛博）空间与物理空间"融合的"智能制造资源/能力/产品"智能互联协同服务的工业互联网系统，它可以应用到各个层次，包括产品、设备、单元、工厂、区域、行业、跨行业等，同时可以应用到横向制造全生命周期的活动，以及端对端间的连接场合，能够更有力地支撑制造业数字化、网络化、云化、智能化转型升级，带动制造业实现数字化转型的跨越式发展，培育数字经济新动能。

7.2　云制造的内涵

宏观来讲，云制造是具有中国特色的智能制造系统。

具体来说，云制造是基于泛在互联网及其组合，在新一代智能科学技术的引领下，在智能科学技术、制造科学技术、信息通信技术及制造应用领域专业技术四类技术深度融合的背景下，借助数字化、网络化、云化、智能化技术手段，构成的以用户为中心、统一经营的智能制造资源、产品与能力的云服务（网），使用户通过智能终端及智能制造服务平台便能随时随地按需获取智能制造资源、产品与能力，进而优质、高效地完成产品制造全生命周期的各类活动；能够自主智能地对制造全系统、全生命周期活动（产业链）中的人、机、物、环境、信息进行感知、互联、协同、学习、分析、认知、决策、控制与执行；促使制造全系统及全生命周期活动中的人、技术/设备、管理、数据、材料、资金（六要素）及人流、技术流、管理流、数据流、物流、资金流（六流）集成优化，形成一种"以用户为中心，人/机/物/环境/信息优化融合"，互联化（协同化）、服务化、个性化（定制化）、柔性化、社会化、智能化的智能制造新模式和"万物互联、智能引领、数据驱动、共享服务、跨界融合、万众创新"的新业态，以实现高效、优质、节省、绿色、柔性地制造产品和服务用户，进而提高企业（或集团）的市场竞争能力[117-119]。

7.3 云制造系统的体系架构和技术体系

7.3.1 云制造系统的体系架构

云制造系统是基于云制造的内涵构建的系统，其体系架构由智能资源/能力/产品层、智能感知/接入/通信层、智能边缘处理平台层、智能制造系统云端服务平台层、智能制造云服务应用层及人/组织层六层组成[120]，如图 7-1 所示。

在图 7-1 中：

工业 IaaS（Infrastructure as a Service）为工业基础设施及服务；

工业 DaaS（Data as a Service）为工业数据即服务；

工业 PaaS（Platform-as-a-Service）为工业平台即服务；

工业 SaaS（Software-as-a-Service）为工业软件即服务；

工业 CaaS（Capability-as-a-Service）为工业能力即服务；

工业 PROaaS（Product-as-a-Service）为工业产品即服务；

RFID（Radio Frequency Identification Devices）为无线射频识别；

GPS（Global Positioning System）为全球定位系统。

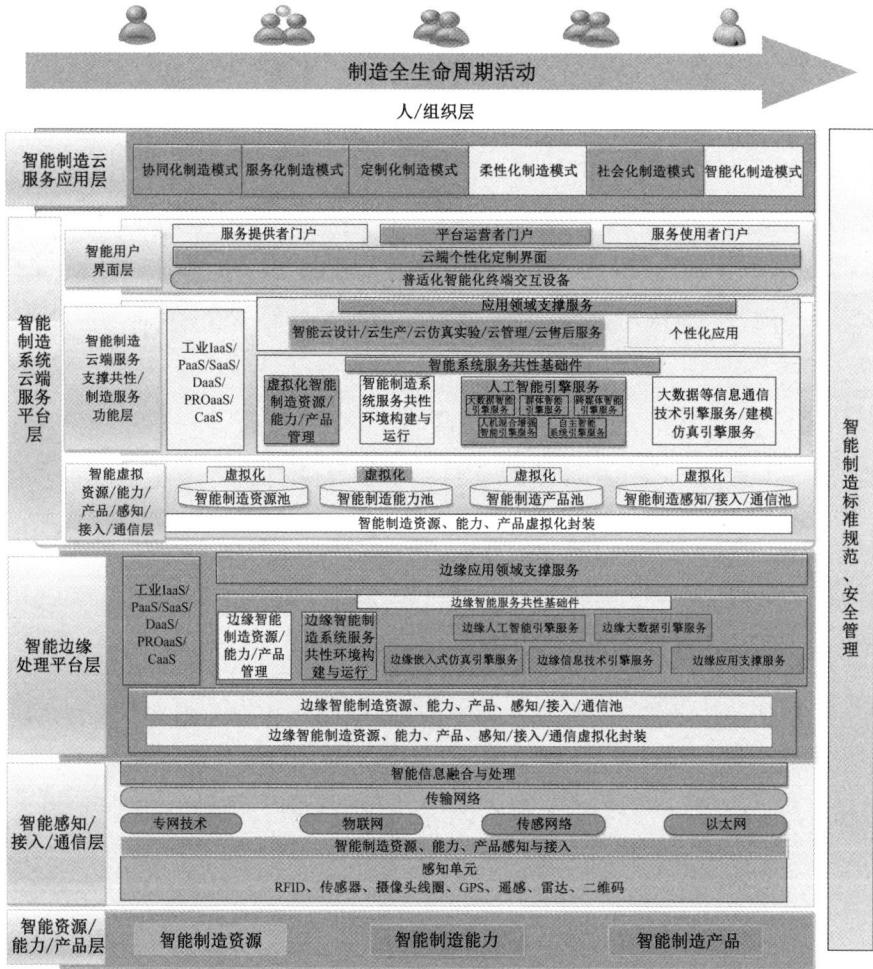

图 7-1　云制造系统的体系架构

其体系架构中的六个层级具体包括：

（1）智能资源/能力/产品层，由接入系统的智能制造资源、能力和产品组成。

（2）智能感知/接入/通信层，借助 RFID、GPS、二维码、状态参量传感器等感知单元、变换采集与数据接入技术，通过专网技术、物联网、传感网络等传输网络，实现智能制造资源、能力、产品中信息的融合与处理。

（3）智能边缘处理平台层，对边缘智能制造资源、能力、产品、感知/接入/通信进行虚拟化封装形成资源/能力/产品/感知/接入/通信池，通过工业IaaS/PaaS/SaaS/DaaS/PROaaS/CaaS 及边缘人工智能引擎服务、边缘大数据引擎服务、边缘嵌入式仿真引擎服务、边缘信息技术引擎服务、边缘应用支撑服务等边缘智能服务共性基础件提供边缘应用领域支撑服务。

（4）智能制造系统云端服务平台层，由智能虚拟资源/能力/产品/感知/接入/通信层、智能制造云端服务支撑共性/制造服务功能层及智能用户界面层三层组成。其中，智能虚拟资源/能力/产品/感知/接入/通信层主要是对资源/能力/产品/感知/接入/通信进行虚拟化封装，在云端形成虚拟化资源/能力/产品/感知/接入/通信池；智能制造云端服务支撑共性/制造服务功能层提供群体智能引擎服务、自主智能系统引擎服务等智能系统服务共性基础件，并能提供面向智能云设计、智能云生产、智能云仿真实验等面向具体应用领域的支撑服务；智能用户界面层面向普适化、智能化终端交互设备为服务提供者、平台运营者和服务使用者提供个性化定制门户及界面。

（5）智能制造云服务应用层，面向协同化制造、服务化制造、定制化制造、柔性化制造、社会化制造、智能化制造六种云制造服务模式提供应用服务。

（6）人/组织层，由参与云制造系统全系统及全生命周期活动中的人/组织组成。

各层均有适用于该层的标准规范及安全管理要求。

该体系架构在纵向范围上适用于产品、设备、单元（线）、工厂（企业）、区域、城市、行业、跨行业等；在横向范围上适用于制造全生命周期活动；此外，也适用于端对端间的集成。

7.3.2 云制造系统技术体系总体框架

云制造系统技术体系总体框架包括系统总体技术、智能产品专业技术、智能感知/接入/通信层技术、智能边缘处理平台技术、智能云端服务平台技术、智能产品设计技术、智能生产/装备技术、智能经营管理技术、智能仿真与实验技术及智能售前/售中/售后服务技术[121,122]，如图 7-2 所示。

系统总体技术	智能制造模式、商业模式、系统架构技术、系统集成方法论、标准化技术、系统开发与应用实施技术、系统安全技术等。
智能产品专业技术	面向互联网、服务化、协同化、个性化（定制化）、柔性化、社会化的智能产品专业技术。
智能感知/接入/通信层技术	各类感知器技术、传感技术、物联网、移动互联网、车联网、卫星网、天地一体化网、未来互联网等。
智能边缘处理平台技术	边缘虚拟化、服务化技术、边缘人工智能引擎、边缘制造大数据引擎/仿真引擎/区块链引擎、边缘制造技术等。
智能云端服务平台技术	云端虚拟化/服务化技术、虚拟化制造服务云端环境的构建/管理/运行/评估技术、智能虚拟化制造云信息服务技术、制造知识/模型/大数据管理、分析与挖掘技术、智能制造云端智能引擎/仿真引擎、人工智能引擎等技术、普适人/机交互技术等。
智能产品设计技术	面向群体智能的设计技术、面向跨媒体推理的设计技术、物理与数字云端交互协同技术、智能CAX/DFX技术、智能制造预测、分析和优化技术、智能3D打印、面向跨媒体推理的智能生产工艺、基于数据驱动与知识指导的设计预测、分析和优化技术、智能机床、基于大数据的智能云仿真技术等。
智能生产/装备技术	智能工业机器人、智能柔性生产、智能产线管理、企业管理、质量管理、云销售管理、单件/组件/系统的智能制造技术、基于大数据的智能实验技术、基于大数据的智能仿真生产技术、电子商务、基于大数据的智能装备故障诊断、智能云装备故障诊断、智能增值服务技术等。
智能经营管理技术	基于大数据驱动与知识指导的智能项目管理、智能物流管理、云供应链管理、云物流管理、云资金流管理、智能售前/售中/售后综合保障服务技术等。
智能仿真与实验技术	基于大数据驱动与知识指导的智能建模与仿真技术、基于大数据的智能实验技术、智能仿真与实验技术等。
智能售前/售中/售后服务技术	基于大数据的智能售前/售中/售后综合保障服务技术、智能增值服务技术、智能云装备故障诊断、预测和健康管理技术等。

云制造系统技术体系总体框架

图7-2 云制造系统技术体系总体框架

7.3.3 云制造系统工业软件技术体系

云制造系统的工业软件技术体系主要包括系统软件技术、平台软件技术、应用软件技术等三类技术。

（1）系统软件技术主要研究在云计算、大数据、5G 等新技术发展下云制造系统的核心基础软件相关技术，涵盖智能制造服务器操作系统技术、嵌入式操作系统技术、制造业编程语言技术等。

（2）平台软件技术主要面向云制造系统中智能边缘处理平台层和云端服务平台层进行相关技术的研究，包括智能制造资源/能力感知软件技术、物联软件技术、智能虚拟化制造系统可信服务软件技术、普适化人/机交互软件技术等。

（3）应用软件技术主要研究大数据智能、群体智能等技术在智能制造全生命周期活动中的融合应用。例如，智能制造产品设计软件技术、生产软件技术、管理软件技术、仿真与实验软件技术及服务软件技术等。

7.3.4 云制造系统安全技术体系

随着大数据、云计算、物联网等技术的引入，云制造系统变得更加智能，同时也面临更大的安全风险。云制造系统的安全技术体系由物理安全防护技术、技术安全防护技术、管理安全防护技术和商业安全防护技术等四类技术组成[123]。

（1）物理安全防护技术主要是保护云制造系统的基础设施、设备等免受非法访问，包括安全物理环境、安全硬件设备和通信链路、使用权限与身份、安全电磁兼容环境等。

（2）技术安全防护技术涵盖对网络、数据库、信息传输、存储等相关技术的安全防护，如网络访问控制技术、数据库的备份与恢复技术、信息加密技术、反病毒技术、拟态安全防御技术、入侵防护技术及系统安全技术等。

（3）管理安全防护技术是从管理层面提出的安全防护技术，如安全法规、安全制度、安全文化等。

（4）商业安全防护技术研究商业行为中相关的安全防护技术，包括交互行为分析技术、行为辨识技术、瞬间辨识技术及实时并发技术等。

7.3.5　云制造系统标准技术体系

云制造系统的标准技术体系由基础共性标准、总体标准、平台标准和应用标准组成[124]。

（1）基础共性标准包括基础标准与安全标准两部分，其中基础标准作为其他标准的基础，包括术语、参考模型、信息分类与编码、标识标准等，安全标准包括信息安全标准与功能安全标准。

（2）总体标准涵盖体系架构、评估咨询、运营服务、集成与互操作标准等通用标准。

（3）平台标准包括智能资源/能力感知标准、智能资源/能力物联接入标准、智能资源/能力虚拟化标准、智能资源/能力服务化标准、智能资源/能力服务协同标准、智能制造环境构建/运行/评估标准、制造知识/模型/大数据管理标准及普适人/机交互标准等。

（4）应用标准主要包括云设计、云仿真、云生产、云试验、云营销、云服务、云管理等标准。

7.3.6　云制造系统评估技术体系

云制造系统的评估技术体系由水平与能力评估、效能与效益评估两部分组成。其中：

（1）水平与能力评估是指从基础建设、单项应用、协同应用、业态建设四部分进行评估。基础建设是用于衡量云制造系统中基本资源及技术保障的水平与能力，主要是对云制造系统的基础设施、条件建设、技术水平情况等进行评估；单项应用以单主体、多主体独立完成某一阶段的制造任务为评估对象，评估云制造系统在制造资源/能力共享方面的水平和能力，以及单/多主体在独立完成制造任务时与业务结合的深度与广度；协同应用以多主体协同完成单阶段制造任务或跨阶段制造任务为评估对象，评估云制造系统在集成协同方面的水平和能力，以及在完成单阶段/跨阶段制造任务时与业务结合的深度与广度；业态建设主要是对云制造系统新业态的特征覆盖度和成熟程度进行评估，评估覆盖"泛在互联、数据驱动、共享服务、跨界融合、自主智慧、万众创新"等多个角度。

（2）效能与效益评估包括竞争力、经济和社会效益两方面内容，分别通过对云制造系统竞争力变化情况的评估、对经济和社会效益水平变化情况的评估，衡量系统以直接或间接方式带来的能力提升效果[125]。

7.3.7 云制造系统支撑技术体系

云制造系统的支撑技术体系由制造技术、信息通信技术、智能科学技术与制造应用领域专业技术四大类技术组成。

（1）制造技术主要是指为云制造系统提供智能制造服务的基础技术，如先进工艺、元器件、3D 打印、智能机器人、智能机床等。

（2）信息通信技术是指为云制造系统提供各类使能服务的技术。包括云计算技术、物联网/CPS 技术、服务计算技术、建模仿真技术、数字孪生技术、自动控制技术、高效能计算技术、大数据技术、电子商务技术、安全技术、网络技术、边缘计算技术、区块链技术等，为云制造系统提供了具有融合一体化、服务化、智能化、高效化、精确化等特点的使能技术。

（3）智能科学技术是指在人/机/物/环境/信息融合的环境下，能够为云制造系统提供智能感知、认知、学习、分析、融合、运算、监控和处理的使能技术，如脑科学、认知科学、人工智能等智能科学技术。

（4）制造应用领域专业技术是指能够为云制造系统提供应用领域需求及应用的专业技术，如信息通信技术产业、高档数控机床和机器人、航空航天设备、节能与新能源汽车、电力设备、生物医药及高性能医疗设备等行业的专业技术[126]。

7.4　云制造系统的相关关键技术

7.4.1　基于边缘制造的海量设备接入、安全、集成处理技术

　　基于边缘制造的海量设备接入、安全、集成处理技术是指在靠近物或数据源头的网络边缘侧，通过网络通信技术，运用网关等载体，实现工业现场海量异构设备的通信协议解析、数据采集、数据分析处理，以及边缘应用的管理和集成等服务的技术。主要包括网络服务、物联接入、安全可控与协同集成四类技术。

　　网络服务类技术包括能够实现下位机程序远程下载的 OPEN VPN 功能，现场东西向交互的 MODBUS SERVER 功能，如 GPRS、3G/4G/5G、NB-IOT 等无线通信功能。在工业领域，网络是边缘制造的基础资源，网络连接需要满足传输的实时性、可靠性和数据完整性。随着 OPC UA+TSN[127]和 5G 等新网络通信技术的不断发展，边缘制造场景的网络向更大带宽、更低延时特性拓展，满足了更高动态、更复杂操作的制造过程需求，如边缘智能控制、视觉监测、虚拟现实工厂等。

　　物联接入类技术能够支持如 MODBUS、OPC UA 等工业主流通信协议，实时工业以太网协议 Profinet，并具备西门子、三菱、欧姆龙等主流 PLC 的接入能力，能够实现对接入设备的反控功能。由于工业现场设备种类多、协议多、时效要求各异，加大了物联接入在互联互通、互操作等方面的难度。OPC UA 凭借其综合信息建模能力和可扩展、跨平台、安全可靠等特点，成为极具前景的工业互操作性标准，已经广泛应用在工业物联网领域。

　　安全可控类技术包括多类自主研发网关产品，例如，由航天云网公司研发的工业边缘智能数采网关 SMART IOT 6000、智能安全通讯网关 SMART IOT 6100、智能应用网关 SMART IOT 8000 等，以及现场工控安全设备和边

缘应用管理软件安全策略。边缘智能网关是实现海量制造资源感知接入的重要载体，一方面能够对工业现场异构网络中大量的静态信息和实时性动态信息进行采集、通信协议转换和数据包传输，另一方面更侧重于边缘侧数据存储与流数据处理、智能推理决策、协同应用等应用服务[128]。在边缘应用管理软件方面，可采用加密传输、身份认证、租户隔离、防火墙、审计日志等措施提高其安全性。

协同集成类技术是指能够支持边缘计算、嵌入式计算等新型计算方式，以及支持计算公式可视化的编排方式、多语言的边缘应用运行环境、多行业的边缘模型库的相关技术，并能够支持实现异构集成。为了构建协同开放的边缘计算环境和高效的边缘应用开发运行环境，支持各类典型工业智能应用，需要建立具有模块化、可移植、互操作等特点的边缘服务框架。边缘服务框架由数据服务和应用服务组成，其中数据服务包括数据采集、数据计算、数据发布等服务模块，应用服务包括运行环境、轻量开发工具、应用编排管理等[129]。

7.4.2 云端计算与云边缘计算融合技术

云端计算与云边缘计算融合技术是将基于云端的云计算和基于云边缘端的边缘计算方式融合后产生的混合计算模式。其中，基于云边缘端的边缘计算是云端计算在物联网快速发展场景下向边缘侧扩展延伸的新型分布式基础设施。云计算适用于面向全局、对实时性要求不高、通过大数据处理与分析提供决策和支撑等的应用场景；云边缘计算适用于对实时性要求高、周期短、局部范围数据处理与分析的场景。通过云端计算与云边缘计算方式的融合互补与协同，能够从资源、数据、服务等多方面实现协同共享，更好地满足多种需求场景。

云边缘节点提供边缘侧的计算、存储、网络及虚拟化等服务能力，能够对边缘侧的资源进行调度管理。同时，云端也可为边缘侧资源调度提供管理策略，从而实现云端与云边缘端的资源协同。在云边缘端，通过大数据和人工智能模型及算法，能够支持对采集的现场/终端数据进行实时高效分析和资源的高并发接入，实现本地化应用开发、模型算法及边缘应用的容器化部署运行，实现基于边缘智能的云边协同控制。在云边协同模式下，边缘端按照云端下发的处理规则、数据模型等及时对采集的现场/终端数据进行数据清洗、数据整合、数据处理与分析等工作后，将结果与相关数据上传至云端，提高数据预处理的效率，降低海量数据传输造成的网络负荷[130,131]；在云端，主要基于人工智能、机器学习、深度学习、聚类分析、相关性分析等技术和方法建立算法模型，提供海量数据的存储、分析与价值挖掘，并通过从云边缘端上传至云端的数据对模型进行迭代训练与优化，将训练好的模型下传至云边缘端，提高云边缘端在提供边缘计算、分析、预测等服务时的工作效率。通过云端计算与云边缘计算的融合应用，使数据在云端与边缘侧能够实现有序流动，以高效率、低成本的方式实现数据全生命周期的管理与价值挖掘。

7.4.3 基于大数据与人工智能服务技术 DaaS

DaaS 是一种以数据为核心的新型云计算服务模式。该技术是通过大数据与人工智能技术的深度融合应用，挖掘经数据聚合后的多源异构数据所具备的数据内在价值，并按照用户需求为其提供数据查询服务、数据智能分析服务、数据资源管理服务等多类数据服务。其关键技术包括大数据采集与感知技术、大数据集成与清洗技术、大数据存储与管理技术、大数据智能分析与挖掘技术、大数据可视化技术、大数据标准与质量体系技术、大数据安全技术等[132]。

DaaS 基于大数据与人工智能服务技术的智能分析与挖掘系统，能够支撑多源异构信息系统面向主题的数据组织与应用，其功能可以概括为"基于一个数据治理体系和两类业务需求"，建成"一个开放式中心平台和多类主题应用系统"。多类主题应用系统依托开放式平台工具，开展大数据应用系统建设，完成"数据→信息→知识→智慧（Data、Information、Knowledge、Wisdom，简称 DIKW）"过程的能力提升。在"数据→信息→知识→智慧"的处理过程中，首先，运用大数据的智能分析与挖掘系统融合待分析数据、相关数据和历史数据等，通过数据采集与清理、数据资产管理不断整合和积累，形成数据湖，并基于通用算法和专用工具对获得的多源数据进行特征提取，完成数据到信息的转换。然后，领域专家和数据科学家组成的联合团队对特征进行进一步解释与修正，利用业务建模与主题管理系统建立数据模型，形成对问题的自我状态评估、相关性与态势发展预测、行为决策等应用模型，完成从信息到知识的转换。最后，通过将各类模型产生的分析结果推送到应用系统执行并加以反馈，实现知识的智慧应用，并从应用效果中为模型改进提供新一轮的数据来源。如此循环迭代，为应用系统提供不断优化的服务。

7.4.4　基于容器技术的平台服务技术 PaaS

容器技术可以将进程所需的全部文件打包，隔离在一个镜像中，是对操作系统的资源进行再次抽象的过程，具有轻量级、快速部署、易于移植和弹性伸缩的特点。容器提供的镜像包含了应用的所有依赖项，通过打包好的服务就可以快速启动，因此在软件开发全流程过程中，具备可移植性和一致性，并且能很好地实现资源隔离和限制。基于容器技术的平台服务技术可支持基于 Cloud Foundry、Kubernetes+Docker 等混合容器编排技术，提供弹性伸缩和服务编排的通用环境，并对应用、中间件、数据库等提供容器化运行环境。平台服务通过容器的方式进行部署，可将不同服务封装为不同的容器，再通过脚本使容器之间按需协作，降低服务在不同主机上部署运行时所带来的工作难度，同时也能够降低因操作不当带来的风险[133]。

基于容器的平台服务技术能够为容器化的应用提供资源调度、服务发现、弹性伸缩、负载均衡等功能，同时监控和管理整个服务器集群，提供高质量、不间断的应用服务。向上能够提供统一开发运行环境，向下提供统一多云架构支持。通过基于容器的平台服务技术能够以集中化方式对资源进行管理调度，按照需要为容器提供 CPU、内存等资源；能够通过全局性的配置服务列表，使新的应用实例在不需要人工干预的情况下获取现有的应用环境信息，自动加入当前应用集群中；能够在资源层面监控集群资源使用情况，自动增减主机资源，通过策略自动增减应用的实时占用来实现业务能力的弹性伸缩。此外，还能够基于 Kubernetes+Docker 技术，在应用部署到大量容器集群时，实现在复杂情况下配置多容器工作负载，包括实现容器的启停、自动运行、运行状况监控、应用部署、故障转移等功能，让用户能够控制容器的启动和停止时间，将其分组合并在集群中，并能够协调应用组合的流程，实现容器化编排，提升应用全生命周期的管理能力。

7.4.5　建模、仿真引擎服务技术——数字孪生服务技术

数字孪生服务技术，是以数字化方式创建物理实体时空关系和状态的虚拟模型，借助数据融合分析、虚实交互反馈等方式，以数字化方式模拟物理实体在现实环境中的行为，实现和支撑制造系统及其过程的监视、仿真、控制和优化。数字孪生服务技术作为连接物理世界和信息世界的桥梁和纽带，为应用系统的研发、建设、运行、维护等应用和执行者提供实时、高效、可视、智能的数字化服务。数字孪生服务技术的开发基础涉及建模、仿真引擎服务技术，包含建模理论与方法、仿真支撑系统技术及仿真系统应用工程技术[134]。

建模理论与方法反映了人们对物理对象认识的方式和程度，与实际应用中可获得物理对象状态参数的质量和数量有关，一般包括认知建模理论与方法、机理建模理论与方法等。当以工业制造系统为物理对象时，建模理论与方法必须与物理实体涉及的专业理论与方法相结合。具体而言，认知建模理论与方法包括基于大数据的智能化建模方法、基于深度学习和图计算的仿真建模方法和基于机器学习的仿真建模方法；机理建模理论与方法，主要包括实现面向问题的复杂系统智能仿真语言、基于元模型框架的建模方法、定性定量混合系统建模方法。其中，基于大数据的智能建模方法主要研究方向包括基于数据的神经网络训练与建模、基于数据的逆向设计和基于数据聚类分析的建模等；面向问题的复杂系统智能仿真语言主要研究内容涉及智能仿真语言体系结构、基于高效能仿真计算机的仿真语言智能编译、执行框架等；基于元模型框架的建模方法主要包括基于元建模的多学科统一建模方法、基于元建模的复杂自适应系统建模方法；定性定量混合系统建模方法包括定性定量统一建模方法、定量定性交互接口建模、基于 Quan-Rule（定量—规则）

和 Quan-Agent（定量—Agent）的定性定量统一建模方法等。

仿真支撑系统技术主要包括基于机器学习的仿真实验设计方法、高效能四级并行仿真技术、跨媒体智能可视化技术、智能云/边缘仿真、复杂产品多学科虚拟样机工程与智能仿真资源管理。其中，高效能四级并行仿真技术包括大规模仿真问题的作业级并行技术、仿真系统内成员间的任务级并行技术、基于复杂模型解算的线程级并行技术；跨媒体智能可视化技术主要包括基于GPU 群组的并行可视化系统技术和虚实融合技术；复杂产品多学科虚拟样机工程主要研究内容涉及虚拟样机工程多阶段统一建模方法、综合决策和仿真评估技术、综合管理和预测方法及多学科虚拟样机工程平台等。

仿真系统应用工程技术主要由模型校核、验证与确认（Verification, Validation and Accreditation，简称 VV&A）技术与智能系统仿真实验结果管理、分析与评估技术组成。其中，模型校核、验证与确认技术包括仿真系统算法执行准确性认可、一次模型认可、仿真执行结果用户认可；智能系统仿真实验结果管理、分析与评估技术主要包括仿真实验数据分析处理技术、仿真实验数据采集技术、智能化仿真评估技术和 Benchmark 技术（含两类用户、三类仿真）、仿真实验数据可视化技术等。

7.4.6　工业应用 App（工业 SaaS）及集成技术

工业应用 App 承载着工业领域知识和经验，是可满足特定场景需求的轻量化工业应用软件，是工业技术软件化的重要成果，在工业互联网应用中发挥着十分重要的作用。通过工业数据建模、持续优化模型、提炼与抽象工业技术知识，将模型、知识以软件形式进行封装，形成工业 App[135,136]。在以"工业互联网平台+应用场景"为核心的工业应用软件发展趋势下，工业App 是工业互联网应用的主要内容和重要价值体现。相比较于传统工业软件，工业 App 具有轻量化、定制化、专用化、灵活可复用、研制周期短等特点，可以完整地表达一个或多个问题，解决具体需求场景中所面临的特定问题，并且在 App 中封装了解决特定问题的流程、逻辑、数据与数据流、经验、算法、知识等工业技术，实现工业技术、知识的封装与固化。此外，工业 App

还具有轻代码化的特征[137]，以降低 App 开发中的人力培养成本，便于工业知识以代码形式进行沉淀、积累。工业 App 正在逐渐成为设计工具、关键生产环节控制和生产过程管理等重要环节的增强手段。

工业应用 App 及集成技术基于平台应用云化标准规范、应用改造标准规范等，结合容器化技术和微服务技术的应用，整合不同架构的 App，实现资源的动态调整和业务功能的松耦合，从而提高 App 的可扩展性与可用性。工业应用 App 及其集成技术的应用，能够面向航空航天、节能环保、电气机械等多个行业。在横向范围，提供集成智能研发、精益生产、智能服务、智能管控等制造产品全生命周期的服务；在纵向范围，能够形成互联企业、企业、产线和设备四个层次的专业应用和协同应用服务；并能够通过为用户个性化定制的业务界面提供定制化服务。

7.5 云制造的中国特色

围绕提高制造企业市场竞争力的目标，以"两化融合"为主线，云制造的中国特色体现在以下四个"突出"：一是突出问题（从制造大国向制造强国迈进）导向，牵引云制造建设，加快推进中国制造业的五个转型升级（由要素驱动向创新驱动转型升级；由传统制造向数字化、网络化、智能化制造转型升级；由粗放型制造向质量效益型制造转型升级；由资源消耗型、环境污染型制造向绿色制造转型升级；由生产型制造向生产+服务型制造转型升级）。特别是进入"十四五"时期，国家提出的数字化转型的重点体现在企业的产业数字化和数字产业化两个方面，中小微企业最急需的是便捷的信息化服务资源，要想在数字化转型中能够有效控制投资和提高效率，云制造无疑是优先选项。二是突出建立以云制造手段、模式、业态为核心的系统。由于国家倡导和地方政府支持，近年来大量企业上云，建立了开展云制造的良好网络应用基础环境，通过信息共享，可以为企业间的协作创造生态发展条件，云制造需要的要素资源越来越丰富。一些互联网服务平台为开展云制造

提供了开放共享的服务模式，有力地支撑了云制造的推广。三是突出工业
2.0/3.0/4.0 同步发展，即处于数字化、网络化、智能化不同阶段的制造企业
皆能在"云"中实现"信息互通、资源共享、能力协同、产品智造，互利共
赢、万众创新"转型升级。四是突出发挥"政、产、学、研、金、用"的团
队力量。由于各级政府把发展工业互联网作为支撑供给侧结构性改革和企业
转型升级的抓手，工业互联网话题不断升温。科研机构、大学和企业对工业
互联网的研究逐步深入，技术和商业模式渐趋成熟。在以企业为主体的应用
中，成功案例不断涌现，丰富了产业层面的经验，为科研和资本带来了新的
发展方向。对中小微企业而言，应用工业互联网最便捷的模式将是个性定制
的客户管理模式和云制造的生产组织模式。

7.6　典型应用

7.6.1　美国国防高级预研局的云制造平台

美国国防部高级预研局（Defense Advanced Research Projects Agency，
DARPA）于 2010 年发起自适应运载器制造 AVM（Adaptive Vehicle Make）
计划，积极探索如何利用云平台实现社会化协同，希望以此改变国防军工等
复杂装备制造领域的垂直一体化制造格局，大幅降低国防装备的研发成本，
缩短研发周期。该计划在实现"一次生成无差错"的数字化设计、快速自适
应生产、"民主化"协同创新等方面取得了突破，对提高美国武器系统研制
能力具有重要影响[138]。

在 AVM 计划（如图 7-3 所示）中，包括一系列子项目的组合：基于模
型的设计验证方法与工具 META、数据驱动的快速自适应工厂 iFAB、新一
代快速自适应地面车辆 FANG，以及为了满足大规模协同而打造的开源云平
台 VehicleFORGE[139]。

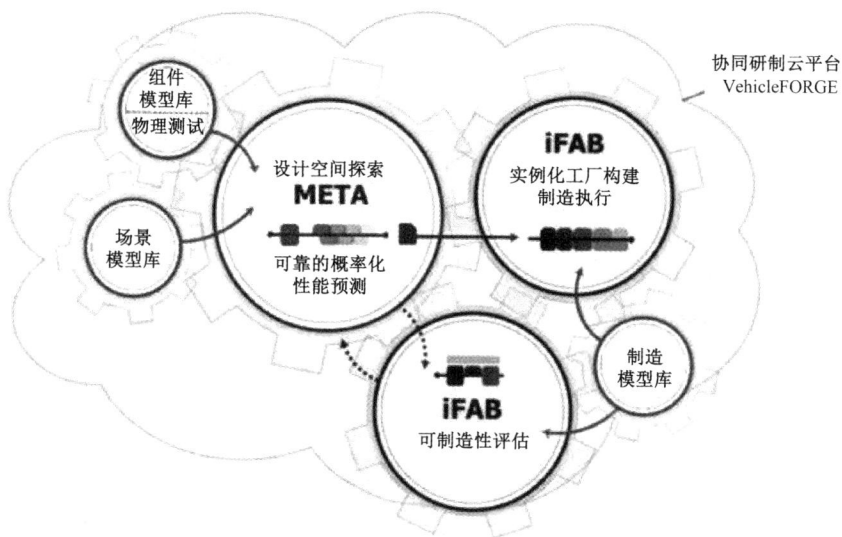

图 7-3　AVM 计划的构成

　　META 集成设计框架是由 META 设计流（如图 7-4 所示）和 GME 统一建模环境及其应用工具套件组成的，以 CyPhy 赛博物理系统统一建模语言

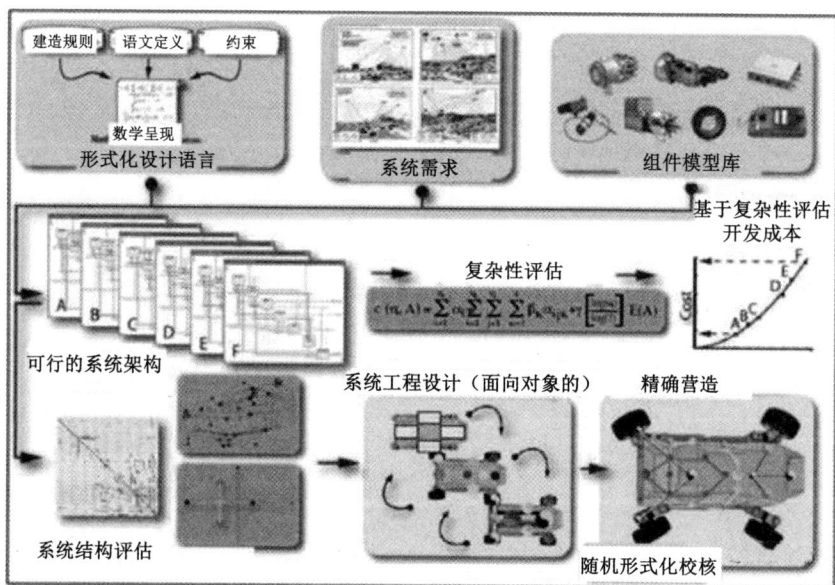

图 7-4　META 设计流示意图

为中介，实现设计工作流与软件操作工作流之间的语义集成。项目能够通过综合每个零部件物理、热、振动、电磁等的特征模型，推断装配后系统的几何尺寸和性能，并在真实样机制造前对系统设计进行仿真验证，确保生成的设计准确无误，避免现有系统设计过程中的"设计—制造—测试—再设计"循环，降低成本和进度风险。在设计完成后，META 会将设计方案传送给配套的数字化工厂，达成"精确构造"的效果[140]。

iFAB（如图 7-5 所示）意指通过数字技术实现快速自适应制造，旨在对制造能力进行快速配置，实现快速自适应生产多种类型产品，解决产品复杂多变与高效率大规模制造的矛盾。为此开发出一系列制造工具，可根据最终设计方案自动配置网络化生产能力，包括生成供应链优化方案、装配计划、数控加工指令、作业指导书等。利用这些工具，既能进行大规模高效生产，又能以同样效率实现原型制造，从而实现传统制造无法做到的高效率与灵活性的统一，大幅缩短研制周期[141]。

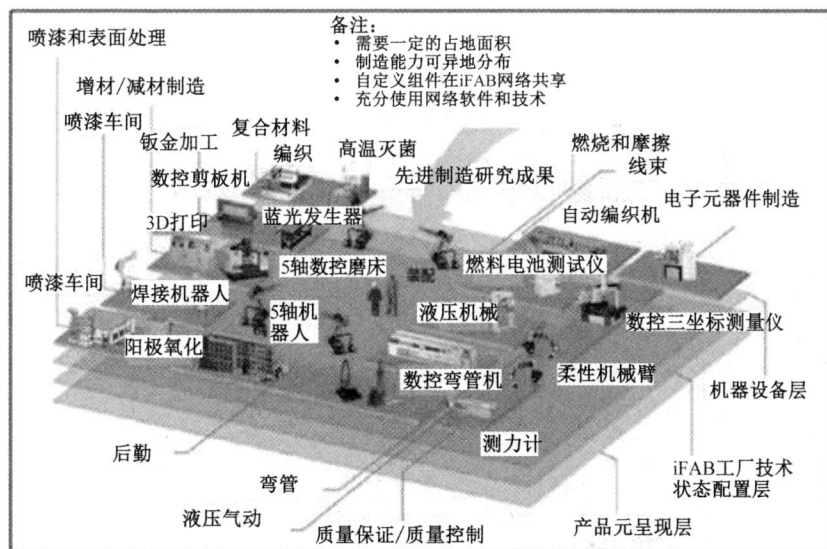

图 7-5　iFAB 快速自适应数字铸造工厂示意图

iFAB 本质上是一个制造系统的信息集成架构，除了少量的总装场景对地点有较严格的要求，其他大部分的制造能力都是可以跨地域、跨行业分布的。每个制造伙伴的制造能力和成本结构都可以通过"虚拟生产环境"VPE进行可视化。在通过联网 VPE 形成制造大数据的采集环境后，制造费用和制造能力的优化安排，能够大幅减少独立组件供应商之间的沟通成本。

VehicleFORGE 网络协同设计云服务平台（如图 7-6 所示）借鉴了开源软件社区协作开发平台的概念，为分布在世界各地的设计者打造了在线虚拟设计实践社区，将设计活动的参与者组成团队，促进协作，支持设计成果的发布测试。VehicleFORGE 平台接入 META 集成设计框架，设计者能够获取知识组件、设计工具、制造工具、设计案例，能够实时接入 META 设计流的各种功能模块，获得仿真结果、优化结果、权衡评价结果等。

图 7-6　VehicleFORGE 网络协同设计云服务平台示意图

虽然 AVM 项目的原始内容是面向复杂防务系统的，但其设计理念十分契合创新孵化场景。AVM 项目开发的 META 设计流已经被麻省理工学院、谷歌公司等机构引入新产品开发的流程中，其技术成果作为"网络中心制造"

的解决方案也被引进到美国国防部先进制造企业战略计划中。2014年2月，DARPA宣布将通过新的数字化制造和设计创新研究机构（DMDII）把AVM项目的成果应用到国防和民用工业，至此AVM计划将以其他的形式掀开新的篇章[142]。

AVM计划秉承开放式创新的理念，面向赛博物理系统，以软件定义制造的方式，构建出设计制造一体化的数字化工程环境，完成了全流程的语义集成和算法支持，联结、整合了分散的专业设计团队，弥合、重组了关键的制造资源，促进互联网化、社会化分工和协作。尽管在AVM计划存续的四年多的时间里，并没有对一个完整的武器系统完成测试和建造，但人们在模型化设计、验证和快速制造，以及知识的商业化封装、互联网化设计制造协同方面进行了系统的探索，为国防军工等复杂装备制造业注入了变革力量，对既有的垂直一体化的制造格局提出了挑战。

7.6.2 航天云网的云制造应用

航天云网是中国航天科工集团基于云制造所提出的理念、模式、技术手段和业态，研究开发的一种"云制造系统"平台[143]。目前航天云网平台已经在工业智能云系统（Industrial Intelligent Cloud System，INDICS）工业互联网平台上开发布置了云制造支持系统（Cloud Manufacturing Support System，CMSS），构建和涵养了以工业互联网为基础的云制造系统产业集群生态，开发了"三朵云"——"国际云、公有云、专有云"应用子平台，并且在航空航天、通用设备制造、模具制造等十大行业围绕纵向（设备云、车间云、企业云、区域云等不同层次云制造系统）、横向（制造全产业链活动）两个维度进行了应用推广，形成了一些典型的应用范例。

1. 面向航天复杂产品的协同制造

航天产品属于典型的复杂产品，其研制过程中涉及多领域、众多单位的协作配套，具有多专业学科交叉、高知识含量等特点。长期以来，普遍存在资源配置不均衡、缺乏多学科跨专业协同的手段、生产过程不透明、决策支撑数据不充分等问题。针对航天复杂产品的特点及其研发制造过程中存在的问

题，航天云网搭建了面向航天复杂产品的云制造服务平台（简称"专有云"），
其技术架构及门户界面分别如图 7-7、图 7-8 所示。在纵向层面，构建了智
能设备云、智能车间云、智慧企业云和集团级智能制造云；在横向层面，提供

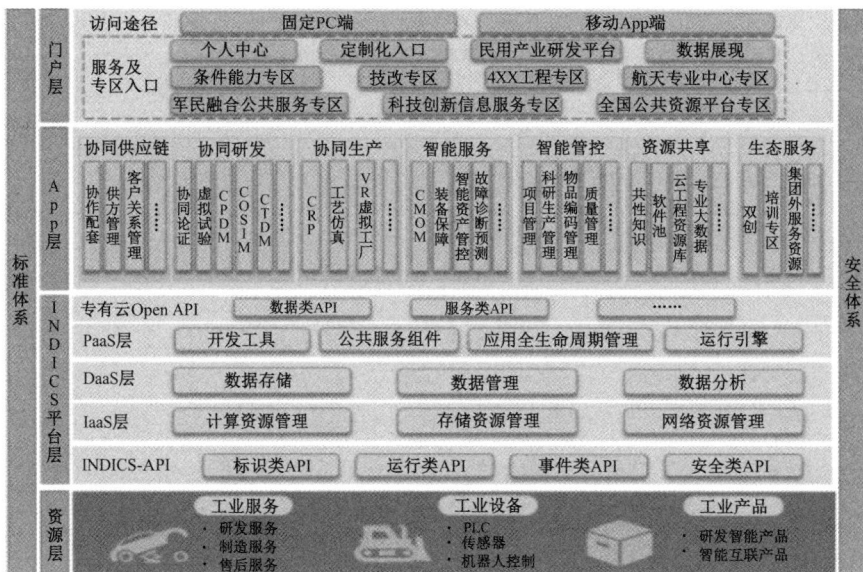

图 7-7　面向航天复杂产品的云制造服务平台技术架构图

图 7-8　面向航天复杂产品的云制造服务平台门户界面

了资源/能力的精准协同、跨企业多学科协同设计、跨企业柔性排产、智能生产、智能服务等智能化应用服务[144]。通过该平台实现了中国航天科工集团内的各类制造企业的资源共享和能力协同，通过跨阶段并行研制、生产大数据的建模分析、生产过程的监控及优化调度等手段大大提升了设备的运行效率、订单的完成效率和产品的一次加工合格率。

2. 基于数字孪生的高端电连接件智能工厂

航天电器智能制造样板间是中国、德国政府间国际科技创新合作重点项目。针对航天电器生产的高端电连接件产品多品种、小批量、定制化的特点，构建了基于云平台的线上线下相结合的智能工厂，解决企业跨事业部协同效率低、与客户/供应商沟通不畅、产业链上下游企业协同手段落后、资源调度不合理、生产运营大数据缺少积累等问题。项目通过智能制造装备、自动化生产线、车间互联互通网络、智能传感器、产品编码标识、在线监视检测等的建设和使用，实现了产品的柔性混线生产；通过云端设计、生产、管理等SaaS 软件与企业内部传统工业软件的集成开发，打通了线上线下相结合的生产计划、BOM（Bill of Material）/工艺数据、企业运行数据三条主线；通过大数据挖掘与分析技术对企业的生产、质量数据建模，构建质量/工艺优化模型（如图 7-9 所示），为企业的设计工艺优化提供决策支持；利用 VR 技术

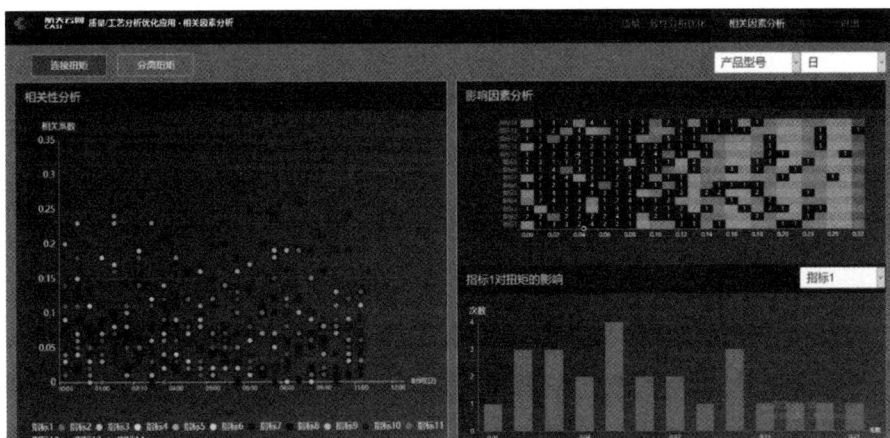

图 7-9　航天电器智能制造样板间质量/工艺优化模型界面

搭建虚拟工厂（如图7-10所示），实现远程监控，并通过仿真工具对产线布局设计、物流设计、节拍计算等进行仿真，搭建数字孪生模型，为产线设计及运行提供优化指导[145]。项目完成后，企业自动化率提升至60%，产品研制周期缩短了33%，产品不良品率降低了56%，运营成本降低了21%，能源利用率提高了21%。

图7-10　航天电器智能制造样板间虚拟工厂界面

3. 基于大数据的机器人智能云服务平台

航天云网以INDICS工业互联网平台为基础，为佛山华数机器人有限公司搭建了基于大数据的智能云服务平台，以解决公司在日常生产经营活动中面临的设备运维成本高、设备维修响应不及时、设备损耗高、用户企业对机器人设备管理困难等问题。该项目通过智能传感器、智能网关等设备，完成了全国范围内38家用户企业350余台机器人设备接入云平台（相关数据为截至2019年9月的统计结果），实时采集工业机器人的状态数据和运行数据，开发设备运行工况监测（如图7-11所示）、设备利用效能监控、维修维护管理等多种智能服务App，帮助企业实现远程监控、预测性维修[146]。项目完成后，佛山华数机器人有限公司可以实时监测机器人运行工况并进行远程维护保养，减少了 30%～40%的设备维护时间，使设备用户可以实时掌握设备的工作状态及报警预警处理情况，设备的利用率提升约 18%。

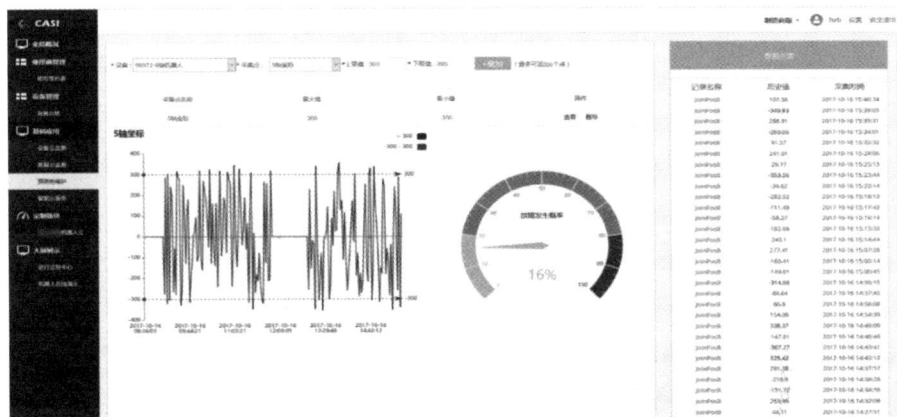

图 7-11　设备运行工况监测界面

7.7　云制造的发展

当前，我们正处于"智能+"、新基建战略举措深度融合的新时代，正逢我国贯彻新发展理念，构建"以国内大循环为主体，推动国内国际双循环"的新发展格局，正面临努力实现高质量发展的新时代发展态势。新一代信息通信技术与先进制造技术融合创新突破"卡脖子"技术，促进国内制造业转型升级的新需求日益强烈。在新时代、新态势、新需求的驱动下，我们认为云制造将会朝着智慧云制造的方向发展，其技术手段、制造模式和业态环境将全方位地升级完善，更加突出"智慧化"特征，更注重数据资源、知识的运用，生产制造系统的自主智慧感知、互联、协同、学习、分析、认知、决策、控制与执行的能力也将整体提升。

智慧云制造是一个复杂系统，在新一代人工智能技术引领下，将着力构建新制造产品/能力/资源体系、新网络/感知体系、新平台体系、新标准安全体系、新应用体系及新用户体系六大新体系。其中，"新"的含义体现了新时代技术与各子体系专业领域技术的深度创新融合。

智慧云制造是一种新型的智能制造系统。宏观地讲，智慧云制造系统是在新一代人工智能技术引领下，融合"人、信息（赛博）空间与物理空间"的关联要素，实现"新智能制造资源/能力/产品"智慧互联、协同服务的一种新型智能制造系统。智慧云制造系统的"智慧"意指云制造系统以新一代人工智能技术为灵魂，形成相互联系、层层递进、系统的"数字化、物联化、虚拟化、服务化、协同化、定制化、柔性化和智能化"（简称"八化"）的能力特征。智慧云制造将具备"新技术、新模式、新业态，新特征、新内容及新目标"（简称"六新"）的新时代特点，服务于制造业向数字化、网络化、云化、智能化转型升级。

新时代、新态势、新需求催生了智慧云制造。智慧云制造是实施我国"制造强国""网络强国"战略规划和行动计划的一种具有中国特色的新先进制造模式、新技术手段和新业态。智慧云制造是在"需求牵引、技术推动"下持续发展的，它的发展与实施还需要国内、国际的广泛合作与深入交流，同时又要充分重视各国的特色和各行业、各企业的特点。希望通过智慧云制造赋能传统行业，促进我国经济结构的优化，推动我国社会生产力水平实现总体跃升。

参考文献

[114] 李伯虎,张霖,柴旭东. 云制造概论[J]. 中兴通讯技术,2010,16(4)：5-8.

[115][121] 李伯虎,张霖,任磊,等. 云制造典型特征、关键技术与应用[J]. 计算机集成制造系统，2012，18(7)：1345-1356.

[116][143]　李伯虎，柴旭东，张霖. 智慧云制造——一种互联网与制造业深度融合的新模式、新手段和新业态[J]. 中兴通讯技术，2016，22(5)：2-6.

[117]　李伯虎，张霖，任磊，等. 再论云制造[J]. 计算机集成制造系统，2011，17(3)：449-457.

[118][120][122][123][124][126][132][144][145][146]　李伯虎，柴旭东，侯宝存，等. 云制造系统 3.0——一种"智能+"时代的新智能制造系统. 计算机集成制造系统，Vol.25，No.12，2019.12.

[119]　李伯虎，柴旭东，张霖，等. 新一代人工智能技术引领下加快发展智能制造技术、产业与应用[J]. 中国工程科学，2018，20(4)：81-86.

[125]　李伯虎，柴旭东，张霖，等. 智慧云制造：工业云的智造模式和手段[J]. 中国工业评论，2016(Z1)：58-66.

[127]　边缘计算产业联盟发布 TSN+OPC UA 智能制造测试床[J]. 自动化博览，2018(5)：3.

[128][129][130]　邹萍，张华，马凯蒂，等. 面向边缘计算的制造资源感知接入与智能网关技术研究[J]. 计算机集成制造系统，2020，26(1)：40-48.

[131]　边缘计算产业联盟与工业互联网产业联盟. 边缘计算与云计算协同白皮书（2018 年）[R/OL]. (2018-11-29)[2020-08-20]. http://www.ecconsortium.org/Lists/show/id/335.html.

[133]　中国开源云联盟. 容器技术及其应用白皮书 V1.0[R/OL]. (2016-11-07)[2020-08-20]. http://www.cesi.ac.cn/201612/750.html.

[134]　李伯虎，柴旭东，张霖，等. 面向新型人工智能系统的建模与仿真技术初步研究[J]. 系统仿真学报，2018，30(2)：349-362.

[135][137]　中国工业技术软件化产业联盟. 工业互联网 App 发展白皮书（2018 年）[R/OL]. (2018-10-31)[2020-08-20]. http://www.caitis.cn/newsinfo/539290.html?templateId=100829.

[136] 工业和信息化部电子第五研究所，中国工业技术软件化产业联盟. 中国工业软件产业白皮书（征求意见稿）[R/OL]. (2019-11-29)[2020-08-20]. http://www.caitis.cn/newsinfo/1930934.html?templateId=100829.

[138][139] 黄秋实等. 美国武器系统数字化研制新技术进入转化阶段[J]. 国防制造技术，2015，000(001)：17-18.

[140][141][142] 杨玉岭，王亚林. 大型复杂系统制造的革命性转变——美国 AVM 项目分析[J]. 国际航空，2014(6)：36-39.

第八章

国内外主流工业互联网平台分析

国内外主流工业互联网平台的趋同性

国内外主流工业互联网的三类应用模式

8.1 国内外主流工业互联网平台的趋同性

自 2012 年以来，在 GE 公司等国际制造业巨头的推动下，工业互联网在全球逐渐兴起。鉴于工业互联网的理念非常符合我国制造强国建设的发展需要，对我国当前实体经济转型升级具有重要意义，工业互联网近年来在我国得到高度重视和快速推广，并在产业界率先开展大量实践。工业互联网平台是面向制造业数字化、网络化、智能化需求，构建基于海量数据采集、汇聚、分析的服务体系，支撑制造资源泛在连接、弹性供给、高效配置的载体，包括边缘、平台（工业 PaaS）、应用三大核心层级。除此之外，工业互联网平台还包括 IaaS 基础设施，以及涵盖整个工业互联网平台的保障支撑体系，这些构成了工业互联网平台的基础支撑和重要保障。目前，我国有一定影响力的工业互联网平台超过 70 余个。

从工业互联网的总体发展情况来看，各家工业互联网平台的技术架构基本趋同，如图 8-1 所示。

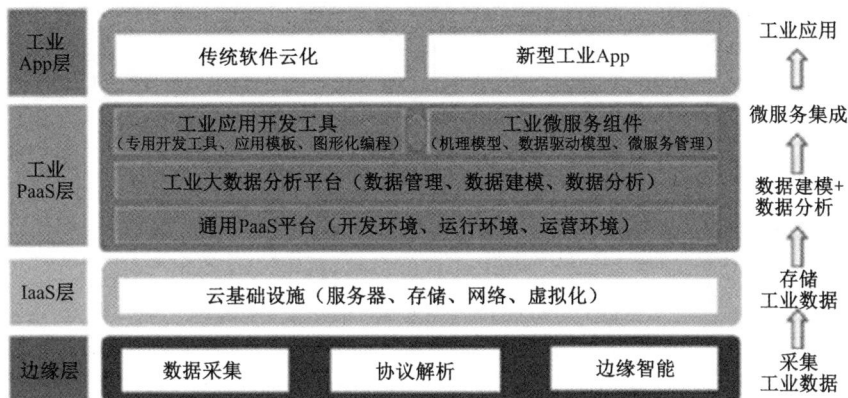

图 8-1 工业互联网平台总体架构[147]

工业互联网平台可以分为 4 个部分[148]：

（1）边缘层：通过协议转化和边缘计算形成有效的数据采集体系，从而将物理空间的隐形数据在网络空间显性化。

（2）IaaS 层：将基础的计算网络存储资源虚拟化，实现基础设施资源池化。

（3）工业 PaaS 层：工业操作系统，向下对接海量工业装备、机器、产品，向上支撑工业智能化应用的快速开发和部署。

（4）工业 App 层：以行业用户和第三方开发者为主，行业用户多为工业垂直领域的厂商，第三方开发者主要基于 PaaS 层做工业 App 的开发工作，通过调用和封装工业 PaaS 平台上的开放工具，形成面向行业和场景的应用。

2018 年 7 月 19 日，工信部信软司为规范和促进我国工业互联网平台发展，支撑开展工业互联网平台评价与遴选，制定并发布《工业互联网平台评价方法》。工业互联网平台评价重点包括平台基础共性能力要求、特定行业平台能力要求、特定领域平台能力要求、特定区域平台能力要求、跨行业跨领域平台能力要求五个部分。

工业互联网平台可集成工厂内部和/或工厂外部的各种数据、服务、用户等各类资源，在此基础上提供资源集成分析、应用支撑能力和基础应用能力，以支撑各种工业互联网应用。其特征主要体现在以下四个方面：

基础设施：为工业应用提供存储、计算和网络资源，以及基础框架、存储框架、计算框架、消息系统等支撑能力，用户可以调用这些资源和支撑能力。

工业连接：为用户提供与生产设备、自动化系统、智能产品、边缘网关及外部数据源的连接能力，包括协议转换、数据采集能力等。

面向工业的开放服务能力：提供开发支撑环境、运行支撑环境、服务调用与编排、业务运行管理和多租户管理等支撑功能，工业应用可以通过统一的调用接口获取平台提供的云基础设施、数据、分析处理等能力。

工业应用服务能力：面向特定工业应用场景，激发全社会资源推动工业技术、经验、知识和最佳实践的模型化、软件化、再封装（即工业 App），用户通过对工业 App 的调用实现对特定制造资源的优化配置。

（1）基础设施情况分析。

从目前工业互联网平台的部署情况来看，基础设施部分仅有少数工业互联网平台（少于 20%）自建云基础设施，大部分都是租用公有云服务，与目前市场上云服务商合作，共同开展业务。从技术实力来看，基础设施部分 IT 属性较强，现有公有云基础设计仅在 API 调用接口改造、服务质量等方面做少量调整即可满足工业互联网平台需求，可不视为工业互联网平台核心技术指标，但其稳定性将直接影响工业互联网平台的服务效果。

（2）工业连接能力情况分析。

工业互联网平台目前仍然处于起步阶段，我国许多工业企业还处于工业 1.0、2.0 阶段，传感器部署不足、装备智能化水平低等现象较为普遍，工业现场存在数据采集数量不足、类型较少、精度不高等问题。同时，工业现场网络协议复杂、种类繁多，无论跨国公司还是国内平台企业，都把工业连接能力/数据采集体系建设和解决方案能力建设作为工业互联网平台建设的基础。一方面通过构建一套能够兼容、转换多种协议的技术产品体系，实现工业数据互联、互通、互操作；另一方面通过部署边缘计算模块,实现数据在生产现场的轻量级运算和实时分析,缓解数据向云端传输、存储和计算的压力。现阶段,工业连接能力是评价工业互联网平台技术能力的关键指标之一。

（3）面向工业的开放服务能力情况分析。

工业互联网强调的是工业生态系统的建立,对比互联网阶段的平台作用,可以看出工业互联网平台是工业互联网生态的重要载体,是横向连接上下游产业链、纵向打通工业系统集成的关键。工业互联网平台面向工业的开放服务能力即工业 PaaS 是核心中的核心,将大量工业技术原理、行业知识、基础模型规则化、软件化、模块化,并封装为可重复使用和灵活调用的微服务,降低应用程序开发门槛和开发成本,提高开发、测试、部署效率,为汇聚海量开发者、开放社区建设提供支撑和保障。工业 PaaS 是当前领军企业布局的重点,是平台核心能力的集中体现,也是当前生态竞争的焦点。

（4）工业应用服务能力情况分析。

工业应用服务能力是工业互联网平台面向行业、领域与场景提供具体服务的部分,实用性及价值创造能力直接关系到平台的应用效果,是评价工业互联网平台服务能力的关键指标之一。

综上,工业连接能力、面向工业的开放服务能力、工业应用服务能力构成工业互联网平台技术能力评价的三大关键指标,其中面向工业的开放服务能力是核心。

综合来看,评价工业互联网平台应包括平台技术能力、平台性能及运营能力三大方面。

尽管国内外主流工业互联网平台架构趋于相同,但由于在工业互联网平台发展的过程中,各平台企业所关注的企业应用和侧重点不同,由此形成了如下三大类不同的工业互联网平台类型:第一类聚焦工厂,针对传统制造企业进行智能化改造,构建智能工厂,以生产和运营优化为主要场景实现智能制造;第二类支撑产业链上下游企业的协同与集成优化,针对智能制造企业进行网络化改造,以协同生产与服务化延伸为主要场景实现跨企业协同制造;

第三类可服务于产业集群与工业体系转型升级，针对协同制造企业进行云化改造，开放行业资源，兼容智能制造与协同制造，实现云端企业赋能与云制造。

8.2 国内外主流工业互联网的三类应用模式

8.2.1 以生产和运营优化为主要场景的智能制造类平台

此类工业互联网平台收集并存储企业各类设备、生产线及生产运行状态的海量多源异构数据信息，通过对现场生产实施远程的实时状态监控与即时调整，实现对生产过程中各类机器设备的动态优化调整乃至整个企业生产运营过程的持续优化。此类平台借助互联网等新兴技术，充分发挥工业设备的工艺潜能，提高资源配置效率和企业生产运营效率，为企业智能制造的实现提供了新型基础设施。国外的西门子、施耐德、PTC 及国内的东方国信等公司，它们的工业互联网平台均是这类平台的典型代表。

8.2.1.1 MindSphere：西门子开放的工业互联网平台

在新一轮工业革命大潮中，西门子于 2016 年推出基于云 Cloud Foundry 构建的开放式物联网操作系统——MindSphere 工业互联网平台，其平台架构如图 8-2 所示[149]。MindSphere 平台重点聚焦面向制造业的智能制造、服务化延伸和个性化定制等应用。

MindSphere 平台在架构方面分为三个层次：工业现场层、平台层和应用层，如图 8-3 所示。

工业现场层的设备或设备机群通过连接器、集成控制器和应用软件三种方式与云平台集成对接，通过提供的支持工业领域的设备与企业系统连接的各类通信协议，可实现工业企业的机器设备和物理基础设施与数字化世界相连。

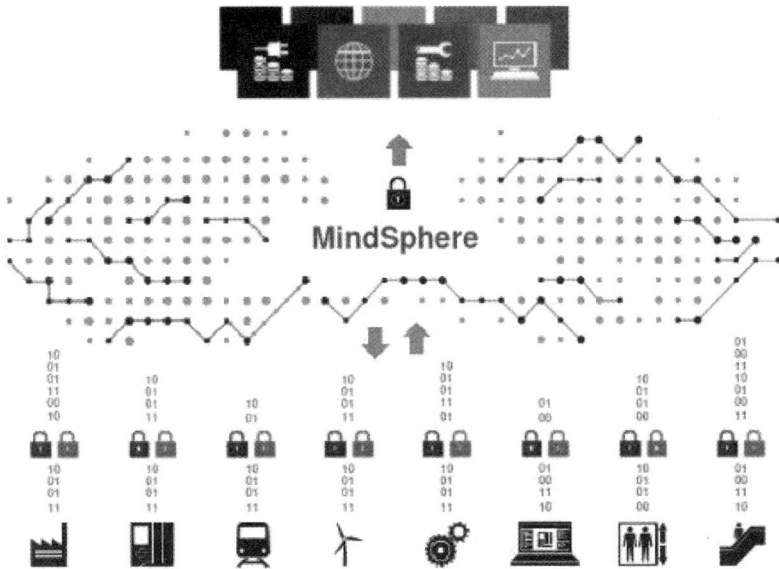

图 8-2　MindSphere 平台基于云的开放式物联网操作系统[151]

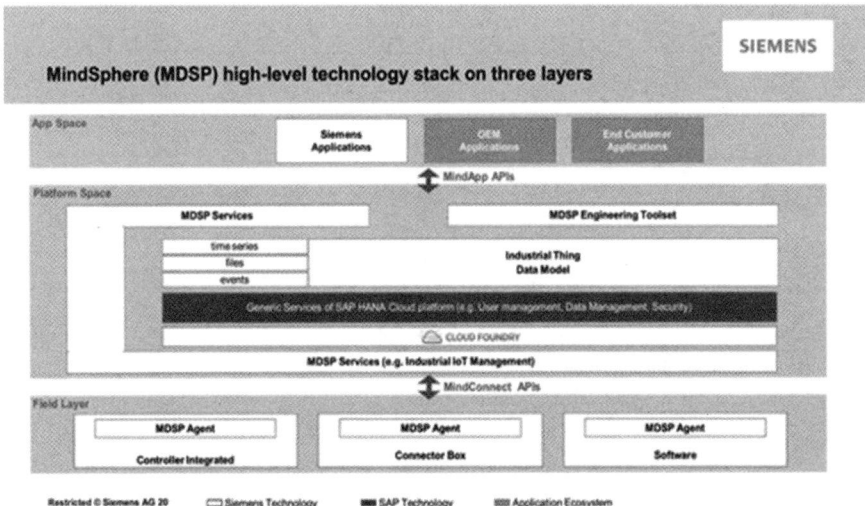

图 8-3　MindSphere 平台技术架构[150]

　　平台层为注册用户提供数字开发环境、数字建模等一系列服务。通过这一系列功能，MindSphere 平台将实际物体进行虚拟建模，并直接连接到数字化环境中。

应用层基于工业现场层与平台层的有效集成，通过远程设备维护、工业大数据等高级数据分析功能来驾驭物联网产生的海量数据，并转换成有效的业务结果。设备制造商及工业企业可以通过 MindSphere 平台实现其设备机群运行状态的远程监测；通过 MindSphere 平台提供的数控机床和驱动链的预防性维护、能源数据管理及工厂资源优化等数据分析服务，有效提升大型工业设备的性能，缩短停工时间。

MindSphere 平台是云计算技术在工业领域的应用，属于平台即服务（PaaS）模式。向下提供数据采集 API，即插即用的数据接入网关 MindConnect，支持开放式通信标准 OPC UA，支持西门子和第三方设备的数据连接；向上提供开发 API，方便合作伙伴和用户开发应用程序，客户可在其中集成自己的应用程序和服务。

MindSphere 平台生态系统中包括数据采集开发者、系统集成商、应用开发者、渠道合作伙伴、设备制造商和最终客户。目前 MindSphere 平台合作伙伴包括云基础设施服务商、软件开发者、物联网初创企业、硬件厂商等。西门子携手 18 家合作伙伴创立"MindSphere World"，这是西门子为其基于云的开放式物联网操作系统 MindSphere 平台创建的全球用户组织与数字化解决方案，旨在推动 MindSphere 平台生态系统的全球化发展。

MindSphere 平台底层的云基础设施与多家云服务商合作，西门子将重点构建操作系统，提供开放的能力接口，一方面吸引行业客户或软件开发者开发更多的工业 App，另一方面将这些 App 推荐给更多的客户使用。客户可以根据自身需求选择相应 App 对工厂运营数据进行分析，实现对生产线的智能控制。比如进行预测性设备维护、远程故障诊断、产品追踪等。

MindSphere 平台可以部署在公有云上，如 Amazon Web Services、Microsoft Azure、SAP Cloud 平台和 Atos Canopy；也可以部署在专为某个企业构建的私有云上。设备制造商及厂商可以通过 MindSphere 平台监测其设备机群。

MindSphere 平台技术能力：

● 即插即用的数据采集连接能力

由于工业设备的连接和协议具有复杂性和多样性的特点，西门子提供了一系列丰富的 MindConnect 组件，将资产/设备连接到 MindSphere 平台上。MindConnect 组件是软件和/或硬件解决方案。另外，为了进一步简化与 MindSphere 平台的连接，西门子引入更多的连接手段，例如，将具备 MindConnect 功能的 Ruggedcom RX1400 路由器作为即插即用解决方案。

- 智能化的边缘计算能力

MindSphere 平台技术由业界领先的基于云的边缘服务和模块化边缘运行系统组成，并实现了完美协同。这种智能化边缘方法是对云服务和现场自动化平台的透明集成，从而可对已经安装的资产/设备和利用 MindSphere 平台进行现场级管理的 App 生态系统实施无缝扩展。

- 丰富创新的工业 App

目前,在全球范围内,西门子与微软等合作伙伴联合开发了 50 余种 App,丰富的 App 涵盖了广泛的基础应用与各种行业的特色应用,在楼宇性能调节、过程工业控制回路性能分析、生产设施能效分析等领域均有创新性的表现。

MindSphere 平台性能:

MindSphere 平台具备较好的可靠性、可移植性和可扩展性。MindSphere 平台基于开放的物联网框架，融合了西门子和各大云平台在 PaaS 和 IaaS 方面的优势，为客户提供可靠的云解决方案。目前 MindSphere 平台已在 100 多家企业开始试用，并与多个合作伙伴展示了多种可扩展微服务和工业 App,已经实现了约 100 万台设备和系统的互联，体现了优异的可扩展性能。

MindSphere 平台商业能力:

西门子 MindSphere 平台是一个开放的生态系统，应用布局包括航空航天、国防及能源和公共事业等多个垂直领域，有能力为各行业的客户开发稳健的工业物联网解决方案。

MindSphere 平台重点聚焦面向制造业的智能制造、服务化延伸和个性化定制等应用。在智能制造领域发挥数据采集、处理集成、大数据分析的平台智能化模式优势，利用自己的协同处理中心，完成全产业链的服务化延伸，以及为各类应用提供良好的个性化开发和运营环境。

同时，西门子 MindSphere 平台还着眼于拓展生态圈建设，与 IT、CT、OT 各领域的领先者合作开发相应的云服务、软硬件设备及产品，积极建设并运作合作组织与联盟，从各个维度推动 MindSphere 平台生态环境内的技术发展和商业合作。

随着工业云日益成熟，MindSphere 平台已实现了对工业企业产生的海量数据进行快速高效的收集和分析，对象涉及设备资产、工厂及大型的基础设施，内容包括从资产连接性到可实施的业务愿景。MindSphere 平台将西门子的工业专长从车间延伸到云上，利用一系列连接技术、数据分析和可视化技术，提高企业对生产绩效的洞察力，助力科学决策，建成基于云的开放式互联操作系统。该互联操作系统面向工业领域各类企业用户，以可持续的、价格低廉的方式实现企业设备/资产的数据管理及高效数据分析，并允许企业选择适合自己的便捷数字化和智能数据分析工具，推进自身的数字化和智能化转型进程，提高企业的生产力和效率。

目前，西门子推出的 MindSphere 开放式互联操作系统，已经实现了约 125 万台设备和系统的互联。在 MindSphere 平台上可实现工业应用和数字化服务的开发和运营，例如，快速、高效地收集、评估和使用系统产生的海量数据，以提升系统性能和可用性。这一技术还有助于客户通过评估和挖掘数据以获得新的发现和应用并进行深入了解，例如，预测并防止宕机，或对某个产品及其制造流程进行决策等。客户还可以开发全新的商业模式，如按照机器小时开展销售，从而提供投资要求较低的解决方案[152]。

同时，西门子在数字化领域保持强劲发展势头，率先在全球范围内建立了 20 个工业数字化客户应用中心，即西门子数字化业务 MindSphere 应用中心。这些中心分布于不同国家的多个地点，并分别专注于西门子在各个行业的数字化应用。目前，这些中心约有 900 名西门子软件开发人员、数据专家和工程师与客户共同协作，以西门子基于云的开放式物联网操作系统 MindSphere 为基础，开发用于工业领域的数据分析和机器学习的数字化创新解决方案。凭借在电气化和数字化领域的全球经验，以及在工业软件领域的专业知识，西门子正在以卓越的表现为客户带来最大化的收益[153]。

8.2.1.2　EcoStruxure：施耐德开放兼容的平台

施耐德于 2016 年发布 EcoStruxure 平台。EcoStruxure 中的 E 代表了能效，而 CO 代表了控制，EcoStruxure 即为能效管理平台的总称。EcoStruxure 平台是基于物联网、开放的且具有互操作性的平台。该平台的技术架构自下向上由互联互通产品、边缘控制及应用分析与技术三层构成，通过三层之间的紧密联系和相互支撑，为楼宇、数据中心、工业和电力领域用户带来最佳的业务应用体验。EcoStruxure 平台的架构如图 8-4 所示。

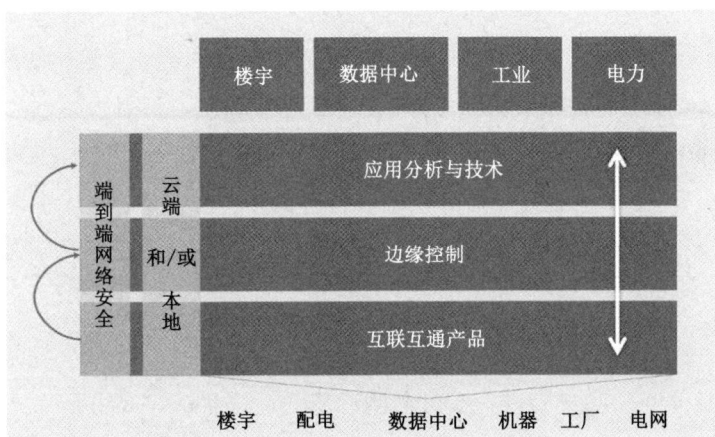

图 8-4　施耐德 EcoStruxure 平台架构[154]

（1）互联互通产品层：产品涵盖断路器、驱动器、不间断电源、继电器和仪表及传感器等。

（2）边缘控制层：可进行监测及任务操作，简化管理的复杂性。

（3）应用分析与技术层：利用应用，可以实现设备、系统和控制器之间的协作；利用分析，通过运营人员的经验形成模型，用模型促进改善策略的形成，提升决策效率与精准度；利用技术，提供可视化的人机接口，实现业务控制和管理[155]。

在上述三层体系架构中，首先，通过互联互通产品实现楼宇、配电、数据中心、机器、工厂和电网中的各类设备互联，再将这些设备的海量实时数据汇集到 EcoStruxure 平台；然后，通过现场工作站构成的边缘控制层，实现对某些实时性要求较高的数据在边缘端的计算与智能处理；最终，通过上层的应用分析与技术实现对行业问题的分析，再依据楼宇、数据中心、工业和电力等领域的特点，扩展出符合不同应用行业特点的 EcoStruxure 平台专属物联网解决方案。这些 EcoStruxure 平台专属物联网解决方案，将施耐德电气在自动化、能效管理领域的经验、专业领域知识及数据驱动的计量与分析技术相结合，帮助楼宇、数据中心、工业和电力等领域的客户实现物联网应用价值最大化。

作为全球著名的电气设备制造商和能效管理领域的领导者，施耐德依托 EcoStruxure 平台，目前已联合 9000 多个系统集成商，部署了超过 45000 个系统。EcoStruxure 平台主要面向楼宇、信息技术、工厂、配电、电网和机器六大方向，为全球 100 多个国家提供电力设备预防性维护、电气设备的通信方案，以及汽车生产设备的能源管理和数字云服务方面的整体解决方案。具体如下：

施耐德进行电力领域的 EcoStruxure 平台应用实践，助力电网数字化转型[156]。通过互联互通的设备实时监测环境与运行状态，应用数字化技术实现移动运维和主动运维，可实现及时的故障预警与有效的预防性维护，从而提升电网效率，实现电网边际及需求端管理。同时，施耐德基于 EcoStruxure 平台创新打造了 Modicon ePAC 系列可编程逻辑控制器，为用户打造真正安全的开放架构，实现控制系统内部深入到处理器芯片的全以太网通信，助力客户生产过程智能化升级。

在能源管理方面，美国福特汽车公司曾面临月末报告时间和实时数据时间存在六周延迟的问题，导致未能充分节能和精确控制采购成本。由于福特汽车公司缺乏对北美地区所有制造厂的资源整合能力，未实现生产制造设施的实时通信和管理，无法获取电力和天然气消耗的实时数据。为此，施耐德依托 EcoStruxure 平台为福特汽车公司打造了企业能源管理（EEM）软件系统，实现了福特汽车公司生产现场实时管控和远程监控。凭借施耐德 EcoStruxure 平台，福特汽车公司节能增效达 30%，节省了 2%的能源开支，以此扩展到其他工业领域，该平台能够让企业提升运营效率和安全指数，优化资产管理，增强能源管控能力。

此外，施耐德基于 EcoStruxure 平台为大型及超大型数据中心提供高能效、高可靠、灵活可扩展的三相不间断电源（UPS）Galaxy VX，StruxureWare 数据中心运行管理套件，以及能够实时监测、预警、全天候不间断的 StruxureOn 数字云服务，通过在本地的边缘控制提升能效及数据中心环境监控能力[157]。

8.2.1.3 ThingWorx: PTC 专为工业应用打造的平台

作为以产品全生命周期管理（PLM）起家的企业，PTC 公司自 2013 年起通过不断并购和战略性收购，逐步建立起一个囊括 M2M 连接（Axeda）、应用程序支持（ThingWorx）、分析（ColdLight）、增强现实（Vuforia）和工业自动化（Kepware）在内的端到端的工业互联网平台，并统一整合到 ThingWorx 平台中。ThingWorx 工业物联网平台是 PTC 工业物联网技术业务组合的核心，包括快速开发平台、互联、机器学习能力、增强现实及与主流设备云整合。这些功能的结合，打造了一个综合的物联网技术堆栈，支持客户安全地连接资产、快速地创建应用和体验，以创新方式获取价值。ThingWorx 平台总体架构如图 8-5 所示。

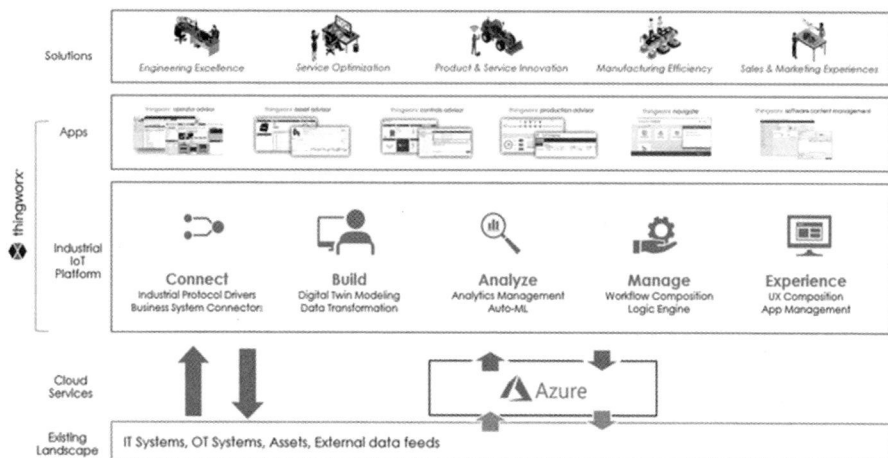

图 8-5 ThingWorx 平台总体架构[158]

ThingWorx 平台主要由三部分构成，分别是 Kepware、Foundation 和 Analytics。

Kepware 负责设备的连接、数据的接入；Foundation 主要针对所接入的海量设备数据源的建模问题，建立业务对象之间及设备对象之间建模的关联关系，包括所有数据的存储、建模，前台应用的 UI 开发等；Analytics 是指数据的分析建模，例如，通过机器学习对数据的潜在价值进行挖掘。PTC 的 ThingWorx 平台支持市面上几乎所有的部署方式，用户既可以本地部署，又可以混合云部署，同时还可以部署在公有云上[159]。

PTC 在 ThingWorx 平台的 App 层向工业企业构建各种工业 App。这些 App 按行业进行划分，有面向离散型制造业的数字化工厂等套件，有面向流程行业的生产线或设备的监控方面的应用 App，覆盖两类企业从产品设计、销售、运营、生产、服务等产品全生命周期的完整价值链服务。用户在使用 PTC 的 App 时，并不需要进行培训，应用系统可按用户的需求进行调整，并且每个具体的工业应用 App 针对的都是某特定功能在某特定应用下的具体问题，既简单又实用，并不追求大而全。同时，PTC 持续强化与三大战略合作伙伴微软、Rockwell、ANSYS 之间的产品集成，持续提升平台的安全性与性能。

当前，PTC 与全球 28000 多家企业合作，帮助它们在快速发展且分布在全球的制造行业中设计产品并提供产品服务，这些行业包括工业设备、汽车、高科技和电子、航空航天和国防、零售、消费品及医疗设备。同时，PTC 在全球有 1000 多家 IoT 的生态系统企业，涵盖了系统集成商、咨询服务提供商、边缘端的设备提供商、通信设备提供商等[160]。

在国际上，PTC 重磅推出与微软、Rockwell、ANSYS 的三大战略合作计划。通过与三大合作伙伴的三项互补协议，PTC 将步入更具竞争力的发展阶段。在国内，ThingWorx 平台是 2014 年引入，2015 年进军整个国内市场的，主要分成三大块，分别是智能互联产品（SCP）、智能互联运营（SCO）和智能互联服务（SCS）。在实际应用方面，作为青岛冷箱"物联网+MES"试点项目的平台枢纽，ThingWorx 平台将连接 MES，形成一体化工厂信息平台、数据应用消费平台,实现全程可视化运营,并进行重点工艺大数据分析,最终帮助企业降低运营成本,提升生产效率[161]。

8.2.1.4 Cloudiip:东方国信专注大数据和工业领域的平台

东方国信专注大数据和工业领域二十年,目前已经在工业互联网研发、平台建设及验证推广方面形成了从工业传感器、智能网关、边缘计算到 IaaS、PaaS、SaaS 云平台及工业企业上云等一系列产品的整体解决方案。其中,Cloudiip 是一个架构完整、应用多元的工业互联网平台,该平台的总体架构如图 8-6 所示。

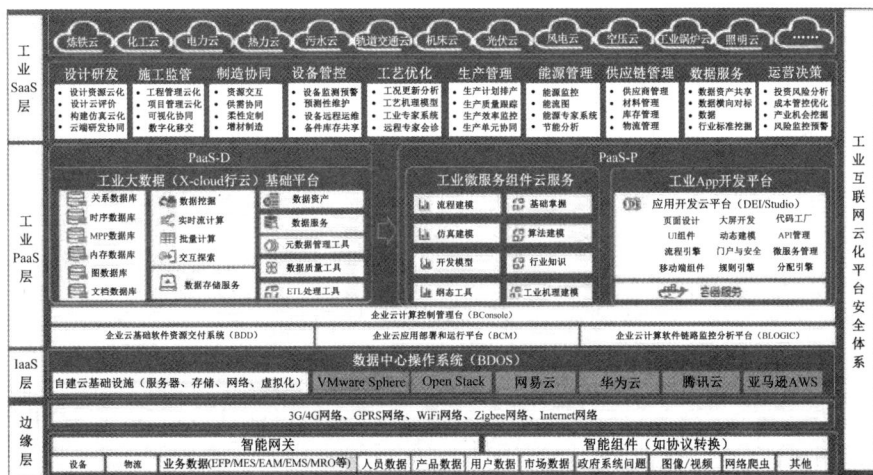

图 8-6　东方国信 Cloudiip 平台总体架构[162]

东方国信 Cloudiip 工业互联网平台是以"大数据+工业"的创新模式为依托,融合云计算、移动互联、物联网、大数据、人工智能等相关技术而形成的开放式的云化工业操作系统。其整体架构分为边缘层、IaaS 层、工业PaaS 层、工业 SaaS 层,具体如下:

边缘层:提供支持上百种常用工业协议数据采集与平台能力,并通过智能网关或工控机实现边缘端的配置、数据、模型与云端的互联互通。

IaaS 层:采用东方国信自研的数据中心操作系统 BDOS,对自建云基础设施、第三方基础设施（如阿里云、腾讯云等）进行混合集成管理，减少了底层 IaaS 资源的差异性，降低了上层 PaaS 和 SaaS 使用资源的复杂度。

工业 PaaS 层：分为 PaaS-D 和 PaaS-P 两大子平台。PaaS-D 是工业大数据平台，其以自研的行云数据库 X-Cloud 和数据治理平台 BDG 为底层数据服务环境，整合关系型数据库、时序数据库、文本数据库等多款产品，提供工业大数据的存储、管理、计算、分析和服务功能。PaaS-P 是工业应用开发平台，提供支持传统工业软件快速云化的自研软件，如动态模型引擎、流程引擎、动态表单工具、开发平台与 IDE 插件等；还支持构建新型工业 App 的自研工具，如微服务治理平台、工业建模工具、数据挖掘工具、二三维组态软件等；同时大量融合了工业领域常用的流程工具、仿真工具和行业知识及机理基础工具。BDOS 数据中心操作系统对两大 PaaS 平台进行基础资源混合和弹性供给。

工业 SaaS 层：东方国信构建了跨行业、跨领域、跨区域的工业 SaaS 云平台。围绕研发设计优化、设备管理优化、生产执行优化、运营管理优化、产品全生命周期管理优化、供应链协同优化等制造应用场景，提供上千个云化工业软件和新型工业 App，为百万个工业 App 上云奠定基础[163]。

作为跨行业、跨领域的综合性工业互联网平台，东方国信 Cloudiip 平台汇聚了海量工业数据，结合东方国信大数据与工业实践的经验积累，面向冶金、钢铁、工程机械、轻工、电力、航空等 29 个工业大类，覆盖了炼铁高炉、工业锅炉、轨道交通、空压机等高耗能、高污染、高通用性和高价值的设备，推出了内容丰富的工具集、模型库、数据库和知识库。在此基础上，结合物联网、大数据、人工智能等技术的集成创新应用，针对研发设计、采购供应、生产制造、运营管理、企业管理、仓储物流和产品服务等应用场景存在的问题，面向生产制造全过程、全产业链和产品全生命周期，形成了相应的解决方案，有效地解决了企业设备互联互通、异构系统集成应用中的问题。围绕重点行业特定场景应用需求，构建了炼铁云、能源云、空压云、风电云等 20 多种专业云平台。

8.2.2 以协同生产与服务化延伸为主要场景的协同制造服务类平台

此类工业互联网平台基于多企业的供应链数据、用户需求数据、产品服务数据进行综合集成与分析，实现面向不同领域的多企业间高效协同、产品全生命周期管理与交付产品感知服务的优化闭环。此类平台可实现企业间资源配置优化和商业活动创新，最终形成网络化协同、企业个性化定制及服务化延伸等新服务模型。国外的典型代表是美国 GE 公司的 Predix 平台，国内三一重工的 ROOTCLOUD 根云平台和海尔的 Complat 平台也属这类平台。

8.2.2.1 Predix：GE 公司开放的软件平台

GE 公司是世界上最大的装备与技术服务企业之一，业务范围涵盖航空、能源、医疗、交通等多个领域。

GE 公司于 2013 年推出 Predix 平台，率先提出工业互联网的理念，其内涵包括产业升级形式、技术服务型企业商业模式创新、互联网时代信息技术与工业融合的出路等，探索将数字技术与其在航空、能源、医疗和交通等领域的专业优势结合，向全球领先的工业互联网公司转型。Predix 平台的主要功能是将各类数据按照统一的标准进行规范化梳理，并提供随时调取和分析的功能。GE 公司基于 Predix 平台开发部署计划和物流、互联产品、智能环境、现场人力管理、工业分析、资产绩效管理、运营优化等多类工业 App。

如图 8-7 所示的技术架构，Predix 平台从底层设备到云端服务，可划分为工业设备层、工业网络安全连接层、用户网关层、互联网通用连接层及云端服务层，打通了工业领域与互联网之间的每个环节，为企业及用户提供了工业设备数据的实时采集、传输、存储与大数据分析等功能，并以此为基础提供建模服务、资产服务、数据服务和应用安全服务等一系列应用与增值服务。

Predix 平台架构在不断修订，目前最新的 Predix 平台架构仍然保持边缘端、云端（平台端）、应用端三层的架构。边缘端主要负责收集数据并将数据传输到云端；平台端主要提供基于全球范围的安全的云基础架构，满足日常的工业运转负载和监督需求；应用端主要负责提供工业微服务和各种服务交互的框架，以及创建、测试、运行工业互联网程序的环境和微服务市场。

但在新的架构中应用层和平台层被拆分，平台层提供更丰富的工具和能力，而应用层则是围绕资产、运营和商业的应用。

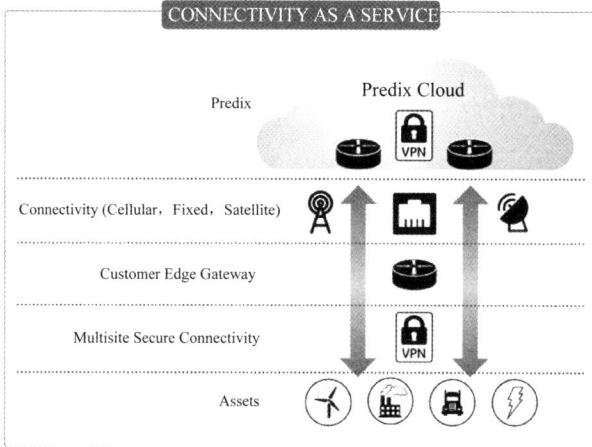

图 8-7　Predix 平台技术架构[164]

1. 边缘端

鉴于工业设备的连接和协议复杂多样，且西门子、ABB 等各大厂商主导协议封闭，Predix 平台并不直接提供实现数据采集的硬件网关设备，而是通过网关框架 Predix Machine 实现数据的采集和连接。Predix 平台提供了 Predix Machine 的开发框架，支持开放现场协议的接入，并增强了边缘计算的能力，由合作伙伴开发相应的设备接入和边缘计算的功能。

2. 平台端

Predix 平台层是基于 Cloud Foundry 的 PaaS 平台，提供了"工业大数据分析+工业物联网接入"的综合平台，它为工业数据分析、建模及工业应用开发提供了丰富的能力支持。Predix 平台的核心是 Digital Twin，通过从 Asset Model、Analytics 及 Knowledge Base 三方面对 Digital Twin 进行实例化，为工业应用提供了非常坚实的开发和构建基础。

Predix 平台提供了数百种工业资产模型、分析模型和算法，支持开发者利用各种分析和编排工具，快速实现模型的训练和开发，快速搭建原本需要业务专家很长时间才能完成的数据建模工作。同时，Predix 平台提供了非常丰富的开发工具，不仅包括基于 Cloud Foundry 的高控制力的开发环境，还推出了针对高生产力、普通运营人员使用的、托拉拽式的应用开发环境，极大地降低了工业开发的难度。

3. 应用端

Predix 平台为各类工业设备，提供丰富的设备健康和故障预测、生产效率优化、能耗管理、排程优化等应用场景，采用数据驱动和机理结合的方式，旨在解决传统工业几十年来都未能解决的质量、效率、能耗等方面的问题，帮助工业企业实现数字化转型。

GE 公司 Predix 平台的技术能力：

● 开放的数据采集连接和迅速产业化的边缘处理能力

Predix 平台提供的 Predix Machine 是一个网关框架，用于解决工业设备连接协议复杂甚至设备供应商对接口协议封闭不开放的问题，以实现数据的采集和连接。

Predix Machine 包括一整套技术、工具和服务，支持应用开发、部署、应用和管理，几乎覆盖了边缘设备需要解决的所有问题：①工业协议解析；②灵活的数据采集；③同平台的配合；④本地存储和转发；⑤支持运行平台端的应用；⑥丰富的安全策略；⑦本地设备通信，等等。目前，有非常多的合作伙伴已经基于这个框架开发出了众多边缘网关产品，在业界起到引领作用。

● 灵活开放的架构和雄厚的工业微服务能力

Predix Cloud 集成了工业大数据处理和分析、Digital Twin 快速建模、工业应用快速开发等各方面的能力，以及一系列可以快速实现集成的货架式微服务。

Predix Cloud 具有较强的灵活性和开放性，可满足不同行业的分析需求。它构建于 Cloud Foundry 之上，提供 Docker 容器接入，支持 Spring for Java、.NET、Ruby on Rails、Node.js、Grails、Scala on Lift、Python、PHP 等开发环境及

语言，提供数据存储、消息、缓存、搜索、大数据等企业级中间件服务及接入规范。基于此平台，企业可以根据需求自主开发算法和模型，再通过配置、抽象及扩展模型用于管理分析算法的执行。

Predix 平台的工业微服务功能非常丰富。GE 公司运作多年，积累了丰富的行业算法和模型，目前有约 180 种微服务供开发者调用。Predix 平台提供如下功能：

（1）面向高级软件开发工程师的高控制力开发套件：提供代码级别的开发环境（基于 Cloud Foundry），提供可控程度最高的工业应用开发环境，以及一系列可快速集成的微服务。

（2）面向普通人员的高生产力开发套件：提供包括 Predix Studio 在内的可视化应用开发环境，支持平民开发者（Citizen Developer）使用拖拉拽的方式快速构建工业应用。

（3）数字孪生开发环境：提供快速的建模工具，实现包括设备模型、分析模型及知识库相结合的模型开发。

Predix 平台提供了一个模型目录，将 GE 公司和合作伙伴开发的各类模型以 API 的方式发布出来，并提供测试数据，利用现有的模型进行模型训练，快速实现实例化。同时，用户开发的模型也可以发布到这个模型目录中，被更多的客户共享使用。这里的模型不仅包括常规的异常检测，还包括文本分析、信号处理、质量管控、运行优化等，根据业界公认的工业大数据分析类型，可以将其分为四种性质，即描述性（Descriptive）、诊断性（Diagnostic）、预测性（Predictive），以及策略性（Prescriptive）。

除了分析模型，GE 公司还提供超过 300 个资产和流程模型，这些模型都是跟 GE 公司旗下的不同产品相关的，包括各种属性和 3D 模型，方便客户或者合作伙伴快速构建 Digital Twin。根据有关报道，目前已经构建了数万个 Digital Twin。

基于 Digital Twin 的工业大数据分析，可将物理设备的各种原始状态通过数据采集和存储，反映在虚拟的信息空间中，构建设备的全息模型，实现对设备的掌控和预测。

● 具备拓展潜力的工业 App

目前，GE 公司已基于 Predix 平台开发部署计划和物流、互联产品、智能环境、现场人力管理、工业分析、资产绩效管理、运营优化等多类工业 App。GE 公司在 Predix 平台应用商店已发布 9 款自主开发的工业 App，同时正积极将 APM、OPM、FES 等现有工业解决方案转化为平台应用。

此外，Predix 平台提供了非常多的安全机制，包括身份管理、数据加密、应用防护、日志和审计等。

GE 公司 Predix 平台的性能：

Predix 平台具备较好的可靠性、可移植性和可扩展性。

Predix 平台是基于云的（亚马逊 AWS、微软 Azure）部署方式，具备较强的可靠性。Predix 云可以与各种云环境中的应用和服务进行无缝互操作，企业能够充分利用已经经过优化的安全与数据结构产品，同时还能保留现有解决方案和 Predix 云的互操作性。

GE 公司 Predix 平台的商业能力：

Predix 平台目前拥有生产消费电器、工业电器设备、医疗器械、航空核心部件、能源设施等十三个行业、领域的海量设备接入，应用场景及应用模式丰富多样，重点聚焦智能制造和服务化延伸应用。

（1）面向工业现场的生产过程优化。在制造工艺场景中，工业互联网平台可对工艺参数、设备运行等数据进行综合分析，找出生产过程中的最优参数，提升制造品质。例如，GE 公司应用 Predix 平台实现高压涡轮叶片钻孔工艺参数的优化，将产品一次成型率由不到 25% 提升到 95% 以上。

（2）面向产品全生命周期的管理与服务优化。在产品设计反馈优化场景中，工业互联网平台可以将产品运行和用户使用行为数据反馈到设计和制造阶段，从而改进设计方案，加速创新迭代。例如，GE 公司使用 Predix 平台助力自身发动机的设计优化，平台首先对产品交付后的使用数据进行采集分析，依托大量历史积累数据的分析和航线运营信息的反馈，对设计端模型、参数和制造端工艺、流程进行优化，通过不断迭代实现了发动机的设计改进和性能提升。

Predix 平台通过横向、纵向、开发者三个维度构建了极具产业影响力的生态优势。一方面与微软、苹果、创业公司开展横向合作，丰富平台的协作能力。例如，为了提供便捷高效的移动体验式工业互联网，GE 公司于 2017年 10 月宣布与苹果合作，将业务从 PC 和 HMI（人机交互界面）向移动终端扩展。双方将共同为 iOS 平台推出一套 Predix 软件开发工具包（SDK），推动移动端的工业互联网应用开发。另一方面开展纵深合作，与大量咨询机构、集成商和独立软件开发商开展合作，GE 公司在 APM+Predix 平台上为工业客户提供定制化的工业应用开发和数据分析的整体解决方案。Infosys、Wipro、Accenture、Capgemini、TATA、Tech Mahindra 等全球性公司基于 Predix平台，开发了很多针对工业设备性能提升、预测性维修、供应链管理的应用。

目前 Predix 平台采用为用户提供服务解决方案的模式和产品组合收费模式，并拟向第三方开发者收费。

Predix 作为支撑 GE 公司战略化转型的核心平台，自 2011 年成立单独的研发中心投入重金开发以来，其功能和性能已经趋于成熟。目前，Predix平台已在多个业务领域得到应用，显现出了强大的应用价值，为 GE 公司带来了丰厚的商业回报。随着 Predix 平台的持续升级，以及工业领域应用广度和深度的拓展，未来 GE 公司极有可能成为全球十大软件公司之一。资产性能管理系统（APM）是 Predix 平台的核心应用系统之一，能将工业设备及相关运营商接入云端，并监控和分析采集的数据，帮助用户核心工业资产实现无故障运行。目前，APM 每天处理万亿台设备上千万个传感器的数据。

在航空领域，亚洲航空（AirAsia）的飞行效率优化是 GE 公司工业互联网平台应用的一个成功案例，该公司通过部署 GE 公司的飞行效率服务（Flight Efficiency Services，FES）实现了交通流量管理、飞行序列和路径优化。FES 是 APM 的一个细分服务领域，结合 GE 公司的实时数据分析，能够帮助亚洲航空优化交通流量管理、飞行序列管理及飞行路径设计，2014 年FES 系统帮助亚洲航空节省了约 1000 万美元的燃油费用。

在能源领域，德国的意昂集团通过部署 GE 公司的 Wind PowerUp，使用工业互联网技术，收集和分析风力发电机运行过程的数据，整体发电功率提升了 4%，每年增量生产 40 千兆瓦/小时的电力，相当于我国一个小镇居民的年度用电量。

8.2.2.2 COSMOPlat：海尔开放互联工厂平台

COSMOPlat 是海尔打造的一款拥有自主知识产权的工业互联网平台，该平台是一个以用户驱动实现大规模定制的平台。它采用并联协同的互联模式，实现了用户、企业、资源三者间的互联互通与零距离交互，形成了用户与资源、用户与企业、企业与资源间的紧密连接。该平台强调用户全流程参与、零距离互联互通、打造开放共赢的新生态三大特性，用户可以全流程参与产品交互、设计、采购、制造、物流、体验和迭代升级等环节，形成了用户、企业、资源三位一体，开放共赢的有机业务生态。海尔 COSMOPlat架构如图 8-8 所示。

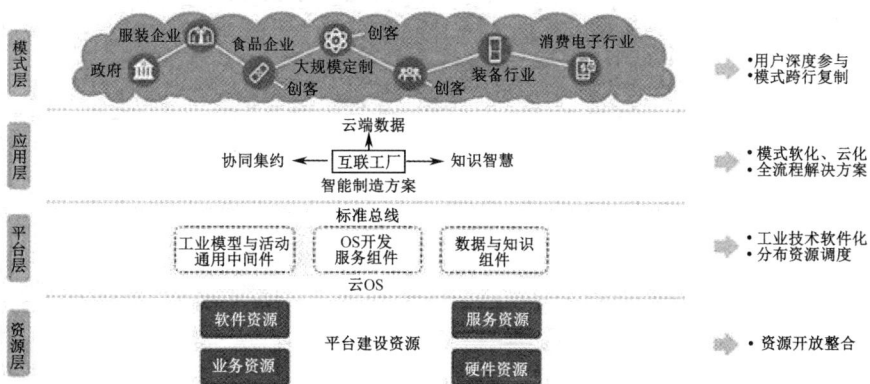

图 8-8 海尔 COSMOPlat 架构[165]

COSMOPlat 架构共由四层组成。底层是资源层，以开放模式对全球资源（软件资源、服务资源、业务资源、硬件资源等）进行聚集整合，打造平台资源库；上面一层是平台层，支持工业应用的快速开发、部署、运行、集成，实现工业技术软件化，各类资源的分布式调度和最优匹配；平台层之上是应用层，通过模式软化、云化等，为企业提供具体互联工厂应用服务，形成全流程的应用解决方案；最上面是模式层，依托互联工厂应用服务实现模式复制和资源共享，实现跨行业的复制，通过赋能中小企业，助力中小企业提质增效，转型升级[166]。

COSMOPlat 技术能力：

其在数据采集与边缘计算方面能力较强。在设备接入方面，拥有能力强大的工业连接与数据技术组件、Agent 程序、SDK 包、协议适配与数据接入功能、支持插件式与远程设备管理。在存储方面，采用 PB 级分布式时序数据存储，不需要频繁离线归档，实现了高压缩比、高吞吐量、高稳定性和可靠性。在计算分析方面，拥有大数据、人工智能、高性能内存分析功能，从边缘计算到平台计算，分级能力满足不同层次的需求，算法较为灵活，实时计算能力较强。

在通用 PaaS 方面与其他平台类似，基于容器技术，提供容器管理功能，支持多种开发环境及语言。但是在工业微服务能力、应用开发环境、能力组件方面优势显著，目前有 2000 多个工业机理模型和直观的可视化工艺参数优化算法，能够为化工、环保、水务、火电、热力等不同行业和领域的客户灵活配置针对性的解决方案，可实现面向行业的深度服务。

在 SaaS 方面优势突出，目前有一千多种工业 App。涵盖技术创新、生产制造、市场营销、研发设计、供应链、仓储物流、用户服务、企业管理全业务流程。

在安全方面，具有自主研发的海安盾平台，为自己提供安全保障的同时也可作为解决方案提供给中小企业使用，实现了业务模式创新。同时，平台加强与新技术的融合创新，探索提供基于区块链的数据服务，提升数据安全保障。

COSMOPlat 商业能力：

平台拥有七大业务系统，重点聚焦个性化定制和网络化协同应用，创新"互联网+协同"模式。在全球推出了十大互联工厂样板，覆盖建陶、家居、农业、服装等 12 个行业，以及上海、广州、天津等 11 个城市和 20 个国家，实现了跨行业、跨领域的扩展与服务。

COSMOPlat 已经在海尔内外部进行了全面推广应用。在海尔内部，COSMOPlat 实践已显现成效。目前，已经构建沈阳冰箱、郑州空调、佛山滚筒、胶州空调、青岛热水器、FPA 电机、青岛模具和中央空调八个互联工厂。以海尔胶州空调互联工厂为例，在高精度方面，实现新产品开发 100%用户参与设计，定制占比 25%以上；在高效率方面，订单交付周期缩短 50%以上，效率提升 100%。COSMOPlat 的内部实践不仅激发了海尔的新动能，还实现了跨行业的复制，通过赋能中小企业，助力中小企业提质增效、转型升级。另外，COSMOPlat 已对外开展社会化服务，推广应用到电子、船舶、纺织、装备、建筑、运输、化工七大行业，通过模式复制减少企业试错成本，也加快了企业的智能制造转型升级。

在产业合作方面，海尔与淄博市淄川区合作建立 COSMOPlat 建陶产业基地，通过产业集聚，将 135 家建陶企业整合为 20 余家。通过打造"生态+平台"的创新模式，连接海尔及社会上的开放资源，实现了淄博建陶产业园的三个转型：从中低端到中高端的转型，从传统制造向用户定制化转型，从企业单打独斗向产业平台化转型。目前海尔 COSMOPlat 已成为全球规模最大的大规模定制生态平台之一，已孕育出机械、化工、房车、建陶等 15 类行业生态子平台，覆盖华东、华北等七大区域、12 个示范基地，汇聚了约 3.4 亿名用户、4.3 万家企业和 390 多万家生态资源。

8.2.2.3 ROOTCIOUD 根云：三一重工树根互联平台

三一重工基于多年的技术积累和超 20 亿元的累计投入，打造了工业互联网赋能平台——ROOTCLOUD 根云。

ROOTCLOUD 根云平台通过配套的传感器和智能套件，实现了工业核心设备的信息状态感知和数据收集。目前，树根互联融合大数据、云计算、人工智能及虚拟现实技术，将机器、数据、流程、人等因素融合创新，形成工业领域各行业的端到端解决方案，提供基于工业大数据的增值服务，其功能架构如图 8-9 所示。

图 8-9 树根互联工业互联网提供的服务类型[167]

树根互联采用云平台按需付费的模式提供工业互联网服务，在应用的时候企业不需要投入大量的经费，大幅降低了企业应用工业互联网的成本。基于树根互联提供的工业互联网接入平台、物联网和工业领域技术团队，目前该平台已在多家企业得到应用。例如，高空作业平台制造和技术服务商星邦重工，应用树根互联平台和配套的传感器、智能套件，接入了设备运行和工况信息，实现了远程获取设备运行参数和工况数据，初步完成了对产品的智能化控制及监控。

ROOTCLOUD 根云平台面向机器制造商、设备使用者、政府监管部门等社会组织，在机器在线管理（服务、智造、研发、能源）、产业链平台、工业 AI、设备融资等方面提供深度服务。ROOTCLOUD 根云平台具有低门槛、低成本的特点，其运营团队声称，单台设备投入数百元即可获得上万元增值，潜在提升收入可达 10%～50%，覆盖 95%的主流工业控制器，支持 400 多种工业协议解析，100%适配国际通用硬件接口，可为用户提供设备一站式快速接入服务。

树根互联紧跟全国各地推进制造业转型升级、智能制造园区建设的步伐，展开全国布局。目前已经落地广州，并将落地北京、上海、长沙、苏州、西安、重庆，不仅发力于中国先进制造业的集中承载地，更辐射京津冀、长三角地区和华中地区，带动全国范围内的工业互联网应用。

截至 2020 年 2 月，ROOTCLOUD 根云平台已经接入各类工业设备超 58万台，并成功助力产业链生态打造了包括铸造产业链、注塑产业链、纺织产业链、定制家居产业链、家用塑料制品产业链等在内的 20 个产业链工业互联网平台，赋能 80 多个细分行业，帮助客户以工业互联网平台为抓手，快速搭建起智慧产品、智能研发、智能制造、智能服务和产业金融的创新链，带动一大批上下游企业完成数字化转型。同时，树根互联已服务德国、肯尼亚、印度、南非、印度尼西亚、墨西哥、越南等海外国家的当地企业，持续开拓全球服务能力，支持 45 个国家和地区的设备接入。

8.2.3　以云端赋能制造应用为主要场景的云制造服务类平台

此类平台首先通过汇聚不同类别的企业形成产业生态，进而积累不同类型企业的海量数字资产，利用仿真优化、大数据分析和人工智能等智能分析与处理技术，实现线下泛在智能感知、线上企业间供需智能匹配、多企业间生产运营智能分析与辅助决策及线下与线上相结合的多企业生产运行智能精准调控。同时，累积并运用行业经验知识，对工业领域不同企业的生产运行状态与性能状况进行实时智能分析，实现产业生态中不同类别企业的云端智能服务，实现传统企业的转型升级。航天云网的 INDICS 平台、阿里巴巴的 supET 平台、华为的 FusionPlant 平台和富士康的 BEACON 平台都是这类平台的典型代表。

8.2.3.1　航天云网 INDICS 平台

航天云网 INDICS 平台的平台架构与平台服务能力，具有开放性、可靠性、可扩展性、安全性等特点。同时，该平台支持云制造模式，具备海量资源灵活高效接入，工业知识快速固化、封装、复用，工业应用快速开发和部署运行能力。平台总体的架构如图 8-10 所示。

应用平台层（CMSS），体现了平台丰富的工业 App 应用支撑能力。CMSS 面向不同行业、不同领域、不同地域形成各类工业应用 App，实现智能研发、精益制造、智慧管制、智能服务、生态应用等全产业链、产品全生命周期的工业应用，支撑智能化改造、协同制造和云制造三种制造模式。CMSS 还构建了良好的工业应用 App 创新环境，开发者可基于平台产品或服务、API 实现应用创新，形成 INDICS 平台开放生态。

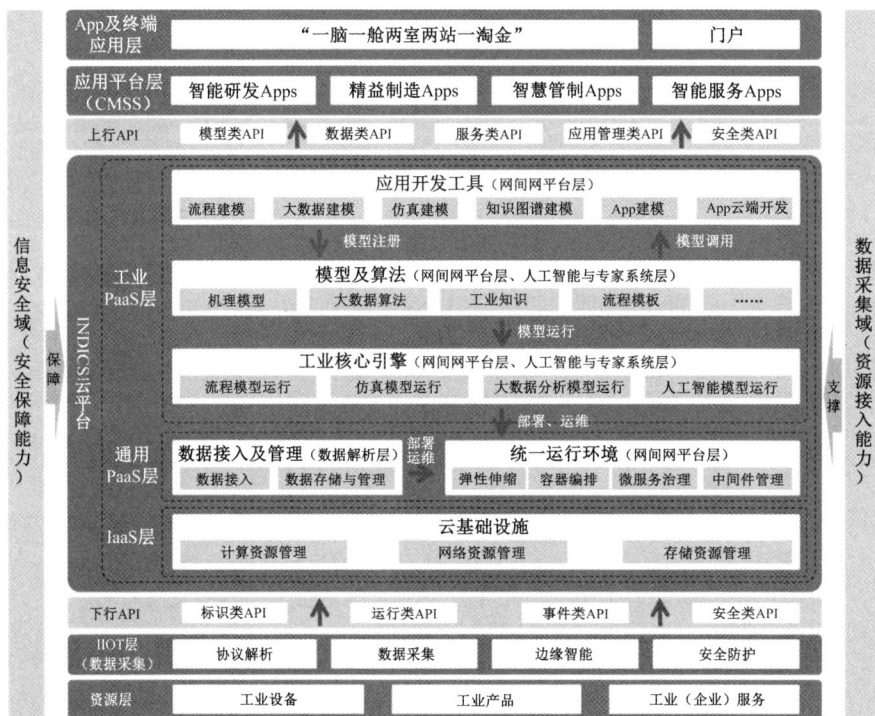

图 8-10　航天云网 INDICS 平台总体架构图[168]

中间的 INDICS 云平台，体现了工业大数据与人工智能服务能力和自主可控的云基础设施服务能力。INDICS 云平台应用大数据、人工智能等新一代技术，通过将工业大数据、人工智能技术及工业领域的专家知识、技术经验有机融合，构建了工业机理模型、人工智能与大数据分析算法库，同时提供智能分析与处理的核心引擎，并通过云平台的标准化 API 服务接口，向 CMSS 中的各类工业应用 App 提供工业大数据与人工智能支撑服务。

航天云网 INDICS 平台拥有自主可控的云基础设施及自建的数据中心，实现了网络安全自主可控。通过基于自主可控的航天紫光数据库，确保数据存储可靠，该平台实现了 PB 级工业数据的积累、网络服务，可靠性极高、数据实时处理能力强、资源请求高级响应，并具备可随时扩容的网络带宽。

IIOT 层体现了丰富的设备接入能力。通过全要素的资源接入、深层次的数据采集、异构数据的协议解析与边缘智能处理，实现工业设备、工业产品、工业服务等海量异构资源接入。通过对工业总线协议、新一代网络通信协议的转换，实现海量数据采集。

此外，信息安全域为 INDICS 平台安全提供重要保障，通过实现应用安全、云平台安全、云主机安全、设备安全、数据安全、网络安全体现了平台的安全保障能力。

关于该平台的详细介绍，请参照前述章节的内容。

8.2.3.2 富士康 BEACON 工业互联网平台

富士康工业互联网平台 BEACON 是一个基于开放平台的新型工业生态系统，集成了云计算、物联网、大数据、移动互联网、智慧工厂、互联网、人工智能等新技术或新业态。在实践过程中，BEACON 平台通过信息化与生产设备等物理实体的深度融合，提供新形态电子设备产品智能制造服务。平台提供以自动化、网络化、平台化、大数据为基础的科技服务综合解决方案，引领传统制造向智能制造转型。并以此为基础，构建以云计算、移动终端、物联网、大数据、人工智能、绿色节能、高速网络和机器人为技术平台的"先进制造+工业互联网"新生态。

富士康 BEACON 平台总体架构包括边缘层、IaaS 云网层、PaaS 平台层、SaaS 应用层等，如图 8-11 所示。

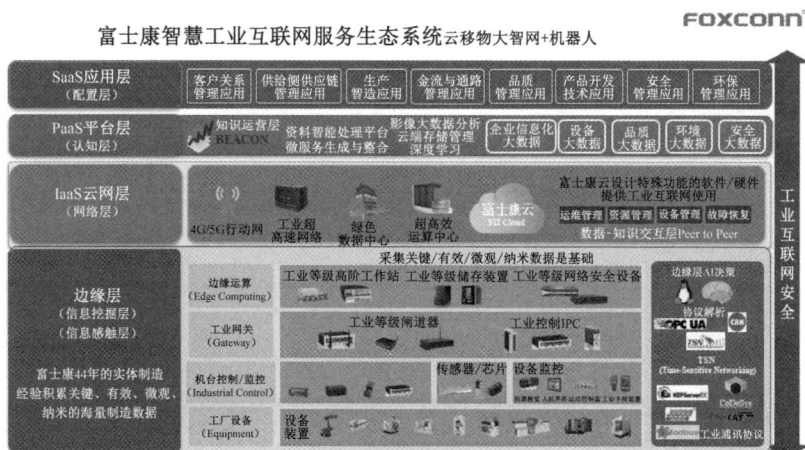

图 8-11 富士康工业互联网平台 BEACON 架构图

1. 边缘层

借助信息物理系统技术，构建信息系统与物理系统的互联互通，并通过大范围、深层次的数据采集，以及异构数据的协议转换与边缘处理，构建工业互联网平台的数据基础。通过各类通信手段接入不同设备、系统和产品，采集海量数据；依托协议转换技术实现多源异构数据的归一化和边缘集成；利用边缘计算设备实现底层数据的汇聚处理，并实现数据向云端平台的集成。边缘层连接海量工业设备，由边缘运算（Edge Computing）、自主研发的工业网关（Gateway）、机台控制/监控（Industrial Control）、工厂设备（Equipment）组成信息感触层/挖掘层，采集关键、有效、微观、纳米的数据，配合边缘运算，将数据上传至云端。

2. IaaS 云网层

通过富士康云，基于虚拟化、分布式存储、并行计算、负载调度等技术，实现存储、网络、计算等资源池的优化与管理，根据用户资源使用情况进行资源弹性分配以确保用户资源访问安全等。

3. PaaS 平台层

提供面向企业及开发者的一站式平台开发服务，支持工业模型开发调度与管理，支持基于工业模型封装的工业微服务应用的全生命周期管理；提供大规模容器集群管理、资源调度及中间件服务等通用服务，帮助用户快速构建工业应用；微服务架构从底层到上端，形成良性树型结构；利用原子粒度的统一数据源，健壮业务逻辑层，丰富业务接口层，做到服务能力的最大复用。

4. SaaS 应用层

形成满足不同行业、不同场景的工业 SaaS 和工业 App，形成工业互联网平台的最终价值。在 BEACON 平台上，集成了自主研发或由第三方研发的承载了工业知识、方法和技术的应用软件，可完成建模仿真优化、工艺和质量优化、供应链协同优化、远程故障诊断等任务。BEACON 平台目前搭载了 7 类 1228 个工业 App，提供了设计、生产、管理、服务等一系列创新性业务应用。同时，BEACON 平台拥有 114 种开发工具并支持 15 类通用算法模型，构建了良好的工业 App 创新环境，使开发者能基于平台数据及微服务功能实现应用创新。

富士康 BEACON 平台的技术能力：

● 丰富的数据采集和连接能力

针对普通的设备管理应用存在设备种类较少、数据采集点不全面、应用功能种类较少等情况，BEACON 打造的物联网平台——CorePro 可连接海量终端设备，并在云端进行设备管理、数据存储与分析等。

富士康工业互联网 BEACON 打造的另一个核心物联网平台——Edge Connect，是万物互联互通时代资源接入管理、数据采集的有效解决方案。Edge Connect 支持基于工业标准协议串口、文件、软件界面参数的采集、解析与存储，支持各种智能网关数据采集与存储。在数据传输协议/标准方面，可根据用户需求对数据传输提供端到端加密，支持以容器方式对数据接入的服务进行扩展。Edge Connect 作为资源管理与数据采集平台，既服务于平台又独立于平台，可以与任何云平台无缝串接。无论企业工业互联网产品策略是智能化生产、网络化协同、个性化定制还是服务化延伸，数据采集永远是基础，采集的数据必须实时、准确、完整，以支撑各种智能分析需求。

● 开放共享的工业 App

BEACON 平台由 B（行业应用价值）、E（服务型制造）、A（智慧应用）、C（工业云和大数据）、O（智慧工厂）、N（工业互联网/智能装备）六大环节组成。BEACON 平台通过工业互联网、大数据、云计算等软件及工业机器人、传感器、交换机等硬件的相互整合，建立了端到端可控可管的智慧云平台，将设备数据、生产数据、产业专业理论进行集成、处理、分析，形成开放、共享的工业级 App。

富士康 BEACON 平台的性能：

富士康 BEACON 平台凭借其丰富的应用功能和稳定的性能，展现出良好的平台可靠性，并且在场景适应及资源点连接上体现了很好的扩展性能。

富士康 BEACON 平台的生态建设能力：

富士康工业互联网平台聚焦为中小企业赋能，是一种以人工智能为基础，赋能中小企业智能化的共享商业模式，典型应用案例如工业设备云端化管理应用优化。BEACON 边缘计算平台 CorePro 的部署，使设备管理效率大幅提升，整体设备维保费用减少 5%～15%，设备寿命延长 5%～10%，整体设备非预期停机概率降低 30%～40%，产线生产效率提升 5%～10%。

富士康 BEACON 平台打造了智慧工厂理念，汇聚产业资源链，向全生态的平台运营转变。

8.2.3.3 阿里巴巴 supET 工业互联网平台

阿里巴巴 supET 平台基于阿里云公共云计算平台的基础能力，提供三个核心的工业 PaaS 服务。一是工业物联网服务，实现工业设备云、边、端一体化管理；二是工业 App 运营服务，实现一站式的工业 App 集成、托管、运维等；三是工业数据智能服务（也称 ET 工业大脑），实现工业数据智能化分析应用。阿里巴巴 supET 平台总体架构如图 8-12 所示。

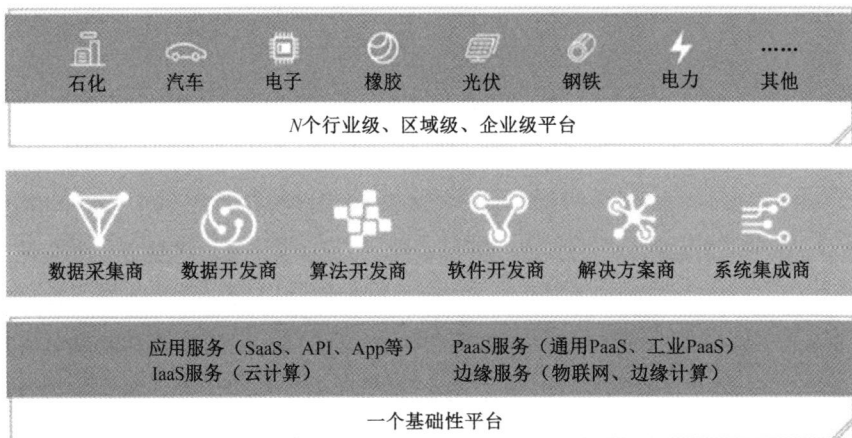

图 8-12　阿里巴巴 supET 平台总体架构[169]

supET 平台基于阿里云自主研发的基础技术，提供面向工业领域的三项核心平台服务能力：工业物联网平台实现云、边、端一体化管理；ET 工业大脑将生产过程中产生的海量数据与专家经验结合，借助机器学习、深度神经网络等大数据技术对数据进行建模，将碎片化的工业知识与专家经验进行高度抽象与提炼，并传授给机器，让机器帮助人们解决日常生产环境当中的问题或避免问题的发生。ET 工业大脑的智能制造解决方案已实现了良率提升、AI 质检、检测效率提升、能耗优化、设备预测性维护、工艺优化、工业App 运营服务一站式的工业 App 开发、集成、托管与运维[170]。

supET 平台通过"1+N"模式打造平台生态，即联合工业龙头企业、各类服务商打造一个横向跨平台的资源与能力共享平台，服务 N 个行业级、区域级、企业级的工业互联网平台，具有能力共享、知识路由、数据广场三项关键功能[171]。

8.2.3.4　华为 FusionPlant 平台

华为工业互联网平台 FusionPlant，包含联接管理平台、工业智能体、工业应用平台三大部分，定位于做企业增量的智能决策系统，实现业务在云上的敏捷开发、边缘可信运行，赋能行业合作伙伴深耕工业核心业务流，持续释放潜在业务价值。

华为 FusionPlant 平台架构主要由四层构成：边缘计算、工厂内外网络、可信 IaaS 层、工业 PaaS 层，向上实现对工业企业智能化生产、网络化协同、个性化定制、服务化转型等新模式和新业态的支撑[172]，如图 8-13 所示。

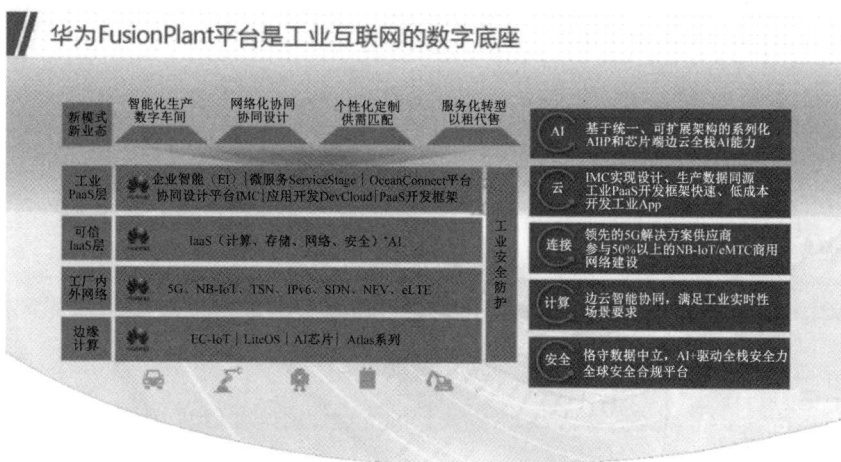

图 8-13　华为 FusionPlant 工业互联网平台架构[173]

参考文献

[147][148]　互联网介绍材料. 一文了解工业互联网三大平台体系[EB/OL].
　　　　　http://www.qianjia.com/html/2018-06/11_295099.html.

[149][151][152]　百度文库.MindSphere 探索与实践助力中国产业发展[EB/OL].
　　　　　https://wenku.baidu.com/view/1c049aee52e2524de518964bcf84b9d528e
　　　　　a2c1f.html.

[150]　齐丰润，Watson Analytics，等.IBM 工具走进西门子 MindSphere 物联
　　　　网 OS[EB/OL]. (2017-01-03)[2017-05-06].

[153]　西门子进一步提升工业数字化领域领导地位[EB/OL]. http://www.
　　　　gkong.com/zt/Olympics/news_detail.asp?news_id=92627&lm=93.

[154][155]　施耐德电气推出 EcoStruxure 架构与平台开启转型之路[EB/OL].
　　　　　https://blog.csdn.net/weixin_33924770/article/details/90365776.

[156][157]　施耐德电气发布 EcoStruxure Field Device Expert 数字化应用
　　　　　[EB/OL]. http://www.elecfans.com/d/731223.html.

[158][159]　PTC 工业互联网全面解析："平台+APPS+生态"，以及三大战略
　　　　　合作[EB/OL]. https://www.sohu.com/a/342047388_114877.

[160][161]　现场直击|PTC 亮相 2019 工业互联网峰会助推企业数字化转型
　　　　　[EB/OL]. https://www.sohu.com/a/297940833_734677.

[162][163]　赵宏博. Cloudiip 助力新一代智能制造[J]. 软件和集成电路，
　　　　　2018，6.(12)：42-49.

[164]　Preimesberger C. GE Unveils a Ton of New Predix Products for Industrial
　　　　IoT[J]. Eweek，2016.

[165][166]　中国互联网工业平台——海尔 COSMOPlat[EB/OL]. https://baijiahao. baidu.com/s?id=1640715136447433711&wfr=spider&for=pc.

[167]　新华网. 树根互联：中国的工业互联网平台[EB/OL]. (2017-01-11) [2017-05-06]. http://news.xinhuanet.com/itown/2017/01/11/c_135973894. htm.

[168]　INDICS 平台技术架构 V4.9[R]. 航天云网文档.

[169][170][171]　工业互联网平台评价指标体系研究报告[R]. 内部研究报告.

[172][173]　华为 FusionPlant 工业互联网平台[EB/OL]. https://www.iireadiness. com/cases/60.

第九章

航天云网

INDICS 总体架构

核心产品

产品服务体系

应用情况

航天云网 INDICS（工业互联智能云系统）是中国航天科工集团自主研发的工业互联网平台，入选工业和信息化部跨行业、跨领域工业互联网平台。航天云网（Logo 如图 9-1 所示）以云制造为核心，提供门户网站运维服务，智能制造、协同制造、云制造服务，云端企业智能化、智慧化改造，产品、制造资源共享与协作配套，工业大数据及其应用，云制造质量星级认证，云端企业信用认证，云端第三方支付与金融服务，云制造支撑系统（CMSS），开放式"双创"服务，工业互联网数据与平台安全，工业互联网标准架构及相关标准拟制和第三方工业互联网平台应用环境多种业务服务，形成"工业互联网+智能制造"系统解决方案。

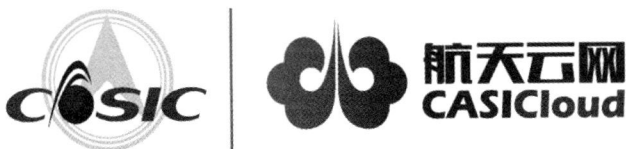

图 9-1　航天云网 Logo

工业互联智能云系统 INDICS（平台端）通过高效整合和共享国内外产业要素与优质资源，以资源虚拟化、能力服务化的云制造为核心业务模式，以提供覆盖产业链全过程和全要素的生产性服务为主线，构建"线上与线下相结合、制造与服务相结合、创新与创业相结合"、适应互联网经济新业态的云端生态；支持线下智能工厂依托云端(智能制造新模式)产业要素资源，结合企业经营策略，逐步实施底端（设备、岗位、工厂）的数字化、网络化、智能化建设，最终达到智能工厂和云制造的目标。

9.1 INDICS 总体架构

工业互联智能云系统 INDICS 定位于工业操作系统、工业智能引擎和开放的工业生态，具有确保"主权级"安全、提供"全过程"应用、线上线下相结合、"三朵云"（公有云、专有云、国际云）协同发展等鲜明特点。总体架构（如图 9-2 所示）包括应用场景层、用户层、工业应用层（CMSS）、INDICS 云平台层、边缘智能层、工业资源层六层。

图 9-2 工业互联智能云系统 INDICS 总体架构

（1）工业资源层。实现产品研制全产业链资源/能力的接入，提供生产制造、试验验证、计量检测等各类资源的接入能力，以及各类工业设备，包括机械加工、环境试验、电器互联、计量器具、仿真试验等 21 类工业设备的接入能力，同时提供其他工业互联网平台的接入能力。

（2）边缘智能层。实现各类工业设备的通信互联，支持 OPC UA、MQTT、Modbus、Profinet 等主流工业现场通信协议的通信互联，支持工业现场总线、有线网络、无线网络的通信互联，提供自主知识产权的 INDICS EDGE 系列智能网关接入产品和 API 软件接入接口，支持"云制造+边缘制造"的云/边一体制造模式。

（3）INDICS 云平台层。提供云资源基础设施管理、大数据管理和应用支撑公共服务等云服务功能。以业界主流开源 PaaS 云平台 Cloud Foundry 为底层支撑架构，扩展基于 Docker 和 Kubernetes 的混合容器技术，提供弹性伸缩和服务编排功能；提供大数据多种类型存储及分析计算功能；提供自主可控的航天超级数据库；面向工业提供核心工业服务（工业大数据、人工智能、区块链、数字孪生、边缘计算五大智能引擎）、数据服务、工业机理模型与算法、一站式集成云端应用开发环境，有效支持工业云的能力扩展。同时，自建数据中心，直接提供基础设施层（IaaS 层）和通用平台层（PaaS 层）的基础云服务。

（4）工业应用层。提供面向制造全产业链、基于平台开发的原生工业应用 App，同时提供开发接口，形成基于平台的第三方应用，支持多样化、个性化的用户需求。与 GE 公司的 Predix 平台和西门子的 MindSphere 平台仅提供部分智能服务功能相比，工业互联智能云系统 INDICS 提供了云制造支撑系统 CMSS，包括以云协作/云化 CRM/SCM/SECM 为核心的智能商务，以云化的 CAD/CAE/CAPP/CAM/PDM/协同设计 CoDesign 为核心的智能研发，以云化 ERP/云排产 CRP/云化 MES/虚拟云工厂为核心的智能管控，以及以远程监控、智能诊断、售后服务、资产管理为核心的智能服务等制造全产业链的工业应用服务功能。

（5）用户层。工业互联智能云系统服务于三类用户，分别是：开发者、企业用户、政府用户。

（6）应用场景层。工业互联智能云系统面向航空航天、工程机械、电子信息、机器人等行业提供制造全过程、产教结合、企业上云、5G+智能工厂等应用场景。

（7）安全体系和标准体系。基于自主可控的安全防护体系，为智能制造系统的用户身份、资源访问和数据等提供安全保障；通过标准规范体系，规范智能制造系统技术应用和平台的准入、监管、评估等过程。

9.2　核心产品

9.2.1　INDICS 云平台

INDICS 云平台体系架构（如图 9-3 所示）主要包含应用支撑环境 PaaS 和 IaaS 基础设施。PaaS 运行在 IaaS 基础设施之上，可以对接主流的 IaaS 平台。

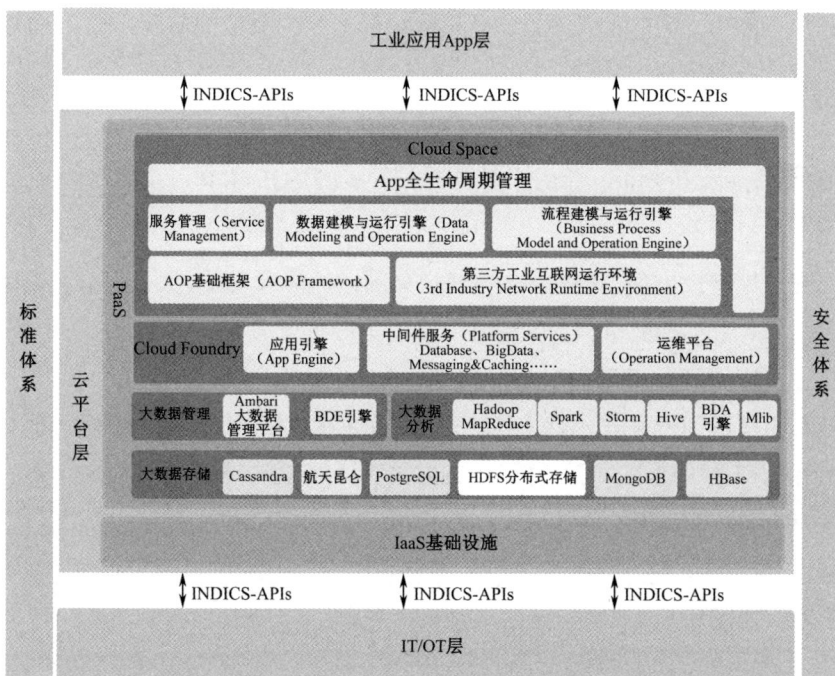

图 9-3　INDICS 云平台体系架构

INDICS 云平台主要提供如下服务能力：

在云基础设施服务方面，自建数据中心，提供基于软件定义的虚拟化云服务，全面支撑通用 PaaS 运行环境、大数据存储、AI 智能服务。

在通用运行环境方面，基于 Cloud Foundry、Docker 和 Kubernetes 混合容器技术，提供弹性伸缩和服务编排功能，提供多语言运行环境和中间件服务接入规范，提供统一运维监控服务、工业大数据的存储、分析和管理能力，以及面向工业的数据建模、机理建模、流程建模、人工智能建模等基础服务。

在大数据存储方面，INDICS 云平台提供丰富的大数据存储方式，包含 HDFS 分布式文件系统、Cassandra 和 HBase 等列式存储数据库，MongoDB 等文档数据库，PostgresSQL、航天昆仑等关系数据库。上层应用将根据数据的特点和业务使用的特点来适配最合适的存储方式。

在大数据管理方面，INDICS 云平台提供 Ambari 大数据平台管理工具和集成的第三方大数据管理引擎。大数据管理工具解决了大数据存储与分析工具的集群化部署、服务配置管理、服务状态监控展示的问题，降低了大数据平台运维和使用的难度。

在大数据分析方面，INDICS 云平台支持容器化的 Hadoop MapReduce 离线分析、Spark 和 Storm 流式实时分析、Hive 等 SQL 引擎、算法库和第三方大数据分析引擎。

在应用支撑方面，提供面向软件定义制造的流程引擎、大数据分析引擎、仿真引擎、人工智能引擎、区块链引擎等核心工业服务。面向开发者提供可视化云端应用开发工具、工业机理模型和 700 多种 API 接口，全面支持各类工业应用的快速开发与迭代。同时，提供云端应用运行工具，实现应用 App 的可视化部署与接入，同时提供第三方工业 App 的迁移改造服务，实现工业 App 向 INDICS 云平台的接入。

9.2.2　CMSS

CMSS（Cloud Manufacturing Support System，云制造支持系统）是智能

化的端到端应用集成与服务系统，主要包括工业品营销与采购全流程服务支持系统、制造能力与生产性服务外协与协外全流程服务支持系统、企业间协同制造全流程支持系统、项目级和企业级智能制造全流程支持系统四个方面。采用"一脑一舱两室两站一淘金"（企业大脑、企业驾驶舱、云端业务工作室、云端应用工作室、企业上云服务站、中小企业服务站、数据淘金）的业务界面提供用户服务，通过自主建设和订阅通用工业 App 形成集成化、个性化、可视化的企业云端工作环境。

CMSS 以 INDICS 为支撑，面向用户提供丰富的工业应用，目的是构建一个系统全面、开放共享、使用便捷的创新生态，体系架构如图 9-4 所示。

图 9-4　CMSS 体系架构

纵向结合各专业应用和协同应用，形成互联企业层、企业层、产线层、设备层四个层次的应用。

在互联企业层，以 5C（CCO 云协作、CPDM 协同设计引擎、CRP 资源调度引擎、CMOM 制造管理引擎、COSIM 云工厂）为核心实现跨企业的设计、生产及服务的动态协同，同时提供制造企业征信、认证、金融、物流、双创等生态应用。

在企业层，提供数据驱动的智慧企业 App、多专业/多学科的数字化应用 App、通用工业 App（CAD/CAE/CAM）和 PLM+ERP 等企业全生命周期应用。

在产线层，主要提供产线的规划与仿真、集成与测试、执行与控制 MES、数据驱动的产线运营 MOM 等应用。

在设备层，主要提供设备控制与监控、数据驱动的设备运营、边缘制造等应用。

横向集成了智慧研发、精益生产、智能服务、智慧管控的全生命周期服务。

智慧研发包括个性化智能研发、协同研发、社会化双创三种模式。利用 CMSS 中的数字化样机等应用集支撑个性化智能研发模式，如基于模型的系统工程 MBSE App、基于虚拟样机工程的协同研发 App 等；利用 CCO、CPDM、COSIM 等应用集支撑协同研发模式，如云协同研发 App、云仿真 App 等；利用双创等应用集支撑社会化双创模式，如基于用户参与的创新研发 App、社会"双创"活动 App 等。

9.2.3 云制造核心软件

围绕制造业全产业链、全过程的协同需求，工业互联智能云系统 INDICS 平台提供了基于互联网的协同研发、协同生产、智能服务和协同商务等制造全产业链服务功能。特别是，提供了云化产品数据全生命周期管理（CPDM）、云化企业资源管理（CRP）和云化制造执行系统（CMES）等云制造核心工业软件服务，实现了跨企业设计工艺协同，跨企业云端资源/能力共享，以及以计划为主线的生产全流程（进度、质量）管控。主要的云化制造核心软件及应用模式如图 9-5 所示。

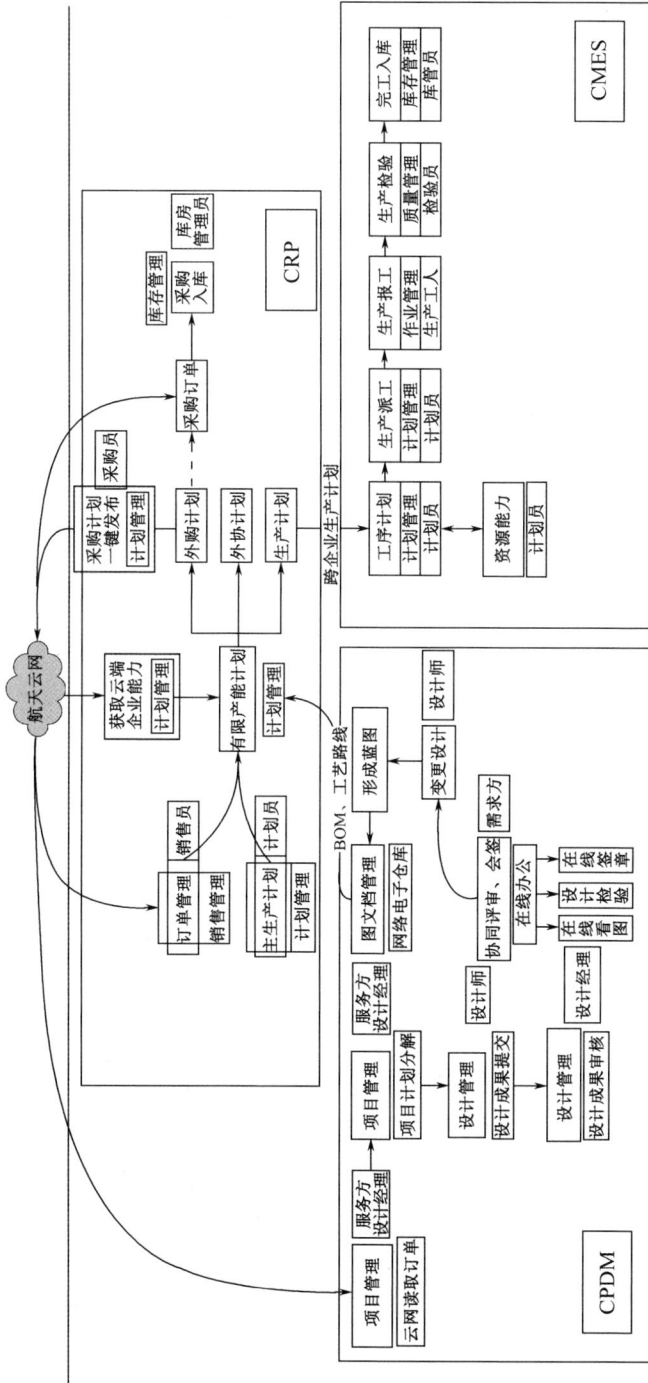

图 9-5 云化制造核心软件及应用模式

（1）以设计工艺协同为核心，提供基于 CPDM 系统的跨企业协同设计、协同工艺评审、协同会签、协同审签等服务功能。

（2）提供以小微企业简易 ERP 需求为核心的 CRP 服务功能；提供以中型企业的 ERP 需求和计划管理需求为核心的 ERP 与 CRP 集成应用功能；提供以大型企业，特别是大型集团对各专业子公司或分厂协同生产的复杂 ERP（重架构 ERP）与 CRP 集成应用功能；提供通用化、跨企业应用的 CRP 应用功能。

（3）实现从 CRP 的主计划、CRP 的能力计划到 CMES 的作业计划的全过程管控，并通过 CMES 实现计划进度采集反馈、质量采集分析，最终实现全流程管控。

如图 9-6 所示，云制造核心软件产品整体依托于 INDICS 云平台开发实现，由 INDICS 云平台提供统一开发与运行环境、用户管理、安全体系、标准体系。

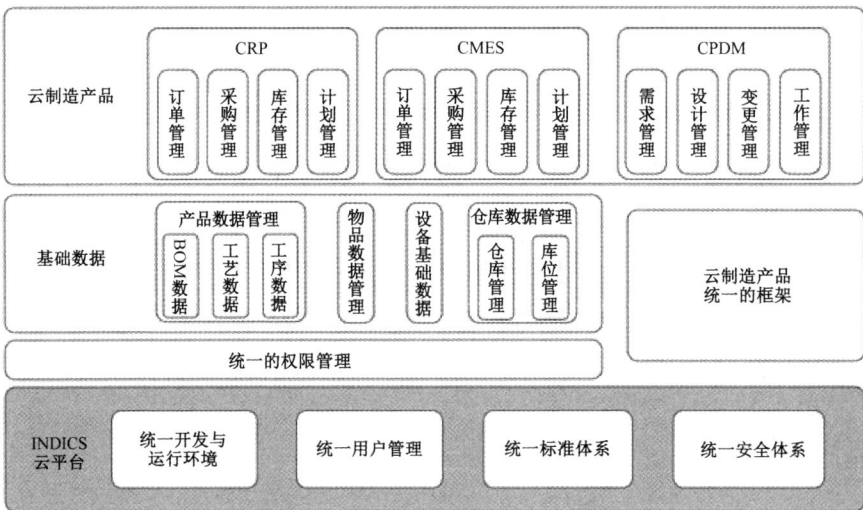

图 9-6　云制造核心软件产品体系

基于云制造核心软件产品整体体系的区分，产品具有高度的一致性：

（1）CRP、CMES、CPDM 具有统一的权限管理功能。

（2）CRP 与 CMES 具有统一的基础数据管理功能，主要包括产品数据管理（如 BOM 数据、工艺数据、工序数据等）、物品数据管理、设备基础数据、仓库数据管理（如仓库管理、库位管理等）。

（3）云制造核心软件产品具有统一的前端框架。

1. CRP 产品

CRP 产品为供需双方提供跨企业优化的资源分配、组织调度能力。应用 CRP 产品可以为跨企业协作生产提供共享的资源计划管理和云排产系统，能够有效协调多家制造企业动态组织、共享能力资源，针对性开展智能计划排程和柔性调度工作。

CRP 产品主要面向协作生产企业的生产计划管理人员，典型应用场景为生产能力协作双方的协同生产策划，作为云生产承接方的供应商向云平台发布自身加工能力的信息，以便需求方进行优选和制订生产计划。需求方（包括大型企业集团综合计划管理人员、无生产能力的设计单位及其他计划管理和调度人员）发布生产任务和策划生产计划，调用 CRP 产品的排产引擎进行优化计算，得出优化排产结果。排产引擎依据任务单、产品 BOM、库存约束、距离约束及生产能力约束，对生产要素配置进行优化，为需求方提供产品交付周期适宜、资源利用率均衡的排产结果。

CRP 产品实现云排产主要涉及排产约束技术、排产集成技术和排产优化技术三部分。其中，排产约束技术指的是云排产资源能力的描述方法，如工作中心的定义、工作中心的能力描述，企业距离（或工作中心的距离）、企业间转运时间的描述（因素、计算方法等），生产成本、加工时间等；排产集成技术指的是根据目前企业已有的信息化软件或系统（ERP、MES）中的数据，通过数据集成为云排产提供排产的数据支撑；排产优化技术指的是采用优化排产算法，以排产目标（最早完工、资源负载最均衡等）为优化方向，利用在线可用计算处理能力，快速有效地提供具备实际指导意义的排产结果。

2. CPDM 产品

CPDM 产品是云协作产业链业务网络平台，它将产品设计需求、设计流程监控、文件协同审签、审签意见发放、变更设计管理等功能置于云端，为开展云协作的企业提供产品研发全生命周期的协同管理工具与协作环境。CPDM 产品重点体现云端协同式数据管理系统的特点，以来自 INDICS 云端的设计需求为出发点，以项目的目标成果为主线，提供设计、工艺管理流程的服务功能，如图 9-7 所示。

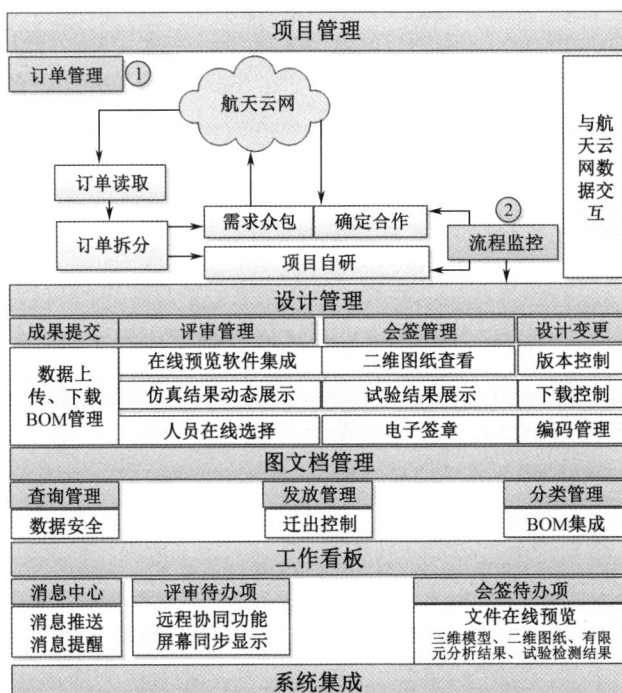

图 9-7　CPDM 产品主要功能

　　CPDM 产品实现主要涉及设计 BOM 技术、设计协同技术、虚拟现实技术，以及数据存储与管理技术等。

　　（1）将 BOM 技术整合至云设计系统，以 Web 服务为媒介，将 BOM 视图进行封装，实现产品设计生产周期内信息的无损传递和共享，借助云设计平台的统一管理和控制，实现 BOM 信息的快速重复利用，显著提高数据管理效率。

（2）利用协同设计技术，将计算机辅助设计数据、计算机辅助工艺数据及计算机辅助工程数据等数据集成于平台运行环境中，确保各用户之间的互操作，支持信息资源的动态调配。

（3）采用虚拟现实技术，在产品设计阶段就能将产品的全部制造过程进行虚拟集成，从而预测、检验、评价产品性能和制造可行性，达到缩短产品开发周期、降低成本、优化质量、提高效率的目的。

（4）在对数据进行管理时，采用成组技术，对零部件信息采用编码管理和产品族管理，适应"小批量、多品种"需求，对用户需求做出快速响应。同时，将数据存储于共享文件系统中，而不是全部归入数据库，按照文件名抽取出用于管理、查询的元数据信息，从而减轻数据库的存储负担。

3. CMES 产品

CMES 是在云端共享的协作环境下通过获取设备数据、计划进度数据或质量管理数据，为工业物联网应用提供数据采集及存储、管理的平台。CMES 产品基于工业物联网实现设备与设备、传感器和智能仪表之间的互联互通，实现计划进度采集反馈、质量采集分析，同 CR 一起实现以计划为主线的生产全流程（进度、质量）管控。

CMES 产品对设备、计划进度采集等功能进行了标准化与服务化封装，每一个基础功能被封装成一个 Open API，用户可通过其 URL 采用 POST 消息进行调用，输入输出参数均采用 JSON 格式进行交换。企业用户通过该方式可快速将设备、计划进度接入到 CMES 中，并开展业务，如图 9-8 所示。

CMES 产品将详细的生产计划进一步细化为以设备、工位或工人为单位的精细生产计划，并指导生产。通过手动填报或自动采集的方式，将生产进度数据、质量检验数据分别反馈给 CMES 的计划管理和质量管理。相关人员根据采集的数据进行质量决策，从而实现产品生产的质量管控。CMES 质量管控主要指的是质量缺陷追溯和质量问题统计分析，利用生产过程采集的质量数据进行统计分析，有针对性地改进生产工艺，提高产品质量。

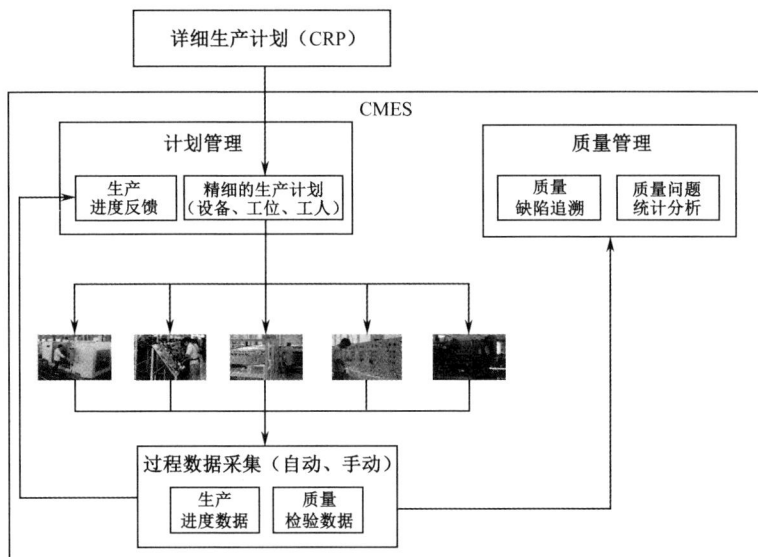

图 9-8　CMES 产品实现数据采集进度、质量管控

9.2.4　智能网关 INDICS EDGE

工业智能网关 INDICS EDGE 系列产品提供采集、转换、处理和传输不同厂商品牌工业设备数据、工厂 OT 组网和通信协议转化等功能模块，实现设备与 INDICS 云平台的互联互通，并实现工业数据与云制造应用、工业大数据应用的无缝集成，如图 9-9 所示。

INDICS EDGE 产品可采集工厂/车间中生产设备的生产类数据、OT 系统（如 SCADA、MDC、DNC 等系统）中的控制类数据和 IT 系统（如 ERP、MES、TDM 等系统）中的管理类数据，进行统一处理后再上传至 INDICS 云平台。用户可通过 Web 端或移动 App 端访问 INDICS 云平台，实现生产过程管理和优化、生产设备管理与维护、产品状态监测及预防性维护等应用功能。

INDICS EDGE 产品分为标准系列、传感器系列、高性能系列三个系列，如图 9-10 所示。

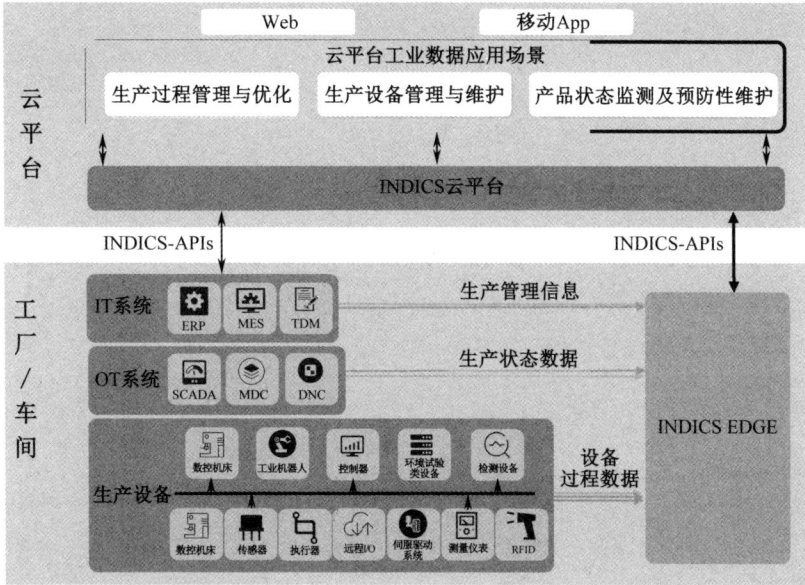

图 9-9 智能网关 INDICS EDGE 产品应用模式

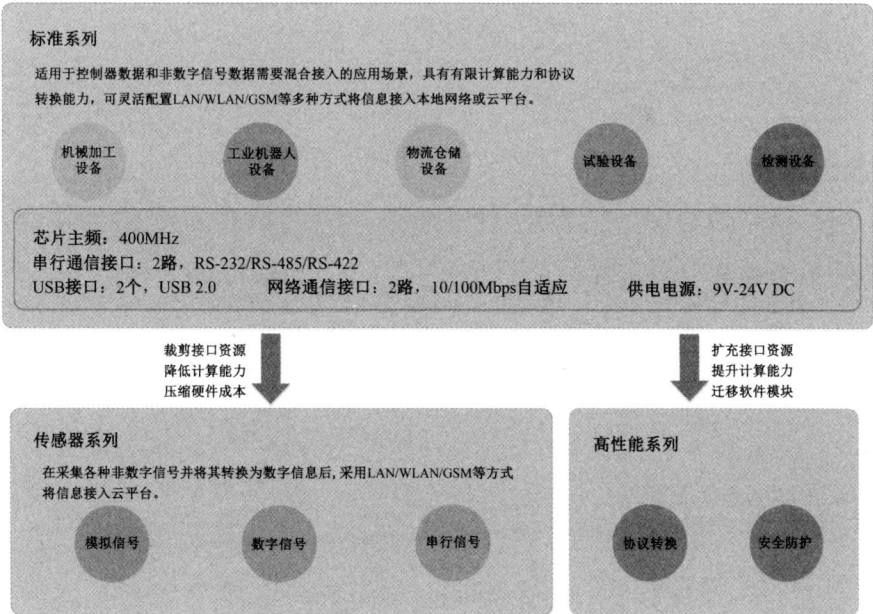

图 9-10 智能网关 INDICS EDGE 产品系列图谱

（1）标准系列产品 INDICS EDGE6000。

标准系列产品具备良好的通用性和扩展性，通过丰富的接口和可配置的软件功能，接入多种设备与协议，适用于单台设备及传感器网络接入的场景，主要面向智能工厂建设、智能化改造等需求，提供设备接入云平台的服务功能，其功能模块如图 9-11 所示。

标准系列产品功能模块			
硬件			软件
基于ARM架构的硬件平台（提供ARM使用平台）		云平台接口部分	INDICS API（HTTP协议）
			INDICS API（MQTT协议）
基于Intel Quark的硬件平台（提供Intel Quark使用平台）			INDICS API（AMQP协议）
DI/DO数字量输入输出（提供数字量接入接口）	无线Wi-Fi板卡（提供Wi-Fi接口）	工业通信协议	OPC UA协议栈
AI/AO电压模拟量输入输出（提供电压模拟量接入接口）	工业无线WIA-PA板卡（提供WIA-PA接口）		Modbus TCP/IP协议栈
			Modbus RTU协议栈
AI/AO电流模拟量输入输出（提供电流模拟量接入接口）	GSM通信（2G/3G/4G）板卡[提供GSM（2G/3G/4G）接口]		Profinet协议栈
			Profibus协议栈
单色液晶显示屏（提供液晶显示接口）	蓝牙板卡（提供蓝牙接口）		CAN总线协议栈
RFID读取器（提供RFID读取接口）		数据安全	安全加固模块
CAN总线外部接口（提供CAN总线协议接口）			用户访问控制模块
			数据加密模块
ZigBee板卡（提供ZigBee接口）			远程固件升级模块

图 9-11　标准系列产品功能模块

（2）传感器系列产品 INDICS EDGE1000。

传感器系列产品提供传感器网络解决方案，适用于工厂现场、工业控制末端的传感器接入场景，包括有线传感器网络和无线传感器网络，其功能模块如图 9-12 所示。

（3）高性能系列产品 INDICS EDGE8000。

高性能系列产品提供边缘计算及工业大数据处理的解决方案，适用于在工厂现场需要使用云端数据模型对数据进行预先处理和计算的场景，是工业大数据及边缘计算在工业、制造业中进行实践应用的产品，其功能模块如图 9-13 所示。

传感器系列产品功能模块		
硬件	软件	
无线传感器网络网关（提供本地网关接入接口）	云平台接口部分	INDICS API（HTTP协议）
		INDICS API（MQTT协议）
DI/DO数字量输入/输出接入盒子（提供数字量接入接口）		INDICS API（AMQP协议）
AI/AO电压模拟量输入/输出盒子（提供电压模拟量接入接口）	工业通信协议	Modbus TCP/IP协议栈
		CAN总线协议栈
AI/AO电流模拟量输入/输出盒子（提供电流模拟量接入接口）	数据安全	安全加固模块
		用户访问控制模块
串行信号接入盒子（提供串行信号接入接口）		数据加密模块
		远程固件升级模块

图 9-12　传感器系列产品功能模块

高性能系列产品功能模块		
硬件	软件	
基于ARM多核架构的硬件平台（提供ARM使用平台）	云平台接口部分	INDICS API（HTTP协议）
		INDICS API（MQTT协议）
		INDICS API（AMQP协议）
工业无线WIA-PA板卡（提供WIA-PA接口）	工业通信协议	OPC UA协议栈
		Modbus TCP/IP协议栈
		Modbus RTU协议栈
GSM通信（2G/3G/4G）板卡［提供GSM（2G/3G/4G）接口］		Profinet协议栈
		Profibus协议栈
		CAN总线协议栈
蓝牙板卡（提供蓝牙接口）	数据安全	安全加固模块
		用户访问控制模块
		数据加密模块
		远程固件升级模块
		本地计算模块

图 9-13　高性能系列产品功能模块

9.2.5 边缘智能一体机

边缘智能一体机是工业大数据及边缘计算在工业、制造业中进行实践应用的产品，基于深度学习和 KubeEdge+Docker 边缘智能服务技术，实现应用、算法、模型在边缘侧的运行与数据处理，打造"云制造+边缘制造"的新模式，其功能模块如图 9-14 所示。

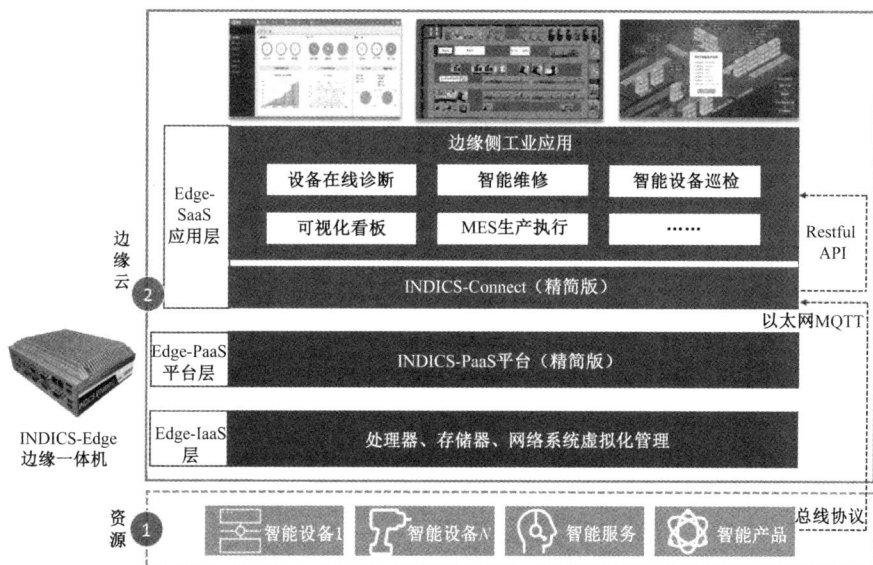

图 9-14 边缘智能一体机功能架构

（1）Edge-IaaS 层提供处理器、存储器及网络系统虚拟化管理。通过软件定义型网络（SDN）和网络功能虚拟化（NFV）等技术，提升边缘一体机和多接入边缘计算（MEC）集成的性能。

（2）Edge-PaaS 平台层提供多种服务，支持"身份认证+API 认证"双重校验方式，提供安全易用的云平台接口服务机制；同时，利用区块链、标识解析技术向下为各类设备提供统一的标识、状态、运行等开放接口，支持海量设备的接入、可信数据的存储与管理；提供可信工业模型的定义、运行、优化与监控功能；提供海量工业大数据的实时可信处理和基于算法模型的智能分析功能。

（3）Edge-SaaS 应用层主要为边缘侧工业应用，包括智能设备巡检、MES 生产执行、可视化看板等。

（4）边缘 PaaS+云 PaaS 协同服务，打造云/边一体化协同能力，提供将云上应用拓展到边缘侧的功能，联动边缘与云端，满足客户对边缘资源的远程管控、数据处理、智能化应用需求，解决在边缘实时性、可靠性、运维经济性等方面遇到的问题。

云/边智能一体主要应用于以下场景：

（1）可以作为边缘服务器搭建 INDICS 私有云环境或其他 OT 系统，无须连接 INDICS 云平台，在边缘侧即可实现应用闭环。

（2）可以作为边缘智能网关，支持数据服务 API、本地存储、断点续传、事件预警、可视化编程、应用与模型下发等多种功能；也支持 INDICS PaaS 服务、云化网关配置工具、云端网关监测、控制指令下发、边缘应用远程部署、边缘智能模型在线升级等云边协同应用。

9.3　产品服务体系

工业互联智能云系统 INDICS 产品服务体系（如图 9-15 所示）主要由平台门户、云制造软件、智能化改造、工业品共享中心、工业大数据、云制造双创、云制造认证、云制造金融、数据与网络安全等构成，重点发挥云制造领域的核心优势，形成航天云网独具特色的服务体系。

（1）平台门户。建立以工业互联智能云系统 INDICS 为统筹的产业公共服务平台，面向社会用户建设平台门户，展示各类技术产品、资源能力等产品和服务，并根据特殊专业用户需求提供定制化门户服务。整合社会各方资源，打造信息互通、资源共享、能力协同、开放合作、互利共赢的工业互联网生态。

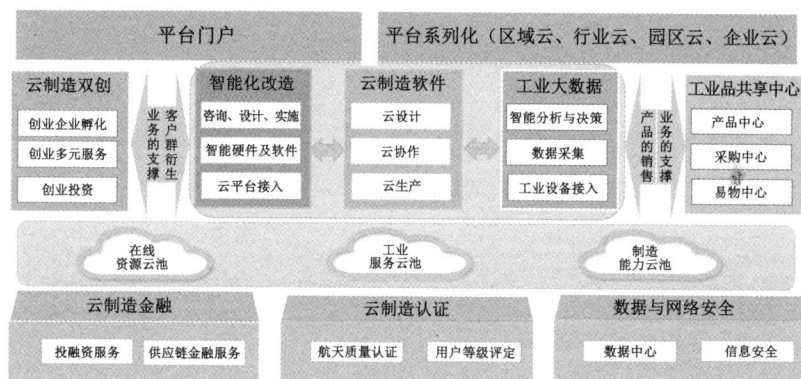

图 9-15 工业互联智能云系统 INDICS 产品服务体系

（2）云制造软件。提供以云端协作为核心的智能商务服务，以云 CPDM 为核心的智能研发服务，以云 CRP、云 CMES 和虚拟工厂为核心的智能生产服务，以远程监控、智能诊断和健康管理为核心的智能保障服务，以及工业软件、知识产权、标准和专家等基础资源池，支撑产品全生命周期云端协同研制。同时，提供云市场及开发者中心，打造云制造生态系统。

（3）智能化改造。提供基于云平台的智能工厂整体解决方案，包括咨询、设计和实施等。提供以 INDICS EDGE 为核心的智能化改造系列产品，以及结合云端 CPDM、CRP、CMES 等云制造核心软件的互联接入和智能化改造服务；实施生产装备智能化升级、工艺流程改造和基础数据共享，将企业各项制造业务及服务与云端连通，实现制造相关环节柔性化改造，推进企业全部经营活动的数字化、网络化、智能化。

（4）工业品共享中心。面向制造企业，提供工业品线上产品营销与采购协作服务，助力制造企业拓宽市场渠道，提高市场服务能力，降低采购成本，提升企业营销和采购效率。同时，创新电商服务模式，提供闲置物资线上易物交易及装备设施租赁服务，提高企业资产利用效率。

（5）工业大数据。INDICS 提供产品和资产云端接入、资产性能管理和运营优化服务，基于自主可控的工业大数据集成应用平台，对在运营和生产过程中由已接入平台的工业设备、产品、业务与企业产生的海量数据进行开发应用，提供基于数据的产品创新应用、生产线优化分析、供应链优化和工业治理应用等工业大数据应用服务。通过汇聚高价值制造过程和资源数据，发挥数据的创新支撑潜力，带动智能制造模式的创新和产业价值链体系的重构。

（6）云制造双创。针对"互联网+智能制造"领域，广泛吸收软硬件、技术、专家、资金、场地等创新创业资源并加以整合，为中小微企业和个人创业者提供线上服务、线下辅导、创业投融资、产业辅导等创新创业系统解决方案与平台化服务。

（7）云制造认证。发挥工业互联网上集聚大量产业用户、市场需求、认证标准和专业服务的优势，通过线上企业认证专区建立云制造认证体系，为用户提供线上企业认证服务（线上信息报送、审核及认证）。同时组建专家队伍，推进线下认证服务业务，形成线上与线下结合发展的认证业务。对注册企业开展云制造能力认证、质量认证、信用认证、保密认证、专业能力认证等一系列认证服务，促进形成对以云制造能力、产品质量、信用等级为核心能力的注册企业进行客观评价的公共机制。

（8）云制造金融。通过云平台实现与金融平台的跨界对接，整合金融机构服务能力，创新金融产品服务，对接平台企业用户支付、融资、征信、投资、保险等金融需求，建设产融结合服务体系，促进资源共享，实现产业平台与金融平台的融合发展。

（9）平台系列化。依托平台提供的工业智能网关 INDICS EDGE、物联网接入工具、云平台服务、云端应用开发工具、云端应用运行工具、App 云化等产品、组件和入网接口标准，面向政府、企业提供可剪裁、可配置平台服务，实现区域云、行业云、园区云、企业云落地实施。

（10）数据与网络安全。提供涵盖设备安全、网络安全、控制安全、应用安全、数据安全和商业安全的主被动融合的信息安全体系，在保障 INDICS 安全运行的同时，基于 INDICS 数据中心为用户提供整体安全解决方案和安全服务。

工业互联智能云系统 INDICS 面向用户提供以下四类服务模式：

（1）服务于个人创业者及小微企业的双创模式，解决创业初期资源匮乏、经验不足及随规模或业务扩展急需资金支持和外部资源的关键痛点，促进创新创业企业由初创向正常经营发展。

（2）服务于传统中小企业的转型升级模式，帮助企业专注擅长的领域，从"小而全"向"强而专"、从制造到服务转型，在企业架构重构过程中实现"两化融合"，融入产业组织体系，促进企业从同质化的初级阶段向专业化的高级阶段转变。

（3）服务于大企业和企业集团的"专有云"模式，通过整合优化配置内外部资源，重构产业组织体系，进一步提升自身智能制造水平及体系化管理水平，促进专业化的规模制造向智能化的柔性制造转变。

（4）服务于国际化企业的国际工业互联网模式，在全球视野下整合资源，优化配置企业的生产要素，开拓海外市场，高效、安全地开展跨境交易和业务协作，促进本土化的企业向国际化开放型企业转变。

9.4 应用情况

目前，工业互联智能云系统INDICS已在北京、江西、贵州、四川、辽宁、内蒙古、甘肃、江苏、浙江和广东等区域完成了平台落地，正在加强与湖北、湖南、云南等区域的合作，筹备落地事宜，平台辐射能力持续增强。

同时，秉承"让中国企业走出去，把国外优质资源引进来"的理念，INDICS已面向使用英语、俄语、德语、波斯语等语言的国家和地区，打造了INDICS国际云平台，并已在德国落地，构建了国际工业云端生态，初步实现了"企业有组织、资源无国界"的生产资源全球配置。

工业互联智能云系统INDICS于2015年6月15日正式上线并持续优化完善，于同年11月25日进行全面改版升级。目前，其已成功应用于航空航天、高端装备、工业机器人、模具、家具、电子、汽车、能源环保、新材料等制造行业和领域，构建了以INDICS工业互联网平台为通用平台，以区域云、行业云、园区云、企业云为应用平台的平台体系，建设了京津冀、江西、贵州、内蒙古等区域工业互联网主平台 22 个，行业云及园区云 13 个，承担实施了机械制造、航空航天、汽车、电子四大行业 16 个细分领域，提供了 2000 余个智能化项目及服务。

INDICS 进一步针对北京星航机电装备有限公司、河南航天液压气动技术有限公司、江西科伦药业、成都航天通信设备有限责任公司和天倬模具等 10 余家企业，定制和实施了基于云平台的智能工厂整体解决方案，接入集成了数百台制造设备，打造了工业基础件数控加工柔性生产线、电缆接插连接件柔性装配线、家具制造和汽车冲压模具智能制造生产线等四类智能制造样板工程，帮助企业实现了设备状态实时监控与云排产调度优化，极大地推动了协同创新、网络化协同、个性化定制和智能化生产等新型制造模式在行业、企业、车间等不同层次的落地实施。

航天云网坚持"构筑全球领先的国家制造业体系"，建设"互联网+智能制造"生态系统。航天云网 INDICS 平台的定位是面向企业用户提供公共资源服务，通过培育云制造生态带动企业向数字化、智能制造转型。大量的应用和市场实践已经有力地证明了这是一个符合国家供给侧结构性改革和产业转型升级战略的重要选择，符合企业特别是中小微企业的需求，有巨大的发展空间和市场潜力。航天云网已规划到 2025 年，重点是打造具有国际水准的工业互联网平台及云制造产业集群生态，全面建成具有国际竞争力的工业互联网企业，构建适应互联网经济的制造业新业态，进一步有力支撑我国制造强国和网络强国战略！

第十章

工业互联网展望

工业互联网技术体系不断创新

工业互联网加快推动产业变革

随着边缘智能、5G 技术、数字孪生、区块链、新一代人工智能等新兴技术的不断涌现与发展，工业互联网技术体系得到不断完善；同时，基于工业互联网的社会化协同制造、共享制造、服务型制造、柔性化生产、个性化定制等云制造新模式被更加广泛地应用于制造企业，对传统制造模式产生颠覆性作用，并不断重塑制造业态，推动全球制造业转型升级。

10.1　工业互联网技术体系不断创新

工业互联网技术从诞生之初，就是一类多学科交叉与综合集成技术，其发展将不断与边缘计算、区块链、新一代人工智能等新兴技术相融合，不断完善工业互联网的技术体系。

10.1.1　新一代人工智能技术赋能智慧工业互联网

人工智能经过 60 余年的发展，突破了算力、算法、算料（数据）等方面的制约[174]，在移动互联网、大数据、超级计算、传感网、脑科学等新理论、新技术的驱动下，已经进入了新的发展阶段，拓展了工业互联网的应用场景。新一代人工智能技术呈现出深度学习、跨界融合、人机协同、群智开放、自主操控等新特征[175]，其与各领域的融合成为推动我国科技跨越式发展、产业优化升级、生产力整体跃升的新引擎。为了促进人工智能与其他领域的产业化发展，国家相继出台了《国务院关于积极推进"互联网+"行动的指导意见》《"互联网+"人工智能三年行动实施方案》等。2020 年 3 月，国家提出加快人工智能、工业互联网等新型基础设施建设进度，深度应用互联网、大数据、人工智能等技术，支撑传统基础设施转型升级，推动经济高质量发展。新一代人工智能技术将推动工业互联网迈入智能时代，催生智慧工业互联网的演化和发展。

10.1.2　边缘智能及 5G 技术极大拓展工业互联网应用场景

作为工业制造与互联网融合的产物，工业互联网已成为各国产业与科研发展的核心竞争点。5G 技术为工业互联网无线化、网络化发展提供了大带宽、大连接、低时延、高可靠等新的技术驱动。同时，边缘智能技术为工业制造企业提供了工业数据安全治理与低时延高可靠性数据处理的边缘解决方案。边缘智能与 5G 技术的融合发展，提供了强大的云边协同使能服务，极大地丰富了工业互联网的应用场景，不仅包括智能化生产、个性化定制、网络化协同和服务化延伸四类主要应用，还扩展了包括无线工业园区、厂内物流管理、智能机器人/车、智能机器视觉分析、AR/VR 等应用场景。

10.1.3　数字孪生成为新的数字化、智能化关键技术

数字孪生是基于现实物理实体特征描述，以动态实时的方式对建立的模型、收集的数据做出高度反映真实物理实体的分析，用于现实物理实体的模拟、监测、预测和控制、优化。随着工业互联网技术的应用推进，数字孪生被赋予了新的生命力，工业互联网延伸了数字孪生的价值链条和生命周期，凸显出数字孪生基于模型、数据、服务方面的能力和优势，打通了数字孪生应用和迭代优化的现实路径，正成为数字孪生的孵化床与应用载体。基于工业互联网平台的数字孪生将促进新一代工业应用 App 的快速开发和实施。网络的连通效用，使得各个数字孪生在信息物理融合场景下实现设备与产品的全生命周期管理、生产与运营优化和远程预测性维护。借助工业互联网实现现实物理实体的各种数据收集、交换，利用平台具有的资源聚合、动态配

置赋能数字孪生。基于工业互联网的数字孪生融合发展了新一代信息物理系统，打造了基于模型、数据驱动的工业互联网新模式、新业态。

10.1.4　区块链打造更加安全、可信的工业互联网

区块链具有去中心化、公私钥数据加密、数据共享公开、数据不可篡改等特性[176]。通过区块链改造工业互联网，可将公共数据分布存储在各参与体的节点中，避免因单一数据中心遭到攻击而造成数据丢失与篡改，提升工业互联网的数据安全。公私钥加密特性一方面使工业互联网中可公开的数据公开透明地共享，另一方面保障商业秘密信息的隐私，保障企业数据及接入智能设备的安全。区块链智能合约技术可以完美地解决工业互联网中"人对机""机对机"的交互问题，便捷、智能、安全地服务于工业互联网中各类交易业务场景[177]。区块链已经在金融等领域有了较为成熟的应用，在物联网领域也不断出现技术创新，未来必将实现与工业互联网的融合应用，提升工业互联网的适用性、安全性及可信性。

10.2　工业互联网加快推动产业变革

随着工业互联网应用的逐步深入，全球制造业产业链快速延伸，制造业生态系统得以重塑，全球制造业转型升级和产业变革进程持续加快。

10.2.1　工业互联网加速"新基建"建设

2020年，国家加快5G网络、工业互联网等新型基础设施建设。"新基建"已成为人们广泛关注的热点。在以数字化生产力为主要标志的数字经济时代，各行业赖以生存发展的物质载体从传统设施向数字设施转变，云端、网端、终端"三端"发力，万物互联的新型数字设施成为基础设施建设的关键，而工业互联网、5G通信、人工智能、数据中心的融合、创新发展将成

为"新基建"的主要支撑。

工业互联网是"新基建"的重要内容。通过工业互联网，利用人工智能、云计算、大数据等核心技术，构建海量数据采集、汇聚、分析服务体系，从而支撑制造资源的泛在连接、弹性供给和高效配置，重构和优化企业的生产方式和价值链生态。

工业互联网的进一步发展将加速助推"新基建"，为工业转型升级提供数字化基础保障，同时也将成为各行各业实施"数字化转型"的发展路径。加快工业互联网建设，有助于在"新基建"的结构上，加速不同系统和平台、不同基础设施之间的"跨界"融合，催生出更多的创新服务和商业模式。

10.2.2 工业互联网赋能企业数字化转型

2020年5月国家启动"数字化转型伙伴行动"，旨在加快打造数字化企业，构建数字化产业链，培育数字化生态，支撑经济高质量发展[178]。从宏观角度看，工业互联网正在持续变革传统工业，向数字化、网络化、智能化、云化业态发展；从微观角度看，工业互联网正在改变企业设计、生产、管理和服务方式，重新优化和定义价值链。

工业互联网作为新型工业系统，是工业资源连接、共享、赋能的有效载体，推动工业知识、能力、服务集聚共享，形成不断创新的协同生产和组织模式，大幅提高研制、生产、管理与服务的效率、质量，降低成本，打造企业竞争新优势，形成供需互促、双向迭代的生态体系，为企业转型发挥关键支撑作用。

10.2.3 工业互联网服务政府数字化治理能力提升

当前，国家正在大力推进治理体系和治理能力现代化。工业互联网在支撑政府数字化治理能力提升方面发挥重要作用。在推动政府供应链监管、产业公共服务等领域，将有效提供国家治理现代化所需的精细化数据，推动政府精准化施策，以数据共享助力政企信息互通，以资源共享推动公共服务能力提升，不断推动数字政府的建设，加速政府治理体系现代化进程。

工业互联网应用大数据、区块链、人工智能、数字孪生等前沿技术，进一步提高政府对产业链、供应链的态势感知、预警研判与科学决策水平。通过促进跨部门、跨层级、跨地域的政府与企业的数据融合，加强企业内部、上下游企业之间、跨领域生产设备与信息系统的互联互通，从而保障应急情况下政府对物资供需、全球产业链、供应链供给等情况的有效掌控。特别是，工业互联网通过连接产业链上下游配套企业，优化生产协同效率，提高风险预警水平，提升产业应急反应能力与供应链稳定安全指数，正成为政府提升产业数字化治理能力的重要抓手。

同时，工业互联网与社会、经济、文化深度融合，协同各方面的资源，进而创新政府治理手段、模式和理念，推进政府治理体系和治理能力现代化。

参考文献

[174] 谭铁牛. 人工智能的创新发展与社会影响[R]. 十三届全国人大常委会专题讲座第七讲，2018.

[175] 新一代人工智能发展规划[R]. 国务院，2017.

[176] Swan M. Blockchain: Blueprint for a new economy[M]. California: O'Reilly Media，Inc.，2015.

[177] Christidis K，Devetsikiotis M. Blockchains and Smart Contracts for the Internet of Things[J]. IEEE Access，2016(4): 2292-2303.

[178] 中华人民共和国国家发展和改革委员会. 数字化转型伙伴行动倡议[R/OL]. (2020-05-13). https://www.ndrc.gov.cn/xwdt/ztzl/szhzxhbxd/xdcy/202005/t20200513_1227930.html.

致谢 ▶

再版《工业互联网：技术与实践（第 2 版）》即将付梓，回顾修订过程，感悟诸多。

自"互联网+"行动计划等国家振兴制造业的重大战略实施以来，我国的工业互联网产业发展逐渐步入了快车道，工业互联网事业得到了快速发展，取得了长足进步，工业互联网话题也持续占据热度话题榜高位。《工业互联网创新发展行动计划（2021—2023 年）》的发布，更代表着我国工业互联网事业已经处在新的高度，步入了新的发展阶段，开启了新的发展征程。未来三年，我国工业互联网将处于快速成长期，在此关键时期，工业化和信息化将在更广的范围、更深的程度和更高的水平上，实现融合发展。在本书修订过程中，我们在前期不断学习、不断实践的基础上，进一步总结提炼自身实践经验，进一步总结和吸收深耕工业互联网领域的众多学者及实践者的经验，形成了目前的研究成果，将其编撰成书。在此，感谢所有为本书再版提供各种形式的帮助的工业互联网研究者和实践者。

首先，感谢在工业互联网发展创新方面进行了大量研究工作的各位学者和业界人士，他们的观点给予了我们很大启发，为本书的再版奠定了基础。

其次，感谢在工业互联网发展创新方面进行了大量实践的各家研究机构和企业，他们对于工业互联网的研究与实践案例，使得本书的应用实践案例更加丰富，更加鲜活，充满特色；感谢航天科工集团与我们共同奋战的众多同仁，他们在跨行业、跨领域工业互联网主平台进行的实践给予了我们最为直接的参照。

再次，感谢众多朋友、同事——侯宝存、王恒、储玉光、冀秀平、姜海淼、刘刚、谷牧、刘阳、卢晓涛、陈晓双、潘亚南、崔海莹和于文涛，他们贡献了各自的专业知识和实践经验，并花费宝贵的时间与精力参与了本书部分内容的编写、校对及联系出版等工作。

最后，感谢电子工业出版社刘声峰、黄菲等诸位老师，他们是本书得以付梓的幕后英雄，在封面设计、文字校对、文稿润色、出版安排等方面给予了我们巨大的指导、帮助与启发！

作者

2021 年 2 月

图书在版编目（CIP）数据

工业互联网：技术与实践 / 魏毅寅，柴旭东著. —2 版. —北京：电子工业出版
社，2021.6
ISBN 978-7-121-41297-4

Ⅰ. ①工… Ⅱ. ①魏… ②柴… Ⅲ. ①互联网络－应用－工业发展－研究 Ⅳ. ①F403-39

中国版本图书馆 CIP 数据核字（2021）第 101887 号

责任编辑：黄　菲　　文字编辑：刘　甜
印　　刷：天津千鹤文化传播有限公司
装　　订：天津千鹤文化传播有限公司
出版发行：电子工业出版社
　　　　　北京市海淀区万寿路 173 信箱　邮编：100036
开　　本：720×1 000　1/16　印张：20　字数：312 千字
版　　次：2017 年 7 月第 1 版
　　　　　2021 年 6 月第 2 版
印　　次：2022 年 8 月第 5 次印刷
定　　价：78.00 元

　　凡所购买电子工业出版社图书有缺损问题，请向购买书店调换。若书店售缺，
请与本社发行部联系，联系及邮购电话：（010）88254888，88258888。

　　质量投诉请发邮件至 zlts@phei.com.cn，盗版侵权举报请发邮件至 dbqq@phei.com.cn。

　　本书咨询联系方式：1024004410（QQ）。